中国金融四十人论坛

CHINA FINANCE 40 FORUM

致力于夯实中国金融学术基础，探究金融界前沿课题，引领金融理念突破与创新，推动中国金融改革与实践。

中国金融四十人论坛书系
CHINA FINANCE 40 FORUM BOOKS

新常态下的
中国保险资金运用研究

> > > > > > > > > > > > > > > > > > >

陈文辉 等◎著

中国金融出版社

责任编辑：丁　芊
责任校对：张志文
责任印制：陈晓川

图书在版编目（CIP）数据

新常态下的中国保险资金运用研究（Xinchangtai xia de Zhongguo Baoxian Zijin Yunyong Yanjiu）/陈文辉等著 . —北京：中国金融出版社，2016.4
（中国金融四十人论坛书系）
ISBN 978 - 7 - 5049 - 8350 - 3

Ⅰ. ①新… Ⅱ. ①陈… Ⅲ. ①保险资金—资金管理—研究—中国 Ⅳ. ①F842.4

中国版本图书馆 CIP 数据核字（2016）第 043630 号

出版
发行　中国金融出版社
社址　北京市丰台区益泽路 2 号
市场开发部　（010）63266347，63805472，63439533（传真）
网 上 书 店　http://www.chinafph.com
　　　　　　（010）63286832，63365686（传真）
读者服务部　（010）66070833，62568380
邮编　100071
经销　新华书店
印刷　北京市松源印刷有限公司
尺寸　170 毫米×230 毫米
印张　23.25
字数　310 千
版次　2016 年 4 月第 1 版
印次　2016 年 4 月第 1 次印刷
定价　65.00 元
ISBN 978 - 7 - 5049 - 8350 - 3/F. 7910
如出现印装错误本社负责调换　联系电话（010）63263947

中国金融四十人论坛书系
CHINA FINANCE 40 FORUM BOOKS

　　"中国金融四十人论坛书系"专注于宏观经济和金融领域，着力金融政策研究，力图引领金融理念突破与创新，打造高端、权威、兼具学术品质与政策价值的智库书系品牌。

　　中国金融四十人论坛是一家非官方、非营利性的专业智库，专注于经济金融领域的政策研究。论坛由40位40岁上下的金融精锐组成，即"40×40俱乐部"。本智库的宗旨是：以前瞻视野和探索精神，致力于夯实中国金融学术基础，研究金融领域前沿课题，推动中国金融业改革与发展。

　　自2009年以来，"中国金融四十人论坛书系"已出版40余本专著、文集。凭借深入、严谨、前沿的研究成果，该书系已经在金融业内积累了良好口碑，并形成了广泛的影响力。

险资运用的改革创新与依法监管*

（代序）

陈文辉

保险资金运用市场化改革与成效

回顾党的十八大以来保险资金运用的市场化改革，我们看到，改革力度之大，行业变化之快，改革成效之好，可以说是前所未有的，得到全行业以及社会各界的普遍积极评价，这也特别需要我们认真总结、反思经验教训，这对于进一步深化改革、促进创新和防范风险至关重要。

拓宽投资范围，切实将投资选择权和风险判断权交还给市场主体。一方面，不断拓宽保险资产配置领域，保监会陆续发布系列政策，放开保险资金投资创业板、历史存量保单投资蓝筹股、优先股、创业投资基金等。目前，保险机构已经成为金融市场中投资领域最为丰富的金融机构之一。另一方面，整合简化监管比例，建立以大类资产分类为基础，多层次的比例监管新体系，将原先50余项监管比例减少至10余项，大幅度减少了比例限制，提升了资产配置自由度。保险资金运用范围和比例的不断放开，更多地赋予了市场主体的投资自主权、选择权和风险判断权，显著激发了市场活力和创新动力。

＊ 本文刊登于《中国金融》2015 年第 11 期。

主动简政放权，推进保险资管产品注册制改革。从 2013 年开始，保监会将基础设施投资计划等资管产品发行方式由备案制改为注册制，改变过去逐单备案核准的方式。不断完善注册标准、注册流程等，并授权中国保险资产管理业协会负责具体注册工作，保险资产管理产品发行效率显著提升。2014 年末，产品注册规模已达 10644.37 亿元，与之前的备案规模 2941 亿元相比，两年来注册规模已经是过去七年的 3.5 倍。截至 2015 年 4 月末，基础设施投资计划等产品注册规模达到 11429.77 亿元。

创新监管理念，"放开前端、管住后端"，将监管重心放在事中事后监管上。一是强化非现场风险监测和现场检查，不断丰富信息披露、内部控制、分类监管、资产托管、偿付能力等事中事后监管工具。二是成立中国保险资产管理业协会，实施行业自律，搭建监管与市场的纽带和桥梁。三是提升监管信息化水平，建设资管产品集中登记系统，积极推进资金运用属地监管，构建多层次、现代化的监管体系，守住不发生区域性系统性风险底线。

市场化改革成效逐步显现。一是多元化的资产配置格局基本形成。保险资金配置空间已由传统领域扩展至现代金融领域，由虚拟经济扩展到实体经济、由国内市场扩展到国际市场。二是保险资金服务实体经济的方式和路径更加多样。2014 年末基础设施投资计划等产品规模突破 1 万亿元，有力地支持了国家重大基础设施建设、棚户区改造等民生工程。近期，保监会还试点了通过设立私募股权投资基金的创新方式，更好地服务实体经济，如中小微企业投资基金等。三是创新动力显著增强。市场化改革显著提升了行业创新意识、增强了创新动力，保险资金投资方式、产品形式、交易结构等更加灵活多样。四是投资收益创五年来最好水平。2014 年，保险资金运用财务收益率为 6.30%，综合收益率为 9.17%，双双创近五年来最好水平，行业利润总额 2046.59 亿元，同比增长 106.43%；2015 年 1－4 月，年化投资收益率为 9.9%，行业利润总额 1331.28 亿元，同比增长 201.45%。

回顾两年多来的保险资金运用改革和发展，我们深刻体会到：第一，管得过多、过死也是一种风险。事无巨细地管制、审批，容易导致发展动力不足、投资能力较弱、投资收益率偏低的结果，这对于有负债成本的保险资金来说，也是一种风险，甚至可能是系统性风险。第二，要坚持市场化改革取向。实践证明，保险资金运用市场化改革的方向是完全正确的，显著释放了改革红利，增强了市场活力和创新动力，促进了保险业健康持续发展。第三，坚持"放开前端，管住后端"。切实转变监管方式，强化事中事后监管。逐步厘清主管和监管的定位，从主管越位的地方退出来，把监管缺位的地方补上去。第四，坚持走专业化发展道路。保险资金运用涉及领域广、专业性强，更加需要注重制度建设、能力建设，从源头保证保险资金运用安全稳健运作和改革创新，坚守住风险底线。第五，要科学认识保险资金的负债特性和投资约束。保险资金，尤其是寿险资金，来源于复杂的保险产品，期限一般较长，需要从久期、现金流、成本收益等方面进行资产负债管理，相比银行、信托、证券基金以及社保等资金，投资约束条件多，不能将投资收益作简单比较。例如，公募或私募资金，风险由客户承担，投资可以较激进，追求短期高收益等，而保险资金则需要更加安全、稳健。再如，社保资金可以开展较高比例的股权投资，而保险资金经常面临赔付、退保等需求，流动性管理更加复杂化。

新常态下保险资金面临巨大机遇

当前，我国经济进入新常态。认识新常态，适应新常态，引领新常态是当前和今后一个时期我国经济发展大逻辑。我们需要科学研判面临的新形势，把握新机遇。而把握机遇的关键在创新。

从更广的视野和层面认识"新常态"。在我国，新常态意味着速度变化、结构优化、动力转化等，有"新机遇，新阶段"等内涵。从更加全面和宽广的视野看，"新常态"还体现在：首先，从国内看，我国正在从以工业为主的新兴国家向以服务业为主的中等发达国家转变，经济发展阶段正在上台阶，突出表现是中产阶级的崛起，和与之对应的大消费、大资管、大金融等服务业的迅速发展。其次，从国际格局看，我国正在从大国向强国转变，正处在临界点，突出表现是参与制定国际政治经济新秩序，如大国外交、一带一路、亚投行、金砖银行、人民币国际化等。最后，从技术创新看，我国技术创新正处在加速甚至呈现指数级增长的临界点。新技术、新业态和新模式层出不穷，如基因技术、互联网＋、中国制造2025、3D打印等。可以预见，在"大众创业、万众创新"的时代背景下，经济发展将逐渐更多地依靠创新驱动，而不是要素或投资驱动。

保险资金运用面临巨大的机遇。新常态对于不同行业，也有不同的内容。保险是市场经济的产物，是中产阶级的产物。我国全面推进市场化改革以及中产阶级的崛起，对商业保险的需求将显著提升，保险发展速度将进一步加快。此外，发展机遇还包括如下内容：一是良好的发展环境。2014年8月，国务院印发《关于加快发展现代保险服务业的若干意见》，这为保险业带来了较大的政策红利和发展创新空间。"偿二代"的发布实施，对于保险公司的业务、投资、风险和资本等方面必将带来积极而深远的影响。二是内生发展动力显著增强。费率市场化改革、资金运用市场化改革等，将显著增强保险业发展的内生动力，行业的市场意识也在逐步增强。三是保险资金运用大有可为。在新常态下，保险业发展带来保险资金规模的快速增长，如"十三五"期间将达到20万亿－30万亿元，这为保险资金运用发展奠定坚实的规模基础。还有，保险资金还可以在促进经济转型升级、技术创新、国家战略、重大改革等领域发挥重要的积极作用。

把握发展机遇的关键在于创新。要增强创新意识。本质上，保险行业相对传统、保守、理性，与其他金融行业相比，创新意识需要不断增强。近年来，受益于市场化改革，保险行业创新意识相比以前有了明显提升，但与其他金融机构相比，与适应新形势、抓住新机遇的需要相比，仍需进一步加强。要加大保险资金运用创新力度。发挥保险资金独特优势，研究探索适合保险资金特性的投资模式。要支持保险资产管理公司组织创新、产品创新等。积极研究保险资产管理机构如何进行组织创新，更好地完善机制和制度，以适应在新常态下发展需求，提升竞争力和留住人才。研究如何创新产品及机制，满足保险资金投资创业投资基金、PE 基金等另类投资的风险管控要求。

切实增强风险意识和危机意识

保险资金运用的市场化改革和创新，不可避免地带来更多更复杂的风险，保险机构、保险行业，以及监管部门都需要不断增强风险意识和危机意识。

部分机构投资能力不足，风险管理不健全等问题较为突出。一是投资冲动与投资能力不足的矛盾依然存在。有的公司风险意识薄弱，投资能力也跟不上，只看重收益率，什么都想投，什么牌照都想拿。二是内部控制和风险管控相对欠缺。比如，操作风险时有发生、运作机制不完善、内控工具手段相对滞后，执行难以到位，控股股东或董事长等可能凌驾于内控之上等。三是道德风险问题需高度重视。另类投资领域的运作流程和定价机制等方面透明度不高，操作风险较大，存在利益输送等风险隐患。还有股票投资"老鼠仓"、债券利益输送等问题，也容易引发案件风险。

有些保险机构高杠杆、高风险运作，过度聚集"资金资源"等问题依然严峻。部分机构聚集资金过于冲动，尤其是一些寿险公司，大力发展短期限、高回报理财型保险产品，就是要把规模做大，把大量资金聚集起来，然后用于投资，高杠杆、高风险运作，博取高收益。这些资金成本在 6% 以上，有的甚至超过 8%，倒逼保险资金不得不"短钱长配""风险错配"，甚至铤而走险，带来较大的流动性风险等隐患和问题。此外，少数机构公司治理不健全甚至缺失，个别股东或内部控制人，掌控资金投资运营，很可能导致重大风险隐患、利用非正常关联交易进行利益输送等问题。

当前还需要特别关注的一些风险隐患。保险资金运用风险已经与我国经济金融风险深刻交织交融在一起，经济金融领域的风险点、风险变化趋势也深刻影响并直接形成保险资金运用风险。一是部分金融产品信用风险加剧。在经济新常态下，经济去杠杆压力大，金融市场"刚性兑付"将逐步打破，某一区域或行业的信用风险已不断爆出，部分金融产品信用风险增大。二是地方融资平台风险不确定性增大。随着新《预算法》以及《国务院关于加强地方政府性债务管理的意见》的印发，进一步规范了地方政府举债融资机制，地方融资平台风险变数增大，一些融资能力不强、负债率较高、支柱产业产能过剩，环保压力大的区域或行业，风险值得高度关注。三是境外投资风险。总体看，保险资金在境外投资方面仍处于探索起步阶段，目前规模相对较小，也较谨慎。但是，由于保险机构自身能力不足，以及世界各国的法律、环境、文化背景迥异，保险资金境外投资风险仍值得高度关注。四是股票、债券等市场波动风险。当前，国内国际经济形势变化错综复杂，大宗商品仍处于低位，国内经济下行压力依然较大，这些因素，都可能给我国经济发展和资本市场发展带来一定影响，增加股票、债券的市场波动性，保险资金运用风险管控难度加大。

同步推进改革创新和强化监管工作

今后一段时间，应坚持一手抓改革创新，一手抓强化监管，两手都要硬。一方面，坚定不移地推进市场化改革和创新，适应全面建设小康社会以及经济新常态的新要求；另一方面，坚持依法监管，从严监管，公平透明监管，适应全面依法治国、从严治党的要求。应重点做好以下几个方面的工作。

坚定不移地深化市场化改革。保险资金运用两年多来取得的成绩离不开市场化改革，未来的发展更离不开市场化改革。一是进一步放开投资领域和范围。支持保险资金通过适当的形式和工具，如资产证券化、股权投资基金等形式，直接对接实体经济融资需求。二是切实减少行政许可、核准等。进一步探索寻找监管和市场之间的边界，把投资选择权和风险判断权交还给市场主体，把腾出来的精力放在做好事中事后监管上来。三是进一步深化保险资管产品注册制改革。规范注册机构的工作流程、标准，增加透明度，提高注册效率。明确"发行尽责、买者自负"的风险承担机制，逐步实现注册机构不对项目风险进行判断。四是依托市场化运作机制，组建全行业的保险资产交易平台和资产托管中心，建立资产交易流通机制，盘活保险资产存量，做大做强保险资产池，提升行业核心竞争力。

坚定不移地支持保险资金运用创新。一是支持保险资金运用工具创新。在风险可控的前提下，支持创新保险资金运用方式，丰富交易结构，提高保险资金配置效率，更好地服务基础设施建设、新型城镇化建设以及科技型企业、小微企业、战略新兴产业发展等，促进实体经济发展和经济转型升级。二是推进保险资产管理公司组织创新、机制创新和产品创新等。逐步降低门槛，建立适当激励机制。研究设立不动产、基础设施、养老等专业保险资产管理机构。研究推进设立夹层基金、并购基金、不动产基金等私募基金。三是创新是市场主体的责任，创新的动力和源泉还是来自市场，而不是监管机构。监管机构要为市场创新创造宽松的环境，应以最大的宽容度来对待创新和创新带来的问题，防范系统性风险和区域性风险。

坚定不移地强化监管和防范风险。坚持"放开前端，管住后端"的总体思路，建立健全现代化多层次的资金运用监管体系，牢牢守住风险底线。一是加强风险监测和预警。加强保险资金运用监管信息化水平，完善风险监测体系，进一步加强对重点风险领域和重点风险公司的风险监测工作，提高风险监测针对性和有效性，抓早抓小。二是强化事中事后监管工具。充分运用信息披露、内部控制、分类监管、资产负债匹配、托管等事中事后监管工具，全面加强事中事后监管工作。尤其是结合"偿二代"发布实施，进一步强化偿付能力硬约束，利用资本约束来引导保险资产配置。三是加强现场检查和处罚。不断加强保险资金运用现场检查的力度和频度，严肃查处违规问题，追究有关公司和人员的责任。

坚定不移地推进依法监管。法治是市场化改革的基础和灵魂。保险资金运用监管工作，要进一步树立法治的理念和思维。首先，在保险机构方面，要树立法治意识，坚持依法合规运用保险资金。其次，在监管工作方面，要依法监管、依法检查、依法处罚，维护法律的尊严和监管的权威。还要把先进的监管理念和科学的规范标准等，结合我国实际，引入保险资金运用监管工作之中，确保监管工作的科学性、前瞻性、创新性和有效性。最后，在规章制度的废改立方面，要逐步修订《保险资金运用管理暂行办法》《保险资产管理公司管理暂行办法》《保险资金间接投资基础设施项目试点管理办法》等规章。研究起草《保险资产管理产品办法》《保险资金运用信息披露准则》《保险资金运用内部控制指引》等政策文件，不断健全完善保险资金运用制度体系，真正把创新成果转变为法律制度。

目 录

中国金融四十人论坛
CHINA FINANCE 40 FORUM

第一章

"中国保险资金运用新常态"的提出

中国经济经过 30 年的高速发展，已经进入新常态。这不仅意味着经济增长方式面临根本性转变，也将对包括保险业在内的金融业发展产生深远影响。随着保险业稳步发展和改革创新不断深化，保险资金运用的地位日益提升。把握中国经济和金融新常态的内涵和特征，总结新常态下中国保险资金运用的规律，对于提升保险资金运用效益，促进行业更快更好发展至关重要。

第一节　中国经济新常态的源起与特征

基于对当前国内外宏观经济形势变化的分析判断，习近平总书记先后多次对经济新常态做出重要阐述（见图 1－1）。2014 年 12 月，中央经济工作会议从九个方面分析了我国经济发展的趋势性变化，强调我国经济发展进入新常态。经济新常态的提出，是中国特色发展经济学取得的重要理论成果。这要求我们从战略全局的高度，科学认识新常态、辩证看待新常态、积极适应新常态，全面深化改革，推动中国经济转型升级。

一、中国经济新常态的源起

改革开放三十多年来，中国经济取得了举世瞩目的成就。但是，伴随着内外部环境的不断改变，我国经济发展也遇到了不少新情况、新变化、新问题。这就要求我们客观地分析当前的经济发展形势，审时度势地应对新变化，以便在新的历史时期实现中国经济更快更好发展。

当前，国内外经济环境已发生重大变化。首先，全球经济形势深刻变化，中国外需出现常态性萎缩。美欧等发达国家相继提出"再工业化"、"TPP"等经济战略，试图重构国际贸易规则，实行新的贸易保护主义。其次，国际上创新竞争更为激烈，国内产业转型升级的滞后倒逼

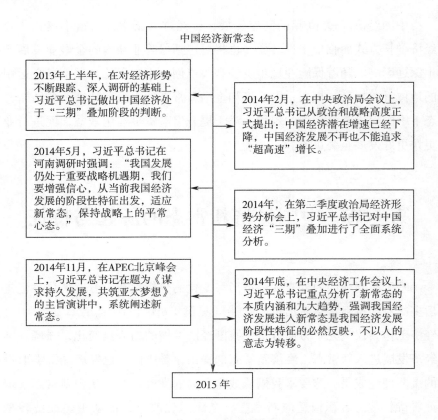

图1－1　中国经济新常态提出进程

我国经济发展方式由要素驱动向创新驱动加速转变。再次，近年来我国人口红利逐渐消失，资源环境约束不断加强，从客观上促使我国经济逐步回落至新的平稳增长区间。最后，中国正处于跨越"中等收入陷阱"的关键时期。唯有依靠改革才能释放新的红利，顺利跨越"中等收入陷阱"。经济新常态的提出，符合经济发展规律，也是特定历史时期的必然选择。认识、适应并引领新常态，是当前和今后一段时期我国经济发展的主旋律。

二、中国经济新常态的特征

习近平总书记在 2014 年亚太经合组织（APEC）工商领导人峰会的

主旨演讲中提出："中国经济呈现出新常态，有几个主要特点。一是从高速增长转为中高速增长。二是经济结构不断优化升级，第三产业消费需求逐步成为主体，城乡区域差距逐步减小，居民收入占比上升，发展成果惠及更广大民众。三是从要素驱动、投资驱动转向创新驱动。"

（一）经济新常态的总量特征

近年来，世界经济复苏疲软，区域性金融风险加剧；国内经济处于增长速度换挡期、结构调整阵痛期、前期刺激政策消化期"三期"叠加期。在国内外严峻的环境下，我国顶住巨大的下行压力实现经济总体向好、稳中有进。国家统计局公布数据显示，2012—2014 年，我国国内生产总值同比分别增长 7.7%、7.7% 和 7.4%，与过去 10% 左右的高速增长相比显著放缓，但增长质量得到明显提升。

新常态下，中国经济增速逐步放缓，将从过去三十多年 10% 左右的高速增长转换为 7% 左右的中高速增长。与过去相比，中国经济发展的条件和环境已经发生了较大变化，主要表现：我国适龄劳动人口数量开始逐渐减少，人口赡养和抚养压力逐步增大，储蓄率和投资率呈现出下降趋势，全要素生产率提高缓慢，生产要素在产业部门之间的流动不顺畅等，这些因素都使得我国中长期潜在经济增长率趋于下降，从而降低经济增长速度，经济运行进入中高速增长区间。

（二）经济新常态的结构特征

1. 新常态下的需求结构

从需求端来看，过去的中国经济高速增长很大程度上受益于全球化红利，然而现在这个红利正在消失。国际货币基金组织发布《2014 年度世界经济展望报告》指出，全球经济复苏进程"疲软且不均衡"，经济增长乏力，世界经济全面复苏和健康成长将是一个漫长而曲折的过程。全球化红利衰退、外需减弱、外资退潮加剧了我国经济需求端的压力。

新常态下，经济增长的动力来自扩大内需，而消费需求的有效释放将起到基础性作用。2010 年以来，最终消费率从 49.1% 逐步提升到

2014 年的 51.2%，居民消费率从 35.92% 稳步提升到 2014 年的 37.69%。这些数据表明，国内消费需求，尤其是居民消费需求，正在成为拉动经济增长的重要力量，中国经济增长动力的转换取得一定成效，在一定程度上降低了对出口和投资的依赖。

在需求结构中，投资需求依然发挥着关键性作用。新常态下，切实提高投资效率将成为宏观调控的重要目标。一方面，从资金投向看，金融资源将从低效率的产能过剩行业有序退出，进一步加大向基础设施、民生、战略性新兴产业等领域的倾斜力度；另一方面，从资金来源看，我国将通过创新投融资体制机制，在用好财政资金的同时，充分撬动社会资本、民间资本参与投资，共同扩大投资需求。

2. 新常态下的产业结构

实体产业是经济发展的最重要载体。改革开放以来，在出口导向型政策的支持下，依靠低廉的要素成本，我国的劳动密集型产业实现了跨越式发展，但从国际分工来看，我国的制造业还处于全球价值链的低端，国际竞争力不足。与此同时，我国的资本和技术密集型产业以及服务业发展严重滞后，错失发展机遇，导致产业结构失衡。正因如此，大力推动产业结构调整，加快培育战略性新兴产业，构建现代产业体系已成为当务之急。在国内外环境深刻变化、新一轮技术革命蓬勃兴起、经济全球化步伐加快、国际产业转移加速推进的背景之下，我国必须大力发展先进制造业、优先发展战略性新兴产业、积极推动服务业特别是生产性服务业的发展，努力实现产业结构从低端向中高端迈进。

新常态下，中国产业结构将不断优化升级，发展前景更加美好。2014 年，中国服务业增加值占 GDP 比重为 48.2%，继续超过第二产业；高新技术产业和装备制造业占规模以上工业增加值的比重分别为 10.6% 和 30.4%，明显高于工业平均增速。

3. 新常态下的城乡结构

党的十八大报告指出，要统筹城乡发展力度，促进城乡共同繁荣。随着我国新型城镇化和新农村建设的加速推进，由城乡二元结构向一元结构转型，以工促农、以城带乡、工农互惠、城乡一体化的新型工农城乡关系正在加速形成。

近年来，我国坚持城乡发展规划一体化、城乡间生产要素流动市场化、城乡居民公共服务均等化的发展方向，围绕农村产权制度、城乡建设用地市场建设、户籍制度、城乡基本公共服务制度、农民工市民化、城乡社会管理等多个领域的改革进行了积极探索。以农村居民人均可支配收入和城镇人口比例为例，2014 年我国农村居民人均可支配收入同比增长 11.2%，增速高于城镇居民 2.2 个百分点；2011 年末我国城镇人口数量首次超过农村人口，2014 年末城镇人口比例达到 54.77%。随着国家新型城镇化战略的实施，城镇化速度将不断加快，城乡二元结构逐渐被打破。这些趋势表明，新常态下我国城乡结构将向一元结构转换，城乡差距将逐步缩小。

4. 新常态下的区域结构

改革开放以来，在国家的大力支持下，东部沿海地区依托区位优势，实现了率先发展。区域经济非均衡发展战略在改革初期产生了良好效具，激发了经济发展活力，促进了国民经济持续快速增长。但是伴随时间的推移，这种发展战略造成要素资源向东部地区聚集，中西部地区的发展空间受到限制，出现了东中西区域失衡的问题。

"十一五"期间，国家制定和颁布了东中西协调发展的政策与指导意见，这对于改善区域发展失衡状况起到了关键作用。首先，区域失衡发展与差距扩大得到一定程度的遏制；其次，国家统筹战略全局，积极引导部分东部沿海产业基地向内陆转移，加大对欠发达地区政策引导与扶持力度，挖掘中西部地区发展潜力；最后，加强区域之间的协调与合作。"十二五"规划纲要指出，实施区域发展总体规划和主体功能区战略，区域发展总体规划阐明了我国未来区域发展总体方向，主体功能区战略阐明了我国区域空间开发的新秩序。两大战略相辅相成，共同构成我国区域协调发展的完整战略格局。

新常态下，经济发展政策将继续向中西部地区倾斜，中西部地区对国家经济增长的支撑力度、重点地区对区域经济发展的支撑力度不断增强。此外，"一带一路"、长江经济带等国家战略的实施，也更加注重跨行政区域的、大区域的协调发展，有助于推动资源要素在更大空间范围内优化配置，推动产业经济实现梯度增长。

5. 新常态下的要素结构

长期以来，我国经济增长主要依靠劳动力、资本、资源三大传统要素的投入，属于典型的要素驱动型发展模式。随着经济内外部环境的变化，三大要素都面临着诸多约束。在劳动力方面，随着人口老龄化，劳动力成本提高，要素驱动力减弱；在资本方面，储蓄向投资转化还存在很多障碍，投资的结构性问题突出，政府投资占主导，企业投资、社会投资面临多重掣肘；在资源方面，我国人口众多，各类资源人均拥有量、资源的产出率等方面低于世界平均水平。人口红利、资源红利逐步消失，以要素驱动为主的发展道路存在很多不确定性。

新常态下，面对经济高速增长后积累的深层次矛盾，我国必须加快以要素驱动、投资驱动向创新驱动转变，实施创新驱动战略，提高全要素生产率水平。丰富的物质条件、持续的创新成果、科技水平的整体提升将为实施创新驱动战略提供坚实基础和良好条件。目前，我国已经进入新型工业化、信息化、城镇化、农业现代化的"新四化"和同步发展、并联发展、叠加发展的"三发展"的关键时期，为自主创新提供广阔空间。

三、中国金融新常态的特征

金融是现代经济的核心，经济的新常态必将催生金融的新常态。中国经济新常态呈现出"增长速度转换、发展方式转变、产业结构调整、经济增长动力变化、资源配置方式转换"等一系列新特征、新趋势。充分认识新常态的内涵，有助于把握我国经济发展基本逻辑，更好地把握现阶段金融运行的趋势和规律，从而培育金融发展的新动力。与中国经济新常态相适应，中国金融新常态的含义可以这样概括：与经济增速放缓相匹配，金融业的增长速度将保持在合理区间；金融结构逐步优化；金融生态环境进一步改善；金融监管体制机制更加健全。

（一）金融新常态的总量特征

伴随经济增速下降和经济发展方式转变，金融业的增长速度将进入并保持在合理区间。从金融业整体增速来看，如果经济增长速度维持在7%左右，金融行业难以长期保持20%左右的高速增长。从金融发展模式来看，转型也是必由之路，由"讲数量"向"讲质量"转变，更加注重盈利模式的合理性，更加注重定价、服务、管理和风控，金融机构对其未来发展速度的预期也将趋于现实和理性。

（二）金融新常态的结构特征

长期以来，中国的经济金融体系存在企业和地方政府负债率高、间接融资占主导地位等现象，导致系统性区域性风险不断积聚。在金融新常态下，随着经济结构的优化和市场化改革的推进，这种局面有望被打破。

1. 金融新常态的市场结构

国际金融危机以来，我国金融业发展出现了新情况、新问题，面临着诸多困难和挑战，这就要求我国金融管理部门不断深化金融市场改革，优化市场结构，理顺市场主体之间的关系，完善市场运行机制。金融新常态下，我国将提高直接融资比重，推进股票发行注册制改革，多渠道推动股权融资，发展并规范债券市场，完善保险市场，鼓励金融创新，丰富金融市场层次与产品。随着金融供给和需求结构的变化，金融发展将更具包容性，社会融资方式将逐步转变，多层次金融市场体系将进一步健全完善。

2. 金融新常态的机构结构

近年来，随着监管政策陆续放开，"大资管"竞争格局初步形成，我国金融业已经进入了真正意义上的"大资管时代"。金融新常态下，银行、券商、信托、保险、基金等各类金融机构逐步明确了自身在经济中的定位，最大化自身优势，在市场多样化的环境下各司其职，共同发展。随着资产管理行业混业经营时代的来临，各类金融机构加速全牌照布局，根据自身特点的差异，不同机构对进入创新业务领域的速度不一，在产业链中的布局不同，在不同环节的资源投入也不尽相同。同时，面对资产管理行业多样化的市场格局，各类金融机构开始走差异化经营的道路，打造核心竞争力，抢占市场有利地位，赢得长期发展机会。

3. 金融新常态的新兴业态

金融新常态下，随着大数据、云计算和移动互联网的发展，信息技术将更加有机地融入经营管理全过程，金融基础设施建设更加重要，并在金融发展和竞争中发挥关键作用。以互联网金融为代表的新兴金融业态便是信息网络技术与现代金融相结合的产物。随着互联网应用的普及和平台经济的迅速崛起，互联网企业平台优势日益明显，以网上支付为切入点，加速向资金融通、信息中介等传统金融领域渗透，掀起互联网金融化的热潮，倒逼传统金融业利用互联网技术加快变革。

4. 金融新常态的价格体系

利率和汇率作为金融市场的价格中枢，是有效配置资金的决定性因素。稳步推进利率和汇率市场化改革，有利于不断优化资金配置效率，进一步增强市场配置资源的决定性作用，加快推进经济发展方式转变和结构调整。新常态下，中国人民银行将加快利率市场化改革，加强金融市场基准利率体系建设，扩大机构负债产品市场化定价范围；人民币汇率市场化形成机制将不断完善，市场决定汇率的力度不断加大，人民币汇率双向浮动弹性逐步增强。

（三）金融新常态的监管环境

2008 年国际金融危机之后，金融稳定理事会和巴塞尔委员会积极推进国际金融监管改革，并制定了后危机时代国际金融监管新秩序。与国际金融监管体系相适应，国内金融监管也因势而变：一是坚持"金融服务实体经济"的本质要求，明确了后危机时代金融创新与监管活动的出发点；二是努力实现宏观审慎监管与微观审慎监管的有机结合，加强微观审慎监管，加快构建金融宏观审慎监管框架，着力于防范系统性风险；三是健全金融监管体制，建立监管协调机制，提升监管的有效性；四是探索运用新型监管工具，提升监管专业化水平，持续提高监管质量和能力。

第二节 中国保险资金运用的现状

中国保险资金运用从无到有，在发展中艰难探索、曲折前进。复杂与波动的市场环境给行业发展和监管改革带来很大的冲击和挑战，特别是 2008 年的国际金融危机，给我们许多警示和启迪。建立科学、稳健、高效的保险资产管理体系，构建与市场发展相适应的制度、体制和机制，完善市场化、专业化、规范化的业务模式，推动产品化、投行化和国际化的创新发展，已经成为历史赋予我们的重要使命。梳理中国保险资金运用的发展概况，总结行业发展的历史成就，剖析行业发展面临的主要问题，是探索新常态下中国保险资金运用命题的首要任务。

一、中国保险资金运用的回顾

中国保险资金运用大致分为四个阶段：（1）起步阶段：改革开放初期至 1995 年《中华人民共和国保险法》（以下简称《保险法》）颁布，这一阶段的投资品种单一，市场混乱无序，累积了大量不良资产；（2）规范阶段：1995 年至 2003 年，以《保险法》发布为标志，通过对投资活动进行整顿规范，逐步实现健康有序发展；（3）发展阶段：2003 年至 2012 年，以建立集中化、专业化、规范化的保险资金运用体制和拓展投资渠道为标志，形成新的发展格局；（4）改革阶段：2012 年至今，以"新国十条""十三项新政"等新政策出台为标志，进一步深化保险资金运用及其监管体制的市场化改革，为规范和发展保险资金运用奠定了坚实基础。回顾中国保险资金运用的发展史，可以发现以下几个显著特征。

（一）资产管理主体逐渐壮大

2003年，首批保险资产管理公司的设立，标志着中国保险资产管理业的正式起航。截至2014年底，全行业已经设立（或批复）21家综合性保险资产管理公司、10余家专业性保险资产管理机构以及10余家在中国香港设立的资产管理子公司。各保险公司都设立了保险资产管理中心或资产管理部门，保险资产管理的专业化水平大幅提高（见表1-1）。

表1-1　保险资产管理公司设立/批复情况（截至2014年底）

序号	公司名称	设立时间	序号	公司名称	设立时间
1	中国人保资产管理股份有限公司	2003-07	12	光大永明资产管理股份有限公司	2011-09
2	中国人寿资产管理有限公司	2003-11	13	合众资产管理股份有限公司	2011-10
3	华泰资产管理有限公司	2005-01	14	阳光资产管理股份有限公司	2012-06
4	中再资产管理股份有限公司	2005-02	15	中英益利资产管理股份有限公司	2012-06
5	平安资产管理有限责任公司	2005-05	16	民生通惠资产管理有限公司	2012-06
6	泰康资产管理有限责任公司	2006-02	17	华安财保资产管理有限责任公司	2013-01
7	新华资产管理股份有限公司	2006-05	18	中意资产管理有限责任公司	2013-05
8	太平洋资产管理有限责任公司	2006-06	19	华夏久盈资产管理有限责任公司	2014-06
9	太平资产管理有限公司	2006-08	20	英大保险资产管理有限公司	2014-09
10	安邦资产管理有限责任公司	2011-05	21	长城财富资产管理股份有限公司	2014-09
11	生命保险资产管理有限公司	2011-07			

资料来源：中国保险监督管理委员会、中国保险资产管理业协会。

经过多年发展，我国保险资产管理公司已经发展成为包括研究、投资、配置、运营、风控、创新等平台在内的多部门协同工作的统一整体。伴随保险资产管理机构群体的扩大、部门设置的健全以及投资管理功能的提升，保险资产管理团队逐步壮大，保险资产管理专业人员已经由 2004 年的 200 多人增加至目前的四五千人，10 年间增加了 10 余倍；保险资产管理机构的资产管理能力、风险防控能力、专业服务能力以及市场竞争能力稳步提升。保险资产管理业不仅成为中国保险市场的重要组成部分，也成为中国资本市场成熟的机构投资者和促进中国实体经济发展的重要力量。

（二）投资渠道不断拓宽

自 1984 年以来，我国保险资金运用的业务范围不断拓宽，经历了从传统的银行存款、债券向股票、基金，再向基础设施、不动产等另类投资品种的逐步拓展。保险资金配置空间和弹性不断扩大，涵盖从公募领域到私募领域、从传统产品到另类工具、从境内市场到境外市场、从实体经济到虚拟经济的广阔领域，实现对主要金融资产类型的全覆盖（见表 1－2）。

表 1－2　　　　　　　　保险资金投资范围变化的历史沿革

时间	投资范围
1984—1988 年	贷款、金融债券
1988—1990 年	贷款、金融债券、银行间同业拆借
1991—1995 年	贷款、金融债券、各类证券投资
1995—1999 年	银行存款、国债、金融债券
1999—2004 年	银行存款、国债、金融债券、基金
2004—2006 年	银行存款、国债、金融债券、基金、股票
2006—2010 年	银行存款、国债、金融债券、基金、股票、国家基础设施建设项目（间接）、不动产
2010—2012 年	银行存款、国债、金融债、基金、股票、国家基础设施建设项目（间接）、不动产、PE

续表

时间	投资范围
2012 年以后	银行存款、国债、金融债、企业或公司债、基金、股票、国家基础建设项目（直接或间接）、不动产、股指期货、金融衍生品、海外投资、银行理财产品、银行业信贷资产支持证券、信托公司集合信托计划、券商专项资产管理计划、保险资产管理基础设施投资计划、不动产投资计划和项目资产支持计划、保险私募基金等。

资料来源：中国保险监督管理委员会、中国保险资产管理业协会。

（三）资产规模高速增长

在经济高速增长的背景下，我国保险资产规模持续扩大。2004 年至 2014 年，我国保险资产总额、保险资金运用余额分别从 1.2 万亿元、1.1 万亿元增加至 10.2 万亿元、9.3 万亿元，年均复合增速分别为 22.4%、22.2%（见图 1 - 2）。2014 年，保险业总资产首次突破 10 万亿元大关，规模增速创四年来新高；2015 年 4 月，保险资金运用余额首次达到 10 万亿元。

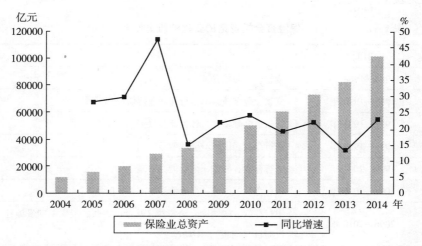

资料来源：中国保险监督管理委员会、中国保险资产管理业协会。

图 1 - 2　2004—2014 年保险业资产总额及增速

（四）资产结构日益优化

2004 年至今，我国保险资产配置结构发生了显著变化。总而言之，银行存款占比总体下降，债券占比先升后降但是总体稳定，股票和证券投资基金占比具有一定的起伏，另类投资占比增长较快（见图 1－3）。

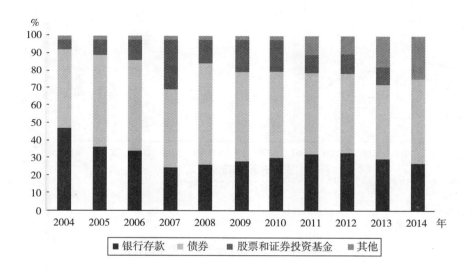

资料来源：中国保险监督管理委员会、中国保险资产管理业协会。

图 1－3 我国保险资金运用结构

（五）投资收益逐步改善

2003 年以来，保险资金运用总体收益逐步改善。2003 年至 2014 年，保险资金运用已经累计实现投资收益约 23326 亿元。国际金融危机爆发前，得益于资本市场的繁荣，保险资金投资收益率从 2003 年的 2.7％大幅提高到 2007 年的 12.2％。2008 年以来，虽然受到国际金融危机的负面冲击，但是我国保险资金运用始终保持正收益。2013 年，保险资金实现投资收益 3658 亿元，平均收益率达 5.04％，达到近四年以来的最好水平。2014 年，保险资金实现投资收益 5358.8 亿元，同比增长 46.5％，创历史新高；保险资金投资收益率 6.3％，综合收益率为

9.2%，比上年分别提高了 1.3 个和 5.1 个百分点，均创五年来最好水平（见图 1-4）。

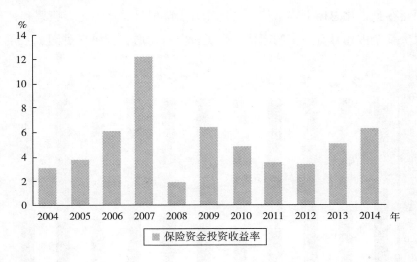

资料来源：Wind 资讯、中国保险资产管理业协会。

图 1-4　2004—2014 年保险资金运用平均收益率

（六）资产质量较为优良

总体上，保险资产风险基本可控、质量较为优良。存款和债券投资占比接近 70%，存款主要存放在国有及上市股份制银行；债券投资以国债、政策性金融债、含担保企业债等高等级债券为主；股票、基金投资占比较低，并有一定浮盈；股权和基础设施投资集中在重点行业，债权投资大多有大型商业银行担保。截至目前，历史遗留的不良资产基本处置完毕，尚未产生新的不良资产。

二、中国保险资金运用取得的成就

近十年来，我国保险资产管理业进入到一个快速发展时期，在体制机制建设、投资理念塑造、效率效能提升、支持主业发展、促进实体经济等方面，均取得了长足进步。

（一）确立集中化、专业化、规范化的管理体制

1. 集中化管理

1995 年《保险法》颁布以前，保险资金运用作为财务的附属业务，认识模糊、定位不准，导致出现资金管理分散、资金运用混乱、资金风险较高的局面。《保险法》颁布后，对保险资金运用的范围、原则做出严格限定，各保险公司通过统收统支、收支两条线等措施，实现了法人机构对保险资金的有效归集和统一管理，逐步建立了集约化、集中化的管理模式。

2. 专业化运营

在借鉴国际经验的基础上，中国保险业逐步确立保险资产专业化管理的道路。资金运用主体从公司财务部到公司内设投资部门，再到具有更多功能的资产管理中心，直至设立具有独立法人资格的资产管理公司，保险资产专业化管理体制基本确立。在这种体制下，保险资产管理机构在组织形式上建立了包括股东会、董事会、监事会在内的较为完善的法人治理结构；在投资流程上形成了战略资产配置和战术资产配置多层次的决策机制以及独立于投资决策的交易环节；在专业分工上设置了权益投资、固定收益投资、另类投资、组合管理、风险控制、市场营销、基础研究等前中后台部门；在专业团队上，初步构建了多门类、多层次、多学科的覆盖前中后台的专业化管理团队。

3. 规范化运作

经过多年的摸索和实践，保险资金运用在规范性方面取得了长足的发展。监管机构出台了多项保障保险资金运用安全平稳运行的政策法规，引导保险机构进行合理的资金配置。例如，2004 年保监会颁布《保险资金运用风险控制指引》，规定保险公司应根据信用状况、清算能力、账户管理能力、风险管理能力和绩效评估能力等指标，建立第三方托管机制。此规定标志着保险资产托管制度的建立，为三方制衡协作机制的形成奠定了基础。2010 年保监会颁布《保险资金运用管理暂行办法》，明确了资金运用形式、决策运行机制、风险管控、监督管理等

一系列内容，是《保险法》修订实施后，保监会发布的关于保险资金运用的重要基础性规章，对规范保险资金运用，保障保险资金运用安全，维护广大投保人和被保险人权益，防范保险业风险具有重要的意义。《保险资金运用管理暂行办法》于2014年做了进一步修订。

（二）树立资产负债匹配、长期价值投资、保险资金安全投资理念

1. 资产负债匹配

保险公司特别是寿险公司属于资产负债型机构，资产负债匹配管理是保险公司经营运作和资产管理的核心所在。世界保险业历史上屡次出现因为资产负债不匹配而导致保险公司破产的案例。经过多年的探索，我国的保险公司已逐步建立起资产负债匹配管理的模式。具体来讲，通常由委托人根据负债的性质、特点、结构、期限和成本等要素，进行资产战略配置，再由受托人根据委托人资产战略配置的要求，设立资产战术组合，力求在特性、期限、收益、风险、币种等方面实现匹配要求和目标。

2. 长期价值投资

保险资金来源于保险责任准备金（一般占保费的80%—90%以上），具有期限长、规模大、来源稳定等特点。传统寿险产品期限一般在15年至30年以上，即使寿险分红险期限一般也在5年以上，而且趸缴比例高达70%。这为保险资金的长期价值投资创造了条件，促使保险资产管理必须以一种长期眼光看待投资收益的稳定性，进而更加关注那些增长稳定、价值持久、具有稳定现金流、能够抵抗经济周期和市场波动的资产。

3. 保险资金安全至上

保险资金运用关系着保险消费者的切身利益，有效防范风险始终是保险资金运用的首要任务。2008年国际金融危机导致了日本大和生命保险倒闭，追求高风险投资收益而忽略风险控制是其破产的重要原因。历史教训证明，保险资金运用始终要坚持安全至上。2004年中国保监会颁布了《保险资金运用风险控制指引》，要求保险公司加强风险控

制，防范投资风险，维护资产安全运转。

（三）提升资产管理效能

1. 投资管理取得突出业绩

2003 年以来，我国保险资产规模持续扩大，保险资金运用渠道不断拓宽，资金可投向收益较高的股票、基金、不动产等渠道，保险资金运用收益随之逐步改善。2003 年至 2014 年，保险资金运用已经累计实现投资收益约 23326 亿元，平均投资收益率近 5%。在保险业大部分年份承保亏损的情况下，资产管理对行业盈利起到至关重要的作用。

2. 风险管理体系逐步健全

在保监会的监督指导之下，全行业风险管理体系逐步健全。一方面，以推进保险资产托管为核心，建立了投资研究、决策、交易相互分离的三方制衡的运行机制，提高资产管理透明度；另一方面，树立了全面风险管理的理念和意识，形成了内部控制与外部监督相结合的风险管理体系，经受住了经济周期变化和国际金融危机的考验。在其他金融行业风险加速暴露的情况下，保险资产管理业没有发生大的风险事件，资产质量表现优良，不良资产比例始终保持在 1% 以内。

（四）积极服务保险主业，促进实体经济发展

1. 积极服务保险主业

保险资金运用是保险业务的有机组成部分，服务保险主业是资金运用发展的基础和前提。近十年来，包括中国在内的全球保险业普遍出现负债端承保盈利能力下降的问题，保险业利润对资产端投资收益的依赖程度不断提高。国际金融危机之后，我国宏观经济形势不确定性高，债券市场和股票市场波动性大幅上升。在此背景下，保险资金运用始终坚持服务保险主业的基本要求，以加快创新为重要动力，遵循顺势而为的指导思想，将追求绝对收益作为主要目标，不断加强制度建设，建立有效的投资决策和内控机制，增强各类资产的运营管理能力。近几年，保险资金运用收益已经占到保险业整体收益的三分之二左右，有力支持了保险主业的发展。

2. 促进实体经济发展

随着我国经济体制改革全面深化，尤其在经济发展进入新常态后，保险资产管理行业积极参与金融改革、维护金融市场稳定、支持实体经济发展。过去十余年，保险资金通过投资存款、债券、股票等金融工具，直接或间接为经济建设提供了大量资金支持。自 2012 年保险资金运用新政推出以来，保险资金通过债权投资计划、股权投资计划、项目资产支持计划等产品，以债权、股权或股债融合等多种方式进入实体经济。在国家政策指引之下，保险资金主要投资于交通、能源、市政、保障房和棚户区改造等关系国计民生的重大项目之中，为国家经济建设、人民安居乐业提供了有力的资金支持。

（五）建立保险资金运用监管体系

1. 明确监管思路

我国保险资金运用起步较晚、基础较弱。同时，保险资产规模大，投资操作难度大，对投资收益的要求也较高。因此，如何管理好规模庞大的保险资产、获取合理收益，是对监管层的巨大考验。

在充分考虑保险资金运用水平的基础上，中国保险监督管理委员会保险资金运用监管部自成立以来始终以有效控制风险、维护市场安全为基础，不断创新监管理念，通过思想、制度、体制、机制的改革，以制度和政策引领行业发展，提升行业竞争力。同时，将市场运作与政策引导有机结合，根据宏观调控政策和金融市场变化趋势，适时拓展投资渠道，灵活调整监管政策，加强对保险资金运用的调控和引导。

2. 完善监管制度

中国保监会妥善处理监管与市场、监管与发展、监管与风险的关系，以促进保险资产管理业全面、协调、可持续发展。首先，厘清监管的责任和定位，重在制度建设，维护市场环境。在监管方式上，把制定规则、监测风险、检查行为、教育市场作为监管的核心内容，以制度、体制、机制和政策引领行业发展，厘清监管与市场的责任边界。在职能设计上，以防范政策风险和行业系统性风险为主，支持保险资产管理机构自主决策、自行投资、自担风险。

其次，逐步建立起"一个基础、五个工具、三个支撑"的保险资金运用监管新框架。其中，"一个基础"就是以非现场监测和现场检查为基础；"五个工具"就是综合运用信息披露、分类监管、内部控制、资产负债管理和偿付能力五个事中事后监管工具；"三个支撑"就是依托保险资产管理业协会、属地监管和资产管理登记系统三个有力的支撑。

最后，实施稳健有序的政策开放，保证政策的前瞻性和时效性。目前我国保险公司的投资经验比较匮乏，资本市场的规范与成熟程度有待提高，保监会从降低投资风险、保证资金安全性的目的出发，在审时度势、对环境深入研判、评估行业能力的基础上，逐步放开投资渠道。同时，保监会对保险资产的风险收益进行判断，适时放开投资政策，增强保险资产管理业获取重大机会和重要资源的能力。

3. 转变监管方式

随着行业发展的日渐成熟和监管能力的不断提升，保监会对保险资产管理的监管方式逐渐向放松管制、减少审批、尊重市场的方向转变。具体来讲，一是监管重点由市场准入向能力评估转变。在风险可控的前提下，保监会的监管手段由事项审批改为注册管理。同时保监会逐步完善行业投资能力监管标准，坚持能力优先。二是监管手段由单一比例约束向弹性比例约束和资本约束转变。在行业发展初期，保监会对保险资金投资实行严格的单一比例监管。随着行业成熟，保监会逐渐推行大类资产配置的比例监管，简化投资比例监管体系。三是监管流程由事后监管向全程持续监管转变。保监会推动监管端口前移，加强交易行为监测和风险预警，实施全过程监管，落实全面风险管理，加强窗口指导，及时提示风险。四是监管方式由现场检查为主向加强非现场检查转变。保监会在加大现场检查力度的同时，加快开发资产管理监管信息系统，完善保险资金运用监管指标体系和报表体系，提高非现场分析水平。

4. 提高监管效率

保险资产规模的迅速增长对监管效率提出了更高的要求。保监会着力提升监管能力，推进监管的专业化和技术化，提高监管效率和质量，稳步实施标准化、数量化和技术化监管。首先，积极开发监管系统。推动保险资产管理监管信息系统的建设，促进全行业各公司及时报送数据，纳入系统检测，实现业务系统和监管系统的无缝对接，统一监管和市场规则，以系统带动监管效率提升。其次，实行监管流程再造。取消大部分审批流程，建立报告制度和框架；推行报告的"标准化、规范化、程序化、透明化"，规范要件、要素，实行会签制度。最后，提升监管人员能力。保险资产管理监管是极具专业性和技术性的监管业务，基于此，保监会通过多种方式，提高监管人员的能力和素质，打造一支具有较高专业水准、较高技术手段和较强前瞻意识的资产管理监管团队。

第三节　2012 年以来中国保险资金运用的改革创新

2012 年以来，以《国务院关于加快发展现代保险服务业的若干意见》（简称"新国十条"）、保险资金投资"十三条新政"、大类资产比例监管改革以及偿付能力监管改革为代表的保险业改革创新，分别对保险资金运用改革蓝图及监管改革实践进行阐释与规定，对中国保险资金运用产生了深远的影响。

一、中国保险资金运用改革蓝图

2014 年 8 月，国务院发布《关于加快发展现代保险服务业的若干意见》。在文件中，确立了到 2020 年基本建成与我国经济社会发展需求相适应的现代保险服务业，努力由保险大国向保险强国转变的发展目标，并明确了市场主导和政策引导、改革创新和扩大开放、完善监管和防范风险的基本原则。以纲领性文件的形式明确了现代保险服务业在经济社会发展全局中的定位，指明了现代保险服务业的发展方向。

为实现现代保险服务业的发展目标，应从构筑保险民生保障网、发挥保险风险管理功能、拓展保险服务功能等方面进行。具体来讲，民生保障网的建设与保险风险管理功能的充分发挥对完善社会保障体系与社会治理体系具有重要作用，而如何通过改善保险资金运用以拓展保险服务的功能，将有助于保险行业服务实体经济，提高经济发展质量与效果。对此，"新国十条"从四个方面进行阐述。一是充分发挥保险资金长期投资的独特优势。"新国十条"鼓励保险资金在保证安全性、收益性的前提下，通过债权投资计划、股权投资计划等方式，支持重大基础设施、棚户区改造、城镇化建设等民生工程和国家重大工程。鼓励保险公司通过投资企业股权、债权、基金、资产支持计划等多种形式，为科技型企业、小微企业、战略性新兴产业等发展提供资金支持。二是促进保险市场与货币市场、资本市场协调发展。保险公司作为机构投资者，应通过专业保险资产管理机构设立、私募基金创设、资产证券化产品创新以及另类投资市场培育等多种方式完善我国资本市场。三是推动保险服务经济结构调整。保险公司应探索合理的资金运用方式促进企业创新和科技成果产业化，并探索小微企业信用保险、贷款保证保险等保险业务增强小微企业融资能力。通过各种途径推动产业结构调整升级。四是加大保险业支持企业"走出去"的力度。出口信用保险具有促进外贸稳定增长和转型升级的重要作用，保险企业应加大出口信用保险对自主品牌、自主知识产权、战略性新兴产业的支持力度。与此同时，保险企业应拓展保险资金境外投资范围，以能源矿产、基础设施、高新技术和先进制造业、农业、林业等为重点支持领域，创新保险品种，扩大承保范围。

总之，以"新国十条"在保险资金运用方面的阐述为契机，我国保险公司将从扩大基础设施投资、完善资本市场、优化产业结构、扩大境外投资等多角度探索保险资金运用模式，最终实现成为现代保险服务业的发展目标。基于此，"新国十条"构筑了我国保险资金运用未来改革发展的蓝图。

二、中国保险资金运用监管改革

伴随我国保险业的发展及保险资产的不断扩大，保险资金的投资需求日益增强。以此为背景，监管机构发布保险资金新政，从丰富资金运用模式、拓宽保险资金运用渠道及防范保险资金运用风险等方面实行监管改革，导致我国保险资金运用局面的重大转变。与此同时，保险资金运用风险随投资渠道拓宽、运用模式丰富而逐步积累并具有日益复杂的表现形式，对保险资金运用风险的管理变得日益重要。为此，中国保监会通过加强保险资金运用比例监管以及建立第二代偿付能力监管制度体系等方式保证保险资金运用安全，实现风险可控。

（一）保险资金运用变革

自2012年下半年开始，保监会颁布了一系列保险资金运用的政策文件，以放宽各类金融产品的投资限制为主要手段，推行保险资金投资的各项新政。随后，保监会在拓宽资金投向范围、增大资金投资自由、防范资金运用风险等方面出台一系列规范保险资金运用的政策（见表1-3）。对此，下面分别从资金运用模式、资金运用渠道、风险管理三个方面进行阐述。

表1-3　　部分保险资金运用政策汇总（截至2014年底）

时间		主要政策	主要内容
2012年	7月	《保险资产配置管理暂行办法》	加强保险公司资产配置管理，防范保险资产错配风险，保护保险当事人合法权益。
	7月	《关于保险资金投资股权和不动产有关问题的通知》	保险资金直接投资股权的范围进一步扩大，门槛也相应提高。

时间		主要政策	主要内容
2012 年	7 月	《保险资金委托投资管理暂行办法》	允许保险机构，将保险资金委托给符合规定的保险资产管理公司、证券公司、证券投资基金管理公司及其子公司等，开展定向资产管理、专项资产管理或者特定客户资产管理等投资业务。
	7 月	《保险资金投资债券暂行办法》	增加投资品种，提高债券投资上限，适度放宽发行限制，并加强风险管控。
	10 月	《保险资金参与股指期货交易规定》	获得对冲工具，增强风险管理能力。
	10 月	《保险资金参与金融衍生产品交易暂行办法》	获得对冲工具，增强风险管理能力。
	10 月	《保险资金境外投资管理暂行办法实施细则》	规范保险资金境外投资运作行为，防范投资管理风险，实现保险资产保值增值。
	10 月	《基础设施债权投资计划管理暂行规定》	放宽偿债主体和投资项目要求等投资限制，可投资项目增加，增加保险资金投资积极性。
	10 月	《关于保险资金投资有关金融产品的通知》	放开保险资金投资理财产品等类证券化金融产品限制。
2013 年	2 月	《关于债权投资计划注册有关事项的通知》	债权计划的发行将由备案制改为注册制，流程更便捷、效率更快速，准入门槛不断降低。
	2 月	《关于保险资产管理公司开展资产管理产品业务试点有关问题的通知》	支持保险资产管理公司作为管理人，向投资人发售标准化产品份额，募集资金，由托管机构担任资产托管人，为投资人利益运用产品资产进行投资管理。

时间		主要政策	主要内容
2013 年	9 月	《关于加强和改进保险资金运用比例监管的通知（征求意见稿）》	对各类资产进行大类监管，更加关注投资品的真实属性，回归风险收益本质，其中增加了基础设施债权计划和不动产投资比例，由 20% 提升到 30%。
	1 月	《关于保险资金投资创业板上市公司股票等有关问题的通知》	允许保险资金投资创业板上市公司股票。
	1 月	经国务院同意，保监会启动历史存量保单投资蓝筹股政策	允许部分符合条件的持有历史存量保单保险公司申请试点。
2014 年	3 月	中国保监会关于印发《保险业服务新型城镇化发展的指导意见》的通知	加大保险资金投资基础设施建设和运营力度，加大基础设施债权投资计划发展力度，探索项目资产支持计划、公用事业收益权证券化、优先股以及股债结合、夹层基金等新型投资工具和方式，满足基础设施建设多元化的融资需求。
	4 月	《保险资金运用管理暂行办法》	规定要求保险资金运用必须遵循安全性原则，符合偿付能力监管要求，根据保险资金性质实行资产负债管理和全面风险管理，实现集约化、专业化、规范化和市场化。
	10 月	中国保监会关于保险资金投资优先股有关事项的通知	在满足一定条件的情况下，保险资金可以直接投资优先股，也可以委托符合《保险资金委托投资管理暂行办法》规定条件的投资管理人投资优先股。

续表

时间		主要政策	主要内容
2014 年	10 月	中国保监会关于试行《保险资产风险五级分类指引》的通知	为完善保险资金投后管理、科学审慎评估资产风险、提高保险资产质量，逐步实施并完善资产风险分类制度。鼓励有条件的保险机构参照国际惯例，探索更严格的分类标准。
	10 月	中国保监会、中国银监会关于规范保险资产托管业务的通知	加强保险资产托管业务管理，规范保险资产托管行为，维护保险资产安全。
	12 月	中国保监会关于保险资金投资创业投资基金有关事项的通知	规范保险资金投资创业投资基金行为，支持科技型企业、小微企业、战略性新兴产业发展，防范投资风险。

资料来源：中国保险监督管理委员会、华宝证券研究所、中国保险资产管理业协会。

首先，丰富资金运用模式。长期以来，我国保险资金运用模式单一，跨行业合作较少。新政颁布后，保险机构可以将保险资金委托给符合条件的证券公司、保险资产管理公司、证券基金管理公司等机构进行管理，并纳入资产托管制度。此外，监管机构支持保险资产管理公司以发行资产管理产品的方式筹集资金，并对所募集资金进行投资，进一步丰富了保险资产管理机构的资金来源。

其次，拓宽资金运用渠道。2012 年以来，一系列新政拓宽了保险资金运用渠道，降低了保险资金投资门槛，保险资金运用实现从传统的银行存款、债券向股票、基金，再向基础设施、不动产等另类投资品种的逐步拓展。运用渠道的拓宽有利于提高投资收益率，分散资产组合风险，提高业务创新能力，增强保险资产管理业的市场竞争力。

最后，防范保险资金运用风险。随着保险资金运用的市场化改革持续推进，保险资产管理面临的投资风险势必更加复杂。为此，保监会明确保保险资金运用应遵循安全性原则，根据保险资金性质实行资产负债管理和全面风险管理，实现集约化、专业化、规范化和市场化。

（二）保险资金运用比例监管创新

2014 年 2 月，为进一步推进保险资金运用体制的市场化改革，加强和改进保险资金运用比例监管，保监会发布《关于加强和改进保险资金运用比例监管的通知》。该通知对各类资产按照流动性资产、权益类资产、固定收益类资产、不动产类资产和其他金融资产五大类资产进行划分，实施大类资产比例监管，打破了一直以来沿用的细分产品类别的监管路线。这种"抓大放小"的监管思路将给予保险资金更大的配置自由，有利于保险公司在风险可控的情况下进一步提升投资收益。

（三）偿付能力监管制度改革

2008 年，中国保监会发布《保险公司偿付能力管理规定》，标志着第一代偿付能力监管体系的搭建基本完成。第一代偿付能力监管体系提高了我国保险业的风险防范能力，经受住了国际金融危机的考验，为维护保险业稳定发挥了重要作用。但国际金融危机发生后，我国保险业进入新的发展阶段。外部环境及保险市场的巨大变化迫切要求偿付能力监管的改革与创新。在第一代偿付能力监管体系的基础上，中国保监会于2013 年 5 月发布《中国第二代偿付能力监管制度体系整体框架》，确立了定量资本要求、定性监管要求和市场约束机制等偿付能力监管三支柱框架体系；并于 2015 年 2 月正式印发 17 项偿付能力监管规则以及保险业过渡期内试运行的方案，从此我国保险业进入实施第二代偿付能力监管制度的过渡期。

在三支柱监管框架下，保险公司需加强防范能够量化、难以量化的各类风险，以及偿付能力信息的公开披露。在新的偿付能力监管制度体系下，有助于保险公司提升保险资金运用风险管理能力，实现风险与收益的平衡，推动保险业稳健发展。

第四节　中国保险资金运用新常态的思考

在经济新常态和金融新常态下，我国保险业经营环境发生深刻变革。随着市场化改革不断推进，当前保险资金运用不仅面临前所未有的发展机遇，同时也存在诸多困难和挑战。可以说，与我国经济金融发展阶段相适应，保险资金运用也进入新常态。深刻理解和把握保险资金运用新常态的含义和特征，无疑具有重要的理论和现实意义。

一、中国保险资金运用新常态的特征

中国保险资金运用新常态的特征，是保险资金运用在中国经济新常态阶段出现的新特征，主要包括高增速、多主体、全市场、强创新、转监管、控风险等。

（一）高增速：新常态下保险资金运用进入高速增长的黄金机遇期

作为保险发展相对滞后的国家，未来5—10年将是我国保险业发展的黄金机遇期。保险业的快速发展将为保险资金运用提供持续、稳定的资金来源。其驱动因素主要包括：一是"新国十条"和商业健康保险发展意见的贯彻落实，全方位政策红利的逐步释放，将引领保险业进入更高水平的快速发展通道。二是国务院从国家治理体系和治理能力现代化的角度，对保险业提出了许多新要求，为保险业提供了进一步大发展的广阔平台。三是社会各界对保险业寄予很大期待，社会公众保险意识不断增强，希望保险业为人们的生老病故提供更好的服务，将催生更深层次、更广领域的保险需求。四是经济环境提供了良好条件和基础，我国经济向形态更高级、分工更复杂、结构更合理的阶段演化，新型工业化、信息化、城镇化和农业现代化等重大战略的实施，将对保险业发展产生强大的刺激和带动作用。"新国十条"指出，到2020年，我国保险深度（保费收入/国内生产总值）达到5%。按照党的十八大报告提出的两个"翻番"目标，2020年我国国内生产总值（GDP）有望达到100万亿元人民币，那么届时的保费收入就是5万亿元，大约是2013年保费收入1.7万亿元的3倍。过去十年，保费收入的年均复合增长率为16.6%（加入保户投资款和独立账户本年新增交费后的保费年均复合增长率达到18.9%），而保险运用资金的年均复合增长率达到24.4%，增速显著快于保费增速。2013年保险业资金运用余额不到7.7万亿元，按最保守的估计，到2020年资金运用余额同样达到2013年的3倍，其规模也在20万亿元以上。

（二）多主体：新常态下保险资金运用管理主体多元化

过去，我国保险资金运用的主体结构相对简单，主要是保险公司的投资部门和近十年来相继成立的保险资产管理公司。随着保险资金委托投资的放开，以及保险机构集团化发展，保险资金运用主体结构呈现多元化发展态势。一方面，保险资产管理从业内向业外拓展。2012年7月，中国保监会发布《保险资金委托投资管理暂行办法》，允许保险资金委托证券公司和公募基金公司进行投资管理。鉴于证券公司、基金公司在股票、基金等同投资领域的优势，未来将会有越来越多的保险资金外包给这些专业机构进行投资管理。另一方面，另类投资机构将成为保险资金运用的重要投资管理主体。保险资金运用结构多元化，私募股权、不动产、境外投资等投资品种将迎来发展良机，囿于保险资产管理机构在这些领域的能力，越来越多的专业另类投资管理机构将参与到保险资金的投资管理中。

（三）全市场：新常态下金融行业边界不再清晰，产业链条充分延伸，新兴业态不断涌现

过去，我国长期实行分业经营和分业监管的金融体制，保险资产管理业面临的竞争格局相对简单。新常态下，随着我国金融综合经营的推进，金融行业边界不断延伸。伴随着科技水平的进步，金融创新不断发展，保险资产管理业面临的市场形态发生了很大变化。具体来说，一是

打破行业壁垒。各类金融市场和产品间的边界逐渐模糊，交叉性金融产品日益增多，金融业综合经营成为必然趋势。二是延伸产业链条。"新国十条"鼓励保险业参与健康、养老、安保等产业链整合，为保险资产管理业发展拓展了新的业务领域。三是新兴业态不断涌现。伴随着科技的高速发展，互联网技术、云计算、大数据技术为产业发展带来革命性的转变，各种新兴业态正在不断涌现。在新的竞争格局面前，保险资产管理业必须发挥好自身的比较优势，更新发展理念，创新发展模式，着力巩固传统业务领域，积极培育新的业务增长点，不断强化行业核心竞争力和发展底蕴，才能在激烈的大资管竞争中立于不败之地。

（四）强创新：新常态下保险资金运用的创新发展格局逐渐形成

过去，保险市场竞争不够充分，发展模式较为粗放。从发生国际金融危机以来，我国保险业发展的内外部条件已经发生了巨大变化。新常态下，建立科学、稳健、高效的保险资金运用体系，构建与市场发展相适应的制度、体制和机制，完善市场化、专业化、规范化的业务模式，推动产品化、投行化和国际化的创新发展，已成为历史赋予我国保险业的重要使命。

对于今后发展，我国保险业必须更多依靠新技术、新产品、新业态，坚定不移地支持保险资金运用创新。把握保险资金运用工具创新，在风险可控的前提下，支持创新保险资金运用方式，丰富交易结构，提高保险资金配置效率，更好地服务实体经济发展和经济转型升级。推进保险资产管理公司组织、机制、产品等方面的创新，逐步降低门槛，建立适当激励机制。全面提升保险资金运用创新发展。

（五）转监管：新常态下市场化改革与强化监管并重

过去，受计划经济体制影响，我国经济和金融的市场化程度较低，利率、汇率等方面的金融管制较多，保险领域的产品费率、投资范围受到严格管制，其结果是市场机制无法充分发挥作用。党的十八大以来，我国推进全面深化改革，金融业市场化程度不断提高，利率市场化、汇率形成机制、资本项目可兑换等领域的改革进程不断加快，保险费率市场化，保险投资渠道和比例限制也逐步放开，真正让市场在资源配置中起决定性作用。今后一段时间，应坚持"一手抓改革创新，一手抓强化监管，两手都要硬"。一方面，坚定不移地推进市场化改革和创新，适应全面建成小康社会以及经济新常态的新要求；另一方面，坚持依法监管，公平透明监管，适应全面依法治国、从严治党的要求。具体来说，一是坚定不移地深化市场化改革，进一步放开投资领域和范围；切实减少行政许可、核准等；进一步深化保险资管产品注册制改革；依托市场化运作机制，组建全行业的保险资产交易平台和资产托管中心，建立资产交易流通机制，盘活保险资产存量，做大做强保险资产池，提升行业核心竞争力。二是坚定不移地强化监管和防范风险，坚持"放开前端，管住后端"的总体思路，建立健全现代化多层次的资金运用监管体系，加强风险监测和预警，强化事中事后监管工具，加强现场检查和处罚，牢牢守住风险底线。三是坚定不移地推进依法监管，进一步树立法治的理念和思维，坚持依法合规运用保险资金，维护法律的尊严和监管的权威。

（六）控风险：新常态下风险因素从相对简单到错综复杂

过去，保险资产管理业规模较小，在经济社会中渗透度和影响力不大，风险来源单一，传染性较弱。近年来，行业的风险规模、诱发因素、传导途径等大大增加。新常态下，随着我国经济的转型，过程中出现的暂时困难会影响保险资产管理业发展。风险来源不再单一，而是呈现出多样化和复杂化特征，这对全行业在风险的跟踪监测、化解处置等方面都提出了更高要求。我们需要关注资金运用风险，特别是经济金融等宏观市场风险对保险资金运用的直接影响。同时需要关注交叉传递风险，随着保险资产管理与实体经济、与其他金融业的接触面和渗透度大幅提高，风险传染可能通过多种形式和多种渠道对保险业造成影响。保险资产管理行业要全面提升风险管理意识，创新风险管理手段和方法，以新的科学技术手段为辅助提升风险管理的效果和效率，打造资产管理行业风险管理的标杆。

二、中国保险资金运用新常态的研究意义

经济新常态预示着新的经济结构、新的发展动力和新的发展方式，这些新变化最终都会对保险业的经营发展带来全面深刻的影响。在新时期，我国保险业应主动适应经济新常态，牢牢把握经济新常态，进而服务好经济新常态。

（一）对保险行业发展的意义

随着"大资管"时代到来，各金融子行业的资产管理机构之间的竞争日趋激烈。新常态下，保险资金投向不再仅仅局限于金融市场，逐步延伸到依托实体经济和金融产业链分工的各个领域，如基础设施、不动产、未上市企业股权等各个领域。在资产管理行业跨界竞争、创新合作的大潮中，保险资管与信托、公募基金、私募基金、银行和券商等机构在业务层面也已展开针锋相对的竞争。资产管理业务不断趋同、保险产品的替代品大量出现、资金运用范围的交叉，均给保险资产管理带来严峻的挑战。保险资金运用研究将为保险机构如何在激烈的市场竞争中发挥保险资金自身的优势提供理论支撑，推动保险机构更好地适应市场的变化，促进行业在经济新常态下有序健康发展。

随着中国融入世界经济体系，为社会和经济发展提供保障服务的保险业将不可避免地面临来自国际保险业的冲击。在此背景下，中国保险业将加快国际化经营步伐，通过国际上的保险资本运作、战略联盟等多种形式，打造国际化的保险集团，在国际范围内为客户提供保险服务。保险业的国际化要求我国保险机构加强保险资金运用研究，准确判断国际经济周期变化，密切关注信用风险、利率风险、汇率风险等资金运用风险，为参与全球化竞争提供坚实的基础。从长远来看，保险资金运用研究有利于增强保险机构全球化配置能力，推进中国保险业国际化经营。

（二）对保险机构壮大的意义

近年来，中国保险业已呈现出综合化经营和集团化发展的趋势。部

分保险企业先行进入产险、寿险等专业领域，并通过主业公司控股的方式走上集团化发展道路，凭借集团的综合金融服务能力和子公司的专业化经营水平开展多元化经营，发挥协同优势，获取多元化收益。

保险"新政"颁布后，拓宽了保险资金运用渠道，打破了保险资产管理的行业壁垒。加强保险资金运用研究对保险机构具有多重意义：一是有利于保险机构明确资金运用业务的科学定位，明确资金运用业务的发展方向，促进保险主业的发展，发挥保险保障功能；二是有利于各保险公司根据自身的实际情况，有选择地依托新渠道开展特色业务，加强产品创新，用好"改革红利"；三是将更好地促进保险机构的集团化、多元化与国际化发展，通过集团化实现规模效益与协同效益，满足市场日趋多样化和个性化的需求，在全球范围内配置优质资产；四是保险资金运用研究将政策引导与市场需求统筹考虑，帮助保险公司深入理解监管导向和政策意图，确保我国的保险业发展方向与经济发展需求相适应。

（三）对实体经济发展的意义

保险资金支持实体经济由来已久，特别是国际金融危机以来，我国坚持"金融服务实体经济"的基本要求，2014年8月的保险"新国十条"明确提出，"充分发挥保险资金长期投资的独特优势。鼓励保险资金利用债权投资计划、股权投资计划等方式，支持重大基础设施、棚户区改造、城镇化建设等民生工程和国家重大工程"。目前，我国保险公司已经成为资本市场的重要机构投资者和国家重大基础设施建设的重要资金提供者。截至2014年底，保险资金发起基础设施投资计划1.1万亿元，较年初增长56.8%，其中投资1072.5亿元参与棚户区改造和保障房建设。在国家"一带一路"战略中，保险资金投资也发挥了重要作用。保险资金运用研究将有利于充分发挥保险资金长期投资的独特优势，创新资金运用方式，提高资金配置效率，支持实体经济发展。

（四）对于保险意识增强的意义

中国经济改革日渐深化，居民生活水平日益提高，社会保障制度改革不断推进，保险资金运用的研究将在一定程度上引导人们的风险管理和保险理念，从而促进人们的保险需求趋于理性化和多元化，在获得保险保障的基础上，寻求更加多样化的投资理财渠道。

反过来，保险需求的理性化与多元化，也会促进保险行业在新常态下，积极适应社会经济调整，创新业务，充分满足人们保障、投资、家庭资产负债管理等各方面的多元化、个性化需求。保险资金运用的研究将提高保险公司的资金运用意识，强化资本运营能力，增强市场竞争力，实现保险资金的高效运用。通过提供风险可控、较高收益产品，更好地满足客户需求。

中国金融四十人论坛
CHINA FINANCE 40 FORUM

第二章

新常态下保险资金运用的市场竞争环境

资产管理行业中的金融机构拥有各自的业务特征，分析其他资产管理三体的发展现状及未来趋势，一方面可以通过横向比较，挖掘保险资产管理业的传统竞争力；另一方面有利于保险资产管理机构向同业学习和借鉴，培育新的竞争力，提升保险资金运作效率。相比于其他金融机构的资金运用，保险资金运用有着规模大、期限长、利率敏感性高、资产负债匹配、覆盖完整产业链以及跨市场配置等特点，在与其他资产管理机构分工合作的过程中逐渐形成了自身的核心竞争力。

2014年以后，我国经济进入新常态，资产管理行业的竞争格局面临重构。在经济新常态的大背景下，保险资金运用应该顺势而为，一方面要通过强化资金优势、完善利率曲线等方式不断夯实自身传统竞争力；另一方面也要抓住保险主业的战略发展机遇，在产业投资、投行业务、营销渠道等领域打造新的核心竞争力，实现跨越式发展。

第一节　各类资产管理主体运行现状和发展趋势

2012年以前，我国的资产管理行业在分业监管机构的主导下，形成了不同领域的分工格局，基金公司和证券公司擅长设计和销售净值型金融产品，商业银行专注于预期收益型理财产品，保险公司重点发展投资型保险产品，信托公司大力发展融资类项目。各类机构根据自身的特点，在资产管理行业产业链上形成分工。2012年以后，国内资产管理行业进入活跃期，呈现出自上而下的行业放松管制和自下而上的业务探索突破相结合的发展态势，市场化成为改革的主要方向，原有的分工经营限制被逐步淡化，不同金融机构可以开展同质的资产管理业务，资产管理行业从割据竞争进入了融合协作的发展阶段。

一、当前大资管行业发展现状概述

大资管是对中国资产管理行业的一种泛指和总称，经过近十年的发展，以银行理财、信托、保险、基金公司及其子公司、证券公司、私募基金管理机构为主的大资管格局已基本形成。中国大资管行业快速发展的原因主要有两个：一是宏观经济持续快速增长激发了全社会的财富管理需求，二是银行信贷管制政策所产生的融资渠道迁移效应。截至2014年末，我国大资管行业管理资产规模合计达到57.5万亿元，较2013年末的40万亿元增长42%。从存量资产规模看，银行理财业务的规模最大，信托紧随其后，保险行业总资产位列第三（见图2-1和图2-2）。

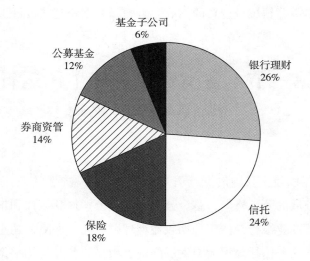

资料来源：公开市场资料、中国保险资产管理业协会。

图 2-1 大资管行业资产管理规模（2014 年）

二、其他资产管理主体发展现状及趋势分析

在大资管时代，各类资产管理主体在坚持"受人之托，代人理财"

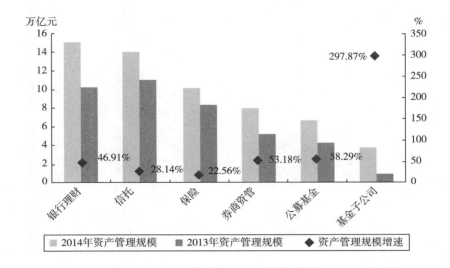

资料来源：公开市场资料、中国保险资产管理业协会。

图 2－2　大资管行业资产管理规模及增速

业务本质的基础上，逐渐形成了较为明确的市场定位和鲜明的产品特色，并依托各自的政策优势，加快打造核心市场竞争力。

（一）银行理财业务：打破刚性兑付，转型资产管理

商业银行理财业务，是指商业银行本着为客户利益服务的原则，以客户需求为导向，以客户资产保值增值为目标，为客户提供的资产管理等专业化服务活动。2014 年银行理财业务继续保持高速发展势头，理财产品发行再创新高，全年发行数量超过 6 万个，同比增速 46.65%，银行理财规模已突破 15 万亿元（见图 2－3）。

回顾过去十年的银行理财资产配置，一个显著的趋势是债券和利率类投资标的在理财资产配置中所占比例在逐步扩大，其中债券类资产的配置比例由 2004 年的 4.31% 上升到 2014 年的 26.87%，利率类资产的配置比例由 2004 年的 2.59% 上升到 29.88%。随着预期收益型产品的兴起，低风险、固定收益的利率、债券类资产在理财资金的投资中备受青睐，规模不断扩大。受到结构化产品发行乏力的影响，加之银行理财

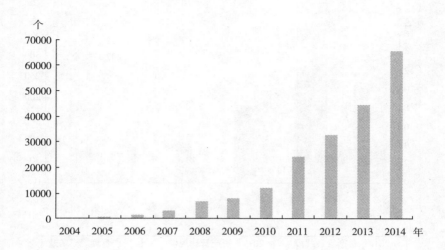

资料来源：公开市场资料、中国保险资产管理业协会。

图 2 – 3　2004—2014 年银行理财产品发行数量

资金不能直接投资股市，股票在理财产品的资产配置中的占比始终不高（见图 2 – 4）。

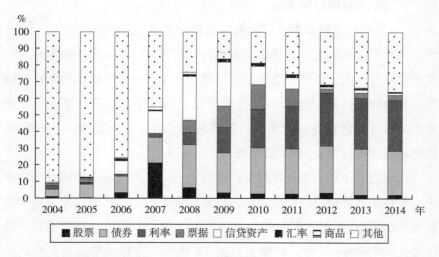

资料来源：公开市场资料、中国保险资产管理业协会。

图 2 – 4　2004—2014 年银行理财产品资产配置比例

未来银行理财规模仍有望保持快速增长。当前我国活期存款仍占银行存款50%左右的比重，如果上市国有大型商业银行、股份制商业银行的活期存款占比下降到20%，即可释放出约19万亿元的空间，相当于目前银行理财市场规模的1.5倍，因此未来银行理财具有较大的发展空间，打破刚性兑付，转型资产管理，实现理财产品净值化。净值化产品有利于提高理财资金投资的透明度，有利于投资者理解理财产品的风险，丰富资产管理产品线。按照监管规定，商业银行可以在开放式净值型理财产品和结构型理财产品方面发力，一方面可以打破刚性兑付，减轻商业银行兑付压力；另一方面进一步满足不同类型投资者的需求。在多样化产品的基础上，为客户提供全方位的服务。

（二）信托理财业务：走过繁华，发力财富管理

从1979年第一家信托公司成立至今，我国信托业已经走过了35年的发展历程，从2006年开始，信托业进入高速发展阶段，到2014年底，信托资产已经从2003年末的1635亿元增加到了13.98万亿元。

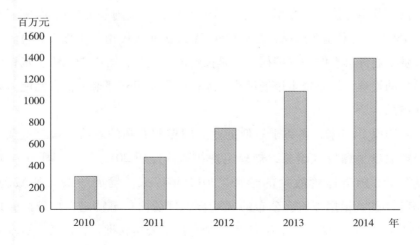

资料来源：公开市场资料、中国保险资产管理业协会。

图2-5　2010—2014年信托资产规模

信托的发展离不开广泛的投资渠道，基础设施、房地产、工商企业是信托资金的主要投向，此外信托还广泛投资于证券市场（含股票、基金、债券）和金融机构等其他方向。从产品类型看，单一信托、集合信托、管理财产类信托共同发展。然而，信托发展也存在着制约因素，如定价策略单一，信托报酬率偏低；刚性兑付，制约信托规模扩张；信托行业的风控压力大，风控体系有待强化等。

总体来看，信托规模扩张开始放缓，监管层正在引导信托公司的盈利模式从过去的规模驱动转向效率驱动，即发挥其主动管理能力、灵活的投资优势，向高端财富管理机构转型。

（三）公募基金及子公司业务：投资管理与投行业务齐发展

我国的基金业 2006 年至 2007 年得到了高速发展，管理资产规模一度超过 3 万亿元。2008 年开始，由于股票市场整体低迷，基金管理规模有所下降。此后，券商资管和私募基金的快速崛起，分流了部分公募基金行业的资金，直到以"余额宝"为代表的现金管理类货币基金的大发展，才将公募基金的资产管理规模重新带回增长轨道。根据中国证券投资基金业协会的数据，截至 2014 年底我国境内基金公司 95 家，共有 1897 只公募基金产品，总规模 4.54 万亿元人民币（见图 2 - 6）。公募基金业务具有鲜明的特征：一是投资范围较窄，集中于二级市场；二是主动管理，汇集资本市场优秀人才；三是依赖外部渠道，直销能力不断增强。

2012 年以来，得益于较低的业务门槛和有利的政策环境，基金子公司数量呈爆发式增长，规模迅速扩张。经历 2013 年的"野蛮生长期"后，随着监管政策的趋严，2014 年以来，发展势头有所减弱。2015 年初，根据证监会公布的《基金管理公司从事特定客户资产管理业务子公司名录》，共计有 71 家基金专户子公司获批，合计注册资本为 34.31 亿元。基金子公司已经成为基金公司开展业务的重要渠道，帮助其实现业务的多元化经营、满足资产的多样化配置需求、快速扩大管理规模，提升市场竞争力。

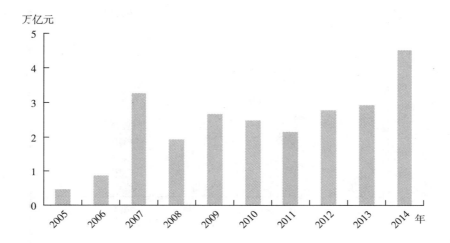

万亿元

资料来源：华宝证券研究所、中国保险资产管理业协会。

图 2 - 6　公募基金资产管理总规模变化

　　展望未来，公募基金应当充分发挥其拥有最为庞大优秀的投研团队的优势，不断拓宽业务，增加盈利渠道和空间。在完善治理结构的同时不断创新产品。就公募基金子公司而言，鉴于其业务范围上与信托有很大的相似性，未来其通道业务可能会萎缩，主动型资产管理业务将会获得更大的发展空间。基金子公司可以依靠其母公司强大的投研团队与二级市场投资经验的优势，开展各类金融工具创新、构建大类资产配置组合以满足投资者需求。

　　（四）券商资管业务：老树发新芽，协同发展能力强

　　我国证券公司的资产管理业务自 2005 年以来不断发展，但目前的集合理财产品规模远远低于开放式基金。从 2009 年下半年开始，监管机构在券商资产管理的审批程序上逐步放松，逐渐加大对券商资管业务的扶持力度，之后券商集合理财发展提速。受益于政策红利和资本市场的良好表现，全行业的集合资产管理规模实现了跨越式发展。从 2009 年的 978 亿元大幅增加到 2014 年底的 6921 亿元（见图 2 - 7）。

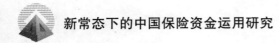

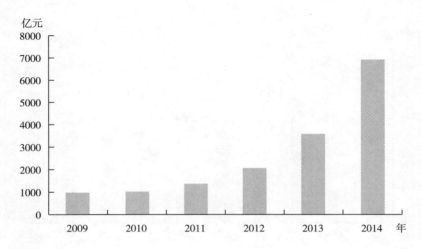

资料来源：Wind 资讯。

图 2 - 7　历年券商集合资产管理规模变化

2013 年《关于修改证券公司客户资产管理业务管理办法的决定》出台，大集合产品被取消，券商资管业务更多地转向了定向和专项资管产品，业务结构发生了明显的变化。近年来，另类投资产品发行数量不断走高，2014 年以来新成立的券商理财产品中，另类投资产品是唯一数量和规模双双增长的类型，截至 2014 年底，另类投资产品发行 529 只，发行规模总计 270.43 亿份，数量和规模同比分别增长 117.5% 和 90%，而同期股票型和货币型产品数量分别下降 37% 和 53%。表明券商发行资管产品逐步在向另类投资型转移（见图 2 - 8）。

与其他开展资产管理业务的机构相比，券商资管最大的特点在于产品线全面，产品丰富，投资管理能力强。券商资管可以提供覆盖二级市场、股权投资、海外投资等领域的丰富产品，并且依靠强大的投研实力，提升主动管理能力。券商可以协同经纪和投行业务，拥有广阔的客户资源，并可与银行实现资源优势互补，形成合作联盟，但这都要求资产管理业务与其他证券业务的高度协同。

展望未来，券商可以通过综合各类业务资源，为客户提供增值的手

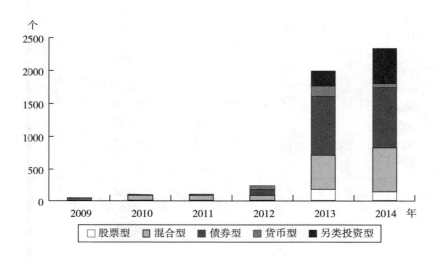

资料来源：Wind 资讯。

图 2-8 券商资产管理新成立产品类型

段。通过推动盈利模式的转型，构建完善的产品线，以增加产品销售收入和管理收入；通过探索财富管理方式的转型，为客户提供有针对性的理财服务，逐步可形成普通客户集合化、高端客户定向化、私人银行客户资产配置化的服务模式。

（五）私募基金：后起之秀，助推国内创业潮

随着监管转型、登记备案、建章立制等一系列顶层设计的稳步推进，中国私募基金正在阳光化道路上迅速壮大。作为中国资本市场的新军，私募投资基金将成为我国资本市场创新发展中不可或缺的力量。相比于其他资产管理主体，私募投资基金募资方式更多样、投资范围更广泛。中国证监会数据显示，截至 2015 年 6 月，已完成登记的私募基金管理机构 13918 家，管理私募基金 15612 只，管理规模 3.78 万亿元，私募基金行业从业人员 221092 人（见图 2-9）。

展望未来，随着未来金融领域政策持续放开，商业银行、社保基金、养老基金等机构投资者对私募股权投资基金的配置比例将会持续提升，私募投资未来发展前景广阔。

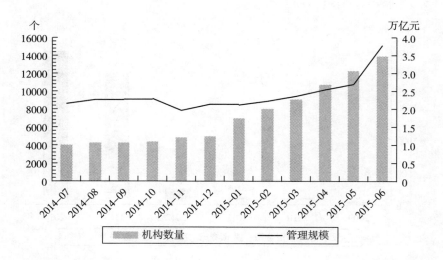

资料来源：中国证券监督管理委员会。

图 2 - 9　私募基金备案机构数量与产品规模

（六）主要资产管理主体比较优势分析

营销渠道、投资管理及产品创新是资产管理行业的核心能力。各类金融机构在业务趋同的过程中依然拥有各自的特点和长期积累的优势，总结和分析其他资产管理机构的比较优势，能够为保险资金运用提供具有实际意义的参考。作为保险资金运用的主体，保险机构亦应该以开放的心态，积极向资产管理同业学习并培养自身新的核心竞争力。

1. 营销渠道能力：银行和券商具有线下优势，互联网直销悄然兴起

2012 年以前，由于物理网点分布广泛，银行和证券公司拥有强大的营销能力，成为公募基金、保险、信托等金融产品主要的代销渠道。截至 2014 年底，银行在全国拥有超过 20 万个网点，密布城乡；证券公司目前共有近 6600 多个营业部，主要分布在一、二线城市的经济相对发达地区；信托和基金公司基本没有自己的独立渠道，通常是和银行、券商合作代销。但是随着互联网渠道的开发以及投资者在线理财习惯的

逐渐养成，通过互联网渠道销售的各类金融产品比例正在逐步提高。除了阿里巴巴、百度、东方财富等大型互联网公司的综合网销平台外，公募基金、保险等传统金融机构也在积极搭建自己的互联网直销平台，互联网正在改变大资管行业的营销模式。

2. 投资管理能力：公募与私募齐飞，为其他机构输送人才

在资产管理行业中，产品的投资收益率是吸引投资者最重要的因素。纵观整个行业，公募基金的投资能力建设周期较长，积累了大批顶级投资人才，形成了成熟的投研体系，并成为整个资产管理行业投资人才的"黄埔军校"，为其他同业输送了大批优秀人才。但是近年来，公募基金牌照存在贬值趋势，平台优势及信息优势均已不复存在，加上仓位方面的限制，公募投研难度增大。此外，业内长期实行的相对排名考核机制只能反映基金经理的短期业绩，导致很多基金经理选择了投研机制及激励机制更加灵活的阳光私募基金公司。近三年来，每年公募基金经理的离职人数呈现递增的趋势。这种势头很有可能继续延续，私募基金行业或成为顶级投资人才新的汇集地。

3. 投行业务能力：银行和券商具有传统优势，信托、基金子公司后来居上

我国的投资银行业务主要包括证券承销、证券交易、兼并收购、资金管理、项目融资、风险投资、信贷资产证券化等。在各类金融机构中，券商和银行开展的是传统意义上的投行业务。一般来说，商业银行的投资银行部门只有债券融资的业务，没有资格做并购、IPO 等业务，而大多数券商持有全牌照，可以提供多种金融服务。过去几年里，由于IPO 停滞以及利率市场化步伐加快，投行化金融产品大放光彩，信托、券商资管、基金子公司专项资产规模连续高速增长，泛投行化的通道业务很好地满足了银行表内外资产转化的特定需求。这也是在利率市场化和人民币国际化进程中，银行大力发展表外业务的结果。在经过粗放发展之后，信托等机构的泛投行业务也在追求转型发展，并购基金、产业基金等成为上述机构发展投行业务新的载体。

4. 产品创新能力：券商、公募领头，其他机构百花齐放

综观大资管行业，券商、公募基金在监管政策的引领下，在产品创新能力方面走在了前面，同时其他金融机构也是各具特色，在各自擅长的领域尝试产品创新。2013 年，券商创新大会召开以后，证券公司启动传统业务转型、创新业务发力的"双轮驱动"模式。在创新业务中，资产管理业务、融资融券业务对行业利润的贡献率继续上升，成为行业发展的新亮点。券商资管产品也不再停留在通道业务和简单的股票型、债券型等产品，MOM、FOF 等创新型产品大放异彩。2013 年以来，公募基金业在渠道、产品、组织、业务模式等方面的创新也表现突出。在产品创新方面，股票基金向主题基金、风格基金、行业基金等类型转变，投资标的更加重视股票、债券之外的其他资产，如大宗商品、黄金、房地产及海外资产等。此外，随着股指期货、融资融券业务的发展，A 股市场具备了一定做空机制，为公募基金多空策略基金提供了空间。此外，公募基金是最早拥抱互联网的行业，2013 年互联网与传统基金在货币基金领域成功融合，凭借在投资回报和资金运用便捷性方面的总和竞争优势取得对传统货币基金的完胜，成为公募基金业产品创新的代表。在业务模式创新方面，资产证券化、VC 和 PE 的公募化、众筹模式等创新风生水起。信托、基金子公司以及私募股权等机构，由于融资类业务占比过高，存量项目庞大，创新步伐稍慢，但是也在股权并购、新三板投资等方面跟随公募券商步伐，打造自身的业务转型。

表 2 – 1　　　　　　　资产管理机构比较优势分析

金融机构	营销能力	投资管理能力	投行业务能力	产品创新能力
银行	强	弱	强	弱
信托	弱	弱	强	弱
公募基金	中	强	弱	强
券商	强	中	强	强
私募基金	弱	强	中	弱
基金子公司	弱	弱	强	弱

资料来源：公开市场资料、中国保险资产管理业协会。

三、新常态下大资管行业发展趋势展望

（一）大资管行业已经展现出新常态特征

1. 机构监管与功能监管相结合，提升资产管理行业运行效率

经过多年的发展，我国各类资产管理主体在竞争中逐步形成了分工和合作模式。伴随着各类资产管理牌照的放开，行政管制与市场边界重新划定，整体监管思路正向着市场化监管调整，这激发了资产管理行业的活力，弱化了牌照价值，资产管理行业的准入门槛更低，公募、私募百花齐放，市场竞争加剧。

2. 经济增长新动力显现，为资产管理行业带来新机遇

新常态下，经济增长的三大新动力开始显现。一是技术进步带来的创新红利。大数据、云计算、移动互联等技术的不断发展，使得企业创新、个人创业的空间无限放大，新的商业模式和需求正被不断创造而出。二是新一轮深化改革释放的制度红利。本届政府提出的发展混合所有制经济、金融财税等改革措施正从筹划期进入落实期，"一带一路"等政策红利持续释放，将在相当长的时间内推动经济增长。三是资产证券化带来的资本红利。目前，在诸多传统领域广泛存在着低效率资源，证券化可以有效盘活这部分资产，为经济增长注入新动力。三大新动力也将为资产管理行业提供新的业务机会。

（二）新常态下大资管行业竞争格局

我国经济的新常态正在重构资产管理行业的竞争格局。首先是重构我国的金融结构。以银行为主要中介的间接融资体系与以证券市场为平台的直接融资体系正在经历此消彼长的深刻变革。其次是重构资产管理的主营业务分工。大资管行业的融合发展继续推进，各类机构都在主动突破传统主营业务，向全能型资产管理机构转型。最后是重构传统金融与互联网金融的竞合关系。互联网将大大提高金融产品透明度，进一步提升居民对于收益率的敏感度，使得市场竞争更加激烈，以"便捷、高效"为核心的互联网思维促使传统资产管理公司加大渠道创新和改革力度。

第二节　保险资金的特征分析

保险资金作为金融市场上重要的资金来源，与其他类型的资金既有一定的共性，又具备自身的特性。相比于其他金融机构的资金运用，保险资金运用有着规模大、期限长、利率敏感性高、资产负债匹配、覆盖完整产业链以及跨市场配置等特点，在与其他资产管理机构分工合作的过程中逐渐形成了自身的核心竞争力。

一、保险资金的市场定位

（一）社会发展的"稳定器"

商业保险在完善社会保障体系方面占有重要地位，发挥着重要作用。商业保险作为补充性养老保险的主导力量，有利于提高社会保障体系的整体水平，而商业保险提供多样化的商业养老与健康保险产品及服务，也有利于丰富社会保障体系的层次结构。保险资金是从社会各个阶层积累来的资金，保险的赔付对人们恢复生产生活具有很强的保证作用，所以保险资金是保障社会正常运转的后备资金，具有高度的社会属性，成为社会发展的"稳定器"。

（二）支持国家重大基础设施建设

大型基础设施建设项目存在大量的资金需求和较长的建设周期，这些特点正好与保险资金规模大、期限长以及收益要求稳定的特征相符合。在新常态下，基础设施建设将成为我国未来经济增长的重要引擎，李克强总理在2015年政府工作报告中也明确国家将继续增加铁路、水利等基建项目投资。基础设施建设和完善公共服务的资金需求巨大，随着保险"新国十条"相关政策的逐步落地，保险资金将发挥长期投资的独特优势，更广泛、更深入地参与到国家重大基础设施建设之中。

（三）发挥社会融资功能

2014 年全国保费总收入突破 2 万亿元大关，保险业总资产规模超过 10 万亿元。经过多年的积累和发展，保险资金已成为"社会融资"的重要组成部分，不但在国家重大基础设施建设融资中发挥重要作用，而且在缓解中小企业融资难、融资贵，支持小微企业发展方面逐步发挥出积极作用，2014 年中小企业保单质押贷款余额达到 1801 亿元。

二、保险资金的性质分析

（一）保险资金的一般性质

保险资金的传统竞争力根源于其不同于其他类型资金的性质，具体来说，保险资金具有负债性、规模大、期限长、稳定性强等性质。

1. 负债性

负债性是保险资金的首要性质，负债性决定了保险资金运用必须以资产负债匹配管理为起点，内容包括期限匹配、总量匹配、流动性匹配、资产性质匹配、币种匹配等多方面的要求。同时，受负债性影响，保险资金作为有偿运用的资金，需要追求绝对收益。

2. 规模大、期限长

保险资金规模大、可投资期限较长，由保险产品的特性决定。传统寿险的期限通常在 15 年以上；分红险的期限一般在 10 年以上；而万能、投连险等险种的投资期限相对灵活，但在实践中，期限通常也在 5 年以上。保险资金的可投资期限则由保险产品结构和产品缴费方式共同决定。

3. 稳定性强

从负债端情况看，趸交保费拉长了保险资金的可投资期限，而期缴保费使得保险资金的流入较为平稳。总体而言，保险公司的可运用资金的数量变化比较平稳，相比于基金、信托等资产管理机构，保险资金是中长期、稳定的机构投资者。

（二）不同类型保险资金的性质比较

保险资金的性质由保险产品的特点所决定。与寿险公司不同，财险负债多是责任期限在一年以内的中短期负债，资金可投资期限比较短，从细分角度看，不同类别的保险公司，资金性质有很大的区别（见表2-2）。

表2-2　　　　　　　　不同类型保险资金的性质

资金特征	寿险公司			财险公司		养老险公司
产品类别	传统险	分红险、万能险	投连险	短期财险产品	巨灾险（未来）	年金养老产品
期限特征	长期	中期	中短期	短期	长期	长期
稳定性	强	强	弱	弱	强	强
投资收益目标	满足负债要求，追求绝对收益	满足负债要求，追求绝对收益	追求相对收益和行业排名，兼顾绝对收益	满足赔付要求	满足赔付要求	抗通货膨胀、追求相对排名，兼顾绝对收益
利率敏感性	强	强	弱	弱	弱	弱
风险态度	下跌风险厌恶	中性	中性	中性	下跌风险厌恶	下跌风险厌恶
资产负债匹配	强	一般	弱	弱	弱	强
成本特征	稳定，可预测性强，受官方利率走势影响	金融属性强，与其他金融产品有很强的替代性，受市场利率影响较大，销售成本也高，导致综合成本居高不下	类"基金"产品，负债成本属性不强	补偿特性强，与其他金融产品重合度小，销售成本稳定，综合成本事前可预测性强	补偿特性强，与其他金融产品重合度小，销售成本稳定，综合成本事前可预测性强	负债属性不强，受官方利率走势影响

资料来源：太平资产管理有限公司、中国保险资产管理业协会。

（三）保险资金性质的变化

1. 人身险费率市场化改革，寿险资金可投资期限将出现分化

2013 年以来，保监会按照"放开前端、管住后端"的基本思路，稳步推进人身险费率市场化改革，确定了"普通型、万能型、分红型人身险"三步走的改革路线。人身险费率政策改革将进一步完善市场化的费率形成机制，将定价权交给公司和市场。产品定价灵活度增加会降低普通型产品的销售价格，增加保障功能，预计普通型、万能型和分红型人身险的市场占比会出现变化，分红险独大的情况将有所改变。从保费数据看，人身险费率市场化改革以来，普通型人身险新单保费同比大增，创 13 年来新高。保险公司根据自身经营特点，调整产品结构，差异化经营将成为常态，寿险资金的可投资期限也可能出现分化。

2. 财险行业稳健发展，资金可投资期限逐渐拉长

寿险负债是长期负债，财险负债是中短期负债，这是不争的事实。随着国内财产险行业的稳步发展，财险保费收入保持了较快的增长，财险资金性质出现了两方面的变化：一是财险的责任期限结束后，短期资金沉淀下来，能够长期滚动积累，在风险可控的前提下，可作为长期资金使用；二是财险的资金性质是长是短还取决于承保的质量，如果长期来看，保费收入能覆盖经营、赔付等所有支出，并略有盈余或持平，财险资金就可以作为长期资金使用。

3. 趸缴型理财保险大量发行，出现"短钱长用"情况

"长钱短用"是保险资产负债期限错配的主要表现形式。但近年来，随着国内股权投资市场的发展，长端收益率曲线扁平化情况得到改善，部分保险公司为实现保费收入的快速增长，大量发行趸缴、短期的理财型保险产品。短期理财保费用于长期投资，出现"短钱长用"的新情况，使得保险资金面临的流动性风险上升，一旦负债端资金供给不足，资金链就会断裂。

三、保险资金运用的比较优势

（一）保险资金运用的流程相对完整

虽然起步晚，专业化、市场化程度还有提升空间，但相比于其他资产管理主体，保险资产管理机构拥有相对完整的业务流程，涵盖资金渠道、产品设计、投资管理等各个环节，同时具备买方和卖方的业务属性，这是保险资金运作的特点（见图 2 - 10）。

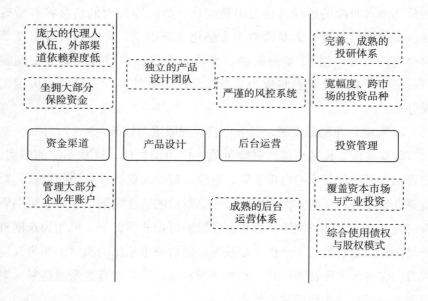

资料来源：公开市场、中国保险资产管理业协会。

图 2 - 10　保险资金全流程管理

1. 相对独立的销售渠道

经过多年的发展，我国保险公司大多建立起独立的保险代理人团队。规模庞大的营销人员使得保险行业的销售渠道规模在资产管理行业各机构中仅次于银行，销售渠道基本可以覆盖到三线城市，形成独立的、广阔的销售网络覆盖。相比之下，公募基金、基金子公司、信托公司的独立营销渠道较弱，对银行渠道有高度依赖。对于保险资产管理机构买说，一方面掌握大量的保险资金，另一方面也可以间接利用保险公司的营销渠道开展资产管理业务。目前，已有多家保险集团成功申请公募基金销售资格，这一营销模式还可以拓展到保险资产管理机构的其他财富管理业务。

2. 完善的中后台运营体系

由于监管体系较为严格，保险资产管理公司通常拥有严谨、完善的中后台运营体系。通过风险管理、信用评级、交易管理、财务运营、信息管理等条线的密切配合，保险资产管理公司的自律管理能力在整个资产管理行业中相对突出。

3. 成熟的投资管理团队

保险资产管理公司作为资本市场上的大型机构投资者，自身基本具备了完善的投资研究体系，培育投研人才，为投资决策提供支持。经过多年的积累，已经逐步形成了谋求长期、稳定、可持续收益的投资风格。

4. 同时覆盖二级市场与产业投资

随着资金运用范围的扩大，保险资金不但在资本市场有重要影响力，而且在产业投资方面也取得长足的进步。目前公募基金投资非上市公司股权业务尚未完全放开，投资领域主要围绕股票、债券等有价证券，而基金子公司、信托等机构虽然发行了大量投向实体经济的产品，但是主动管理能力不强，通道类产品占比较高。保险资产管理机构不但在投资范围上同时覆盖二级市场和产业投资，而且其产业投资的主动管理能力也较强。保险"新国十条"全面提升了保险资金服务实体经济的广度和深度。国家发展改革委、中国保监会联合印发的《关于保险业支持重大工程建设有关事项的指导意见》指出，充分发挥保险资金长期投资和保险业风险保障的独特优势，支持国家重点工程建设，助推实体经济发展。保险资金运用在一、二级市场联动的优势将进一步显现。

（二）保险资金运用覆盖全资产类别

与其他资产管理机构相比，保险资产管理的特色是可进行跨市场投资，并采用大类资产配置的组合投资模式。保险资产管理的大类资产配置涉及到战略资产配置和战术资产配置。战略性资产配置是根据投资者的风险偏好，对投资资产做出一种前瞻性的整体计划和安排。战术性资产配置则是在大类资产比例基本确定的基础上，在特定的资产类型中，筛选符合投资要求的投资品种，根据对市场趋势的判断以及不同资产的收益变化，对组合进行适时调整。

与其他资产管理行业相比，保险资产配置涉及的资产类别相当广泛。如银行主要投资资产为贷款，信托主要投资资产为另类投资，基金主要投资资产为上市股票与债券。而保险资产投资需要考虑因素较为广泛，因此投资资产的范围也比较广泛。表 2 – 3 列出了不同资产类别的投资特性。

表 2 – 3   **大类资产投资特性**

资产特性	现金	国债	高等级信用产品	信用产品	权益类	股权类	不动产类
预期收益	低	较低	一般	较高	高	高	高
税收优惠		●					
利率风险		●	●	●			
信用利差风险			较低	较高			
违约风险			较低	较高			
市场风险					●	●	●
获取净投资收益		●	●	●			
拉长久期		●	●				●
提供流动性	●	●	●		●		

资料来源：公开市场资料、中国保险资产管理业协会。

保险资金可投资品种非常丰富，投资需要兼顾与融合以上各类资产的特性，因此规划保险资金运用时需要引入跨市场的大类资产配置模型。跨市场资产配置原则一般是以公司全面风险管理框架为依托，根据设定好的风险偏好体系，在满足监管规定的前提下，通过寻求与竞争对手差异化的特色经营方式，整体承担适度水平的风险，坚持价值为核心的成长模式，以获取与所承担风险相匹配的长期合理回报。

第三节 新常态下保险资金运用的核心竞争力建设

2014年以后，国内经济的新常态正逐渐重构资产管理行业的竞争格局。保险资金运用也应该顺势而为，一方面要通过强化资金优势、完善利率曲线等方式不断夯实自身传统竞争力；另一方面也要抓住保险主业的战略发展机遇，在产业投资、投行业务、营销渠道等领域打造新的核心竞争力，实现跨越式发展。

一、"新国十条"下保险业快速发展带来的资金优势

"新国十条"立意高远，明确将保险业定位为现代服务业的重点，将发展保险业上升为国家战略，使之成为整个社会风险管理与社会保障体系建设的重要组成部分。随着相关政策逐步落地，保险业的社会属性和潜在功能将被进一步激发，保险资金运用也将迎来新的机遇。

（一）保费快速增长将强化保险资金的规模优势

在保险业进入全面升级的过程中，人身险将改变与银行高收益理财产品的恶性竞争局面，向"兼具避税、风险保障和财富管理"三种功能的新型保险产品转型，将迎来新的发展机遇。责任险将在减轻政府承载的社会风险、化解社会责任纠纷等方面扮演更重要的角色；养老险、农业保险在完善多层次养老保障体系、保障农业再生产能力等方面也将发挥更大的作用。这些都预示着保险业将迎来快速发展的历史机遇。根

据"新国十条"的发展目标，保险密度将从 2013 年的 1266 元/人提升到 2020 年的 3500 元/人，增长近 2 倍。保费规模的快速增长将带动保险资产管理规模不断扩大，保险资产管理机构在中国资本市场中的地位将继续提升。

（二）社会属性增强将提升保险资金稳定性

国家养老保险制度改革正在稳步推进，为商业养老保险发展提供重大契机。此外，随着"新国十条"推动养老险和商业健康险的相关政策落地，政策的叠加可以为涉及养老保险业务的保险公司预留足够大的发展空间。保险公司有机会从更大范围、更高层次深度介入居民养老和医疗保障系统，新的保险产品也将逐步开发出来。社会属性的显著增强，将进一步提升保险资金的稳定性。

（三）增加保险资金来源，提升保险资金配置的灵活度

"新国十条"明确提出推进保险公司设立基金管理公司试点，这是推动险资进入财富管理领域的重要信号，无疑将丰富保险机构经营模式、提升保险资金运用能力。经过 30 多年经济快速增长，我国居民积累了大量的财富，随着中国房地产价格上涨预期转向，居民财富配置将逐渐由不动产转向金融资产，会催生大量的财富管理需求，险资进入财富管理领域将拥有广阔的市场空间。保险资金运用的来源将得到进一步拓展，从而提升资金配置的灵活度。

二、资产负债双轮驱动

（一）资产负债双轮驱动的意义

实行资产负债双轮驱动主要源于中国金融体系改革与利率市场化的综合背景。在外部压力与内生动力的双重作用下，保险业正逐步开展负债端保险产品定价利率市场化的实践探索。寿险定价利率放开将导致新单利润下降，传统业务的利差空间受到进一步挤压。无论是人寿险公司还是养老险公司，在受到负债端收益提升压力的情况下，其转嫁方式便是对投资端提出更高的收益率和资产负债管理要求。在新一轮保险行业

发展的形势下，负债端市场化程度不断提高，以往这种静态的"以对标负债端要求进行资产端配置"的模式已难以顺应行业发展的客观趋势。将负债端和资产端有机结合，以双轮驱动模式推进深化改革和发展，既是新时期保险行业发展的迫切要求，又对承担资产负债纽带作用的保险资产管理公司而言，有着重大的战略意义。

（二）实现资产负债双轮驱动的产品化模式

未来实现资产负债双轮驱动的主要发力点就是以资产负债综合管理为核心的产品化体系建设。一方面，传统保险产品是保险业实现规模增长和利润来源的重要途径，产品作为载体和工具，在负债端具有成熟的模式和体系；另一方面，产品化对接也是实现将资产负债端的收益、风险、久期、流动性等多元需求属性进行匹配的有效方式。

从发展阶段来看，资产驱动型产品的业务设计主要有三种模式：完全匹配模式、期限错配模式和资金池模式。

1. 完全匹配模式

所谓完全匹配模式，即将保险资产端和负债端在收益水平、期限、规模和风险等级等方面进行全口径的对接。保险资产传统配置方法下，先形成负债池，而后为保单负债配置相关资产。资产负债匹配模式则不同，一般此类业务是以特定投资资产为标的，定制化设计和发行相应的保险产品。该保险产品独立建立账户运作和管理，并通过特定渠道实现快速销售。此类业务模式，有利于形成公司标杆性产品，帮助公司打响产品的行业品牌（见图2-11）。

2. 期限错配模式

资产负债驱动产品的第二种业务模式为期限错配模式。此模式下保留了前述完全匹配模式中"规模总量匹配"和"风险等级匹配"的特征，不同的是其利用了利率曲线理论中期限与收益要求同向相关的特性。其主要操作方法是通过设计一系列期限较短且滚动发行的保险资产管理产品或者具有投资功能属性的保险产品（投连险、万能险等），对接规模较大、期限较长、流动性程度较低的投资资产，赚取长期投资资

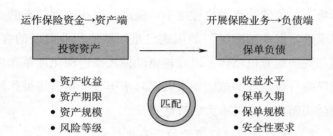

运作保险资金→资产端　　　　开展保险业务→负债端

| 投资资产 | ⟶ | 保单负债 |

- 资产收益　　　　　　　　　　- 收益水平
- 资产期限　　　　匹配　　　　- 保单久期
- 资产规模　　　　　　　　　　- 保单规模
- 风险等级　　　　　　　　　　- 安全性要求

资料来源：公开市场资料、中国保险资产管理业协会。

图 2 – 11　资产负债驱动产品模式一：完全匹配模式

产的高收益和短期负债端要求回报之间的利差，同时通过各类技术方式保证产品组合的流动性。

3. 资金池模式

资金池模式是以产品化实现"资产负债双轮驱动"的理想状态，较期限错配模式更进一步的是，资金池模式进一步打破了资产端与负债端之间的直接匹配关系，在规模、期限、收益和风险层面均可以实现错配管理。资金池模式的实质是资产池和负债池的构建和联动。一方面，建立以高收益另类资产为主、流动性资产为辅的资产池，为负债端提供产品收益和流动性的保障；另一方面，在负债端循环发售一批期限和收益要求不同的保险产品或养老保障产品，对标的不同渠道和收益需求的细分市场，做宽业务覆盖范围，做大产品体系容量和规模。在资金池模式下，保险资产管理公司发挥的重要作用在于设计或者采购一系列产品化工具，实现资产池和非标池的联动。资金池模式在技术层面解决以下三个问题：一是通过现金流模型实现资产池内金融资产收益和期限的分层管理，对标不同收益要求和期限的负债端产品；二是通过流动性补足方案、预约赎回机制、临时赎回惩罚等方式，化解潜在的流动性缺口风险，保持循环滚动的平稳运作状态；三是在投资风险分散化的基础上，建立资产池风险分层识别方法，对尾端风险建立风险转嫁机制，防范单一投资标的可能出现的风险事件对负债池的扩散性影响。

三、抓住保险业战略布局带来的投资机遇

2013 年国务院发布的《关于加快发展养老服务业的若干意见》中提出要积极应对人口老龄化，加快发展养老服务业，不断满足老年人持续增长的养老服务需求。鼓励发展养老服务中小企业，扶持发展龙头企业，形成一批产业链长、覆盖领域广、经济社会效益显著的产业集群。保险业与养老及健康医疗产业具备天然的联系，应把握产业布局演变机会，为经济社会发展服务。

（一）依托保险主业，做大做强保险资金养老产业投资

中国是世界上唯一老龄化人口超过 2 亿人的国家，并且老龄化进程已经进入快速发展期，预计从 2013 年到 2030 年，老龄化人口将从 2.02 亿人增加到 3.71 亿人，年均新增老龄化人口 1000 万人，平均每 4 个人中就有一个超过 60 岁的老人。老年人口的快速增长，加上现有"421 家庭结构"难以支撑传统养老结构，我国对老龄人口社会管理和公共服务的需求快速增加。根据测算，未来 20 年我国养老产业规模有望达到 20 万亿元，养老相关行业将成为成长最快的领域。新常态下的保险资金运用须以保险主业为依托抓住产业格局演变机会，抓住先机，为经济社会发展服务。

养老产业投资不仅包括养老社区投资建设，还涵盖生活照料、医疗护理、紧急救援等内容，投资规模大、周期长、投资回收期一般在 15 年左右，需要长期稳定的资金来源保障。保险资金属性与养老产业发展需求高度契合，投资养老产业能够缓解保险资金错配压力，为保险公司带来稳定现金流收益。保险公司通过养老产业投资向上连接养老保险、医疗保险、护理保险等产品，向下连接老年医疗、老年护理等产业，并整合相关产业，构建全生命产业链，实现保险主业与养老产业的相互促进。

保险资金运用抓住保险业战略布局带来的投资机遇投资养老产业，首先要突出自身优势，明确市场定位，打造差异化竞争策略。伴随保险

资金成本不断上升，初期建设运营规模相对较小的情况，为保障保险养老产业的良性发展，可提高养老社区的准入门槛，以中高端人群作为服务对象。在此基础上，可逐步扩大潜在消费群体，比如享受老年公寓设备、设施、服务等资源的群体，以及旅游观光者、购物者、就医者等，以最大限度地利用资源，提高收益。

在产品开发上，打造与保险产品挂钩的养老社区。保险公司通过产品创新，发行以服务为承诺而非提供现金保障的新型保险产品，是其他养老机构所无法比拟的。参考海外保险业将保险产品开发与养老社区建设结合起来的实践经验，年金型产品和长期护理险等健康险险种可作为与养老社区发展匹配的创新保险产品开发方向。短期内可在现有年金产品和投资型产品的基础上稳步创新，增加与养老社区相关的内容，确保具有操作性。

在区域布局上，采取全国性连锁社区和区域内递进型社区双层布局，即在全国选择若干自然条件、气候条件比较好的适宜养老养生的区域进行布局，在全国形成连锁式的养老社区，客户可以根据气候变化及自身的喜好，选择在不同区域的养老社区进行候鸟式养生、养老。

在经营方式上，采用连锁经营、差异化策略。连锁经营，对保险机构而言，有利于提升服务的标准化，提高服务质量，降低运营成本，提升客户对品牌的认同度和忠诚度。对客户而言，客户的选择更加多样化。从美国的经营来看，连锁经营的养老社区是主流，通常拥有一个或多个品牌，重视品牌的建设和维护，以优质的服务培养客户对品牌的认同度和忠诚度。

在投资运营模式上，可采用多样化模式。各保险集团根据自身及项目特点，灵活选择投资商与运营商为一体的全资模式，投资商、运营商、开发商为合作体的股权合作模式，战略性入股较成熟养老产业企业的股权投资模式，购买 REITs 模式及发行类 REITs 的投资计划模式等。在运营方面，综合应用销售、租赁、服务手段，发掘利润增长点，打造符合我国经济社会特点的保险资金养老产业运营模式。

（二）依托保险主业，发展与保险产业相关联的大健康产业链

我国医疗健康支出持续高速增长，但与世界其他国家相比，我国医疗健康支出占 GDP 的比重明显低于世界平均水平。根据世界银行的统计，世界低收入国家医疗健康支出占 GDP 的比重达到 5.8%，世界高收入国家的这一指标已经超过 12%。我国医疗健康支出明显低于世界其他国家，医疗健康行业未来发展潜力巨大。

保险资金规模大、期限长，最有实力对健康养老相关产业链条进行整合，可以最大限度地发挥保险服务社会、服务实体经济的功能。较银行等其他金融机构，保险资金投资方式、投资渠道更为多样化。除在资金方面的优势外，保险资金投资健康产业链企业能够为被投资企业带来良好的品牌效益和客户资源。目前，我国非公医疗机构、体检机构、健康管理机构发展已经具备一定基础。保险资金投资大健康产业链机构能够有助于相关企业的品牌建设，帮助企业实现跨区连锁等。同时，保险公司具有强大的客户资源优势，保险资金投资大健康企业能够为企业带来大量潜在客户。

同时，保险公司投资大健康产业具有良好的产业协同效应。掌握客户健康数据、提供健康管理及医疗服务，可以与保险产品设计、保单销售协同发展，对保险形成支持；为保险公司提供第三方健康管理服务及客户关系管理解决方案。保险行业拥有大量的客户群体和强大的服务网络，在保险中引入健康管理，实现保险机构、投保人、大健康产业"三赢"。

从保险资金与医疗机构的合作领域来看，保险资金可优先投资盈利性医院。体检机构和健康管理公司也将成为保险资金投资大健康行业的重点对象。两类机构前期投入少、盈利周期短、易于与保险产品对接。保险资金投资这两类机构有助于从源头上提高疾病的防控能力，降低患者医疗负担，同时降低保险理赔成本，实现投资与主业的发展协同。

四、探索以服务保险行业为主线的投行业务

保险资产管理机构作为保险板块下的资金运用和投融资业务开展主体，既有在大资管时代下谋新求变大力推进市场化改革的发展诉求，又肩负着资金运用和资产管理业务服务保险主业的本职使命。因此，保险资产管理机构在以市场化规则开展各类投行业务的过程中，重要的是充分发挥以保险主业为依托的核心竞争力，在重点业务领域做好保险主业和投行业务的有机结合。

（一）债券承销与债券信用保险

2014 年 5 月，国务院印发的《关于进一步促进资本市场健康发展的若干意见》中提道："支持和规范商业银行、证券经营机构、保险资产管理机构等合格机构依法开展债券承销业务"；"建立债券发行人信息共享机制。探索发展债券信用保险"，表明保险资产管理机构作为债券承销人已纳入政策导向范围。

展望未来，保险资产管理公司与财产险公司在债券发行承销领域存在密切的资源整合机遇。一方面，保险资产管理公司市场化、投行化运作日趋成熟，走在行业发展前列的保险资产管理公司具备了债券发行承销的基础渠道和目标客户，保险资产管理行业的风险管理优势在中低风险偏好市场具有相当的认可度；另一方面，近年来保险行业着力推动信用保险的发展，通过一段时间的实践，财产险公司积累了一定的信用评价、财务核保、风险分散和再保安排方面的经验。将保险资产管理机构债券承销的投行业务和财险公司信用保险有机结合，既增强了合作融资方募集资金的资质和综合能力，也为受托资金的投资创造了直接的投资渠道。

此外可以预见的是，保险机构作为发债主体直接融资的政策支持力度将进一步加大，目前保险公司可发行次级债券以及在全国银行间市场发行资本补充债券等，未来不排除保险公司和保险机构能够以更多元更直接的方式参与债券市场融资，届时投行端发售承销和保险端承保增信

的结合将更为有机和紧密。

（二）保险连接证券：巨灾风险管理新思路

保险连接证券（ILS）是一种把保险风险直接转移到资本市场的新型金融产品，其主要作用是实现风险由保险市场向资本市场的转移。在发达国家，保险连接证券产品的运用已经相当成熟，尤其是在转移巨灾风险方面应用广泛。传统意义上的巨灾保险连接证券包括巨灾债券、巨灾期权、巨灾期货和巨灾互换，近年来又衍生出或有资本票据、巨灾权益卖权、行业损失担保和"侧挂车"等。

目前我国在巨灾资本工具方面的运用基本处于空白阶段。未来可以巨灾债券为起点，发展保险连接证券。巨灾债券以保单证券化技术为基础，保证保险公司和再保险公司在遭遇大型灾难损失索赔时可以及时获得备付的赔偿分摊资金。借鉴海外先进国家经验，我国监管机构和保险行业对以巨灾风险管理为重点的资本市场和保险市场业务结合高度重视。目前，诸多财产保险将巨灾风险作为除外责任，而我国又是一个自然灾害频发的国家，因此以保险和资本市场手段转移、分散进而应对巨灾风险具有相当的必要性。

（三）应急资本工具

更进一步地，在发展保险连接证券的基础上，未来可以发展针对企业融资需求的"应急资本工具"，即为企业遭受损失事件后提供筹资。

一般应急资本产品以特定的损失水平为触发条件，是巨灾事件风险损失转移和在后筹资工具的一种补充。目前常见的应急资本工具包括应急债务、应急票据、应急股票等。

应急债务方案是最常见的应急资本工具。应急债务方案是在损失发生之前安排外部交易提供资本方案，并预付一定的方案成本。从设计方法上看，与期权的原理类似。一般而言，应急债务方案的定价主要以债务支付的可能性和触发条件为依据。常见的触发条件包括：特定的、企业无法控制的灾害或者风险事件发生，且由上述事件导致的损失金额超过一定额度等。

五、打造以保险营销员队伍为基础的营销渠道

保险业具备其自有的营销团队，也有相当体量的客户资源。通过保险营销员队伍开拓业务，向个人销售保险资产管理产品，不必担心渠道的挤压与其他行业带来的竞争，也可以减少由于外部竞争带来的消耗。把握好保险营销员团队，配合适当的监管政策，可以使保险资产管理业在整个资产管理市场更具影响力，并形成其独特的竞争优势。

（一）保险业特有的个人营销渠道

保险行业从业人员众多，截至 2013 年末，保险业从业人员 377.42 万人，从业人员数量位居金融行业之首，其中营销人员占比在 70% 以上（见图 2 - 12）。

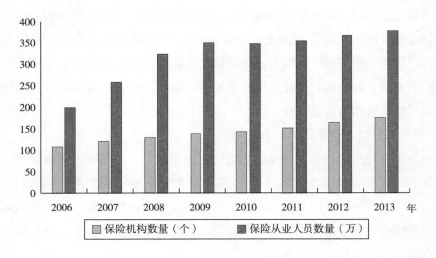

资料来源：中国保险年鉴。

图 2 - 12　保险机构及从业人员增长情况

拥有这样一支庞大的营销员队伍及完备的营销体系，是保险资产管理区别于券商资管、公募基金等资产管理机构的优势。券商资管与公募基金的资产管理业务的销售利润相对微薄，因此无法承受独立建设营销队伍的成本。也正因如此，券商资管、公募基金等资产管理机构对于个

人零售业务多采用渠道代销的方式，一方面可以节约成本，另一方面也是无奈之举。

早在 2012 年，中国证监会就公布了《保险机构销售证券投资基金管理暂行规定（征求意见稿）》，拟允许保险机构销售证券投资基金。公募基金的营销渠道主要集中在银行零售和第三方理财，而保险机构能作为公募基金的代销渠道之一，可见其营销实力和巨大的营销潜力。作为保险资产管理机构，本身就依托于集团内的保险公司存在。个险营销员队伍是保险公司必须建设的资源，也是保险公司开展业务的基础。在已经形成营销体系，有了一定数量的客户积累之后，增加客户黏性、防止客户和资金外流也是保险公司必要的发展重点，这恰恰需要内外部资源给予相关的支持，如提供理财服务、提供资产配置方案等。而保险资产管理机构长期打理保险资金，在投资端有丰富的经验，有足够的实力为个人客户提供理财投资服务与整体资产配置，二者不谋而合。因此保险业内的资金/资产端，理应能够打通，巩固保险业内特有的营销渠道。

（二）较强的协同效应

保险营销员队伍为客户营销的主要是保险产品，而保险产品主要的功能是保障性。对于持有现金储蓄较多，需要进行理财投资的客户，仅依赖保险主业很难获得足够的服务。虽然也有附带理财功能的投连、万能、分红等险种，依然难以满足不同客户的风险偏好和多元化配置的需求。

实际上整个理财市场上除了银行理财外，也缺少足够体量的低风险、稳定回报的理财产品。如保险资产管理产品能通过保险营销员队伍进行代理销售，一方面对于保险营销端可以更好地维护保险客户，增加客户黏性，在销售过程中也能丰富保险营销员的知识体系和专业程度，有助于保险营销的更顺利开展；另一方面可以为保险资产管理端带来更丰富的资金来源，做大资产管理规模，产生更好的经济效益与社会效益，其协同效应值得期待。

中国金融四十人论坛
CHINA FINANCE 40 FORUM

第三章

国际保险资金运用的新趋势

保险资金运用在国外经历了较长的发展过程，各国保险资产管理机构都形成了一套适合自身发展的运作管理体系。特别是国际金融危机之后，在复杂多变的经济社会环境影响下，国际保险资金运用呈现出一些新的趋势。我国保险业应当充分总结国际保险资金运用的历史经验，深入分析发展现状，把握行业出现的新趋势，进一步提升我国保险资金运用的能力和水平。

第一节　国际保险资金运用的历史和现状

保险资金是国际资产管理领域的重要力量之一。由于各国社会经济发展水平、保险业相关税收政策和金融市场成熟度等不尽相同，保险资金运用情况的差异也较大。

一、保险资金是国际资产管理领域的重要力量

从管理资产的规模看，保险资金在资产管理行业始终占有重要的地位。1999 年至 2013 年，保险资产绝对规模从 11.5 万亿美元增长至 29.3 万亿美元，保险资产管理规模占全部资产管理规模一直保持在 24% 到 30% 的范围内，与共同基金、养老金共同构成资产管理业的三大支柱。具体到国家和地区，2013 年，美国保险资产规模以 7.1 万亿美元位居第一，日本 3.9 万亿美元位居第二，英国 2.8 万亿美元位居第三。相比之下，截至 2014 年底，中国保险资产总规模仅为约 10.16 万亿元人民币（折合约 1.6 万亿美元），与其在全球经济体系中的地位并不相称，发展空间巨大（见图 3-1）。

二、美国保险资金运用

近十年来，美国保险资金规模稳步增长，总量由 2005 年底的 5.6

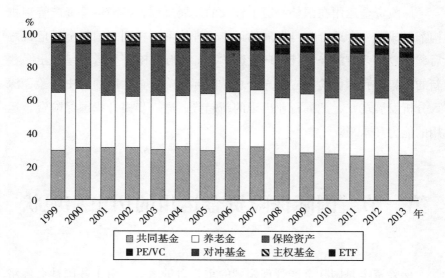

资料来源：IFSL，中国保险资产管理业协会。

图 3 - 1　保险资金在国际资产管理领域的地位

万亿美元增长至 2014 年底的 7.85 万亿美元。其中寿险公司的金融资产存量由 4.35 万亿美元增长至 6.26 万亿美元，财险公司的金融资产存量由 1.25 万亿美元增长至 1.59 万亿美元。截至 2014 年底，在保险资金运用中，信贷市场工具、债券和股票占据主导地位，其中抵押贷款约占财险资金的 60%。债券和股票分别占寿险资金的约 49% 和 36%。

美国监管当局对不同负债性质的保险资金，采用不同的监管标准。总体来说，对财险资金投资监管较为宽松，可投资范围较广，可承担风险较高。对于寿险资金运用的监管，则根据保险公司是否对被保险人承担固定给付责任而分为一般账户和独立账户。分账户来看，由于监管要求以及保险产品性质的不同，美国财险公司和寿险公司的一般账户、独立账户的资产配置情况存在较大差异。财险公司持有的股票资产高于寿险公司一般账户但低于独立账户，并较多地配置于另类资产。寿险公司的一般账户持有较多的贷款和固定收益类资产。寿险公司的独立账户则将较多的资产配置于普通股等权益类资产（见图 3 - 2）。最为典型的是由巴菲特管理的伯克希尔·哈撒韦集团，股权投资是保险资金的主要投资方式。

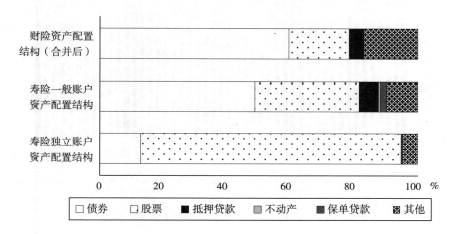

资料来源：Wind 资讯，ACLI，中国保险资产管理业协会。

图 3-2 美国不同保险资金账户的资产配置结构（2014 年）

以寿险资金为例，美国寿险资金可投资的品种分为六类：债券（包括政府债券和企业债券）、股票、抵押贷款、不动产、保单贷款和其他资产。一般账户的保险资金来自传统寿险产品，投资风险由保险机构承担，资金主要配置于债券和抵押贷款；独立账户的资金来源于变额年金、万能寿险、投资连结等产品，投资风险由投资者承担，资金主要配置于股票等权益类资产。从历史变迁看，美国保险业拥有多元化的投资渠道，在不同时期的保险资金特别是寿险资金的运用情况存在明显的差异性。在近百年的历史里，政府债券和高评级公司债券在美国寿险业资产配置中一直占据主导地位，其他类别的资产配置比例则出现了两个比较重要的变化：一是从 20 世纪 70 年代开始，抵押贷款在总资产中所占的比例从约 1/3 不断下降；二是从 1990 年开始，股票在总资产中所占比例不断上升至 1999 年的 1/3 左右，这一比例保持至今（见图 3-3）。

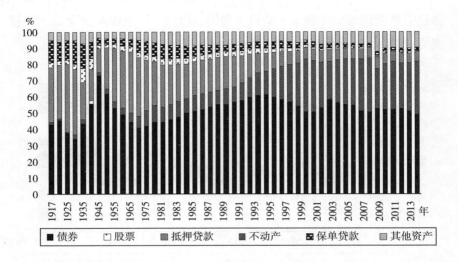

资料来源：Life Insurers Fact Book 2014，中国保险资产管理业协会。

图 3 – 3　美国寿险资金运用的历史变迁

从根本上说，产生上述趋势性变化的原因主要有两个：一是从长周期看，社会经济和金融市场发展阶段对资金运用有实质性影响。在第二次世界大战之后的较长时间里，贷款和类贷款业务是美国实体经济的主要融资方式。1970 年以前，美国保险公司与银行贷款具有类似功能的抵押借款业务规模占比较高。随着美国金融市场监管放松和 MBS、ABS 等金融工具的大量出现，保险公司的抵押贷款业务份额逐渐被广义口径下的债券资产所替代。二是大类资产的市场表现与保险业务发展是相互作用的。20 世纪 70 年代中期，美国政府支持的养老金计划逐渐发展起来。与之相对应的是，美国股票市场进入长达数十年的牛市。期间，美国保险公司开发变额年金等养老保险产品，并通过独立账户（客户自担盈亏风险）投资于股票市场，既顺应大类资产价格的市场变动趋势，满足客户投资股票市场的需求，也通过产品创新实现了资产负债匹配。

三、欧洲保险资金运用

英国、德国等主要发达国家的保费收入超过整个欧洲的一半，占欧盟国家保费收入的70%左右。欧洲各国保险监管政策和资本市场融资模式的差异较大，因此，保险资金运用情况也存在很大不同。

（一）英国保险资金运用

英国的监管环境相对宽松，只要满足偿付能力要求，保险公司可以根据自身情况决定投资品种以及比例。由于英国的金融市场比较发达，保险公司作为机构投资者，在金融市场上十分活跃，拥有全国公司1/4的股权和近2/3的政府债券。由于监管以自律为主，保险资金可投资于股票、债券、房地产、共同基金以及海外投资等诸多领域。因此，保险公司可以从众多的投资机会中进行优化投资组合。英国的保险资金运用具有下列特征：一是股权投资比例较高。政府债券处于较低水平，而股票占比一般在40%以上。二是海外投资比重较高。由于本土的经济活动总量较为有限，英国海外投资占比超过1/3。三是另类投资比重较高。保险资金通过风险创业投资以股权投资形式投入高科技、高风险的新兴小型企业（见图3-4）。

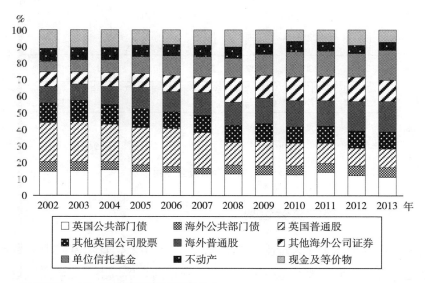

资料来源：ABI，中国保险资产管理业协会。

图3-4　英国保险资金运用情况

（二）德国保险资金运用

德国对保险资金运用的监管较为严格，加之保险产品中的投资型产品占比偏低，导致德国寿险和健康险的资金运用以固定收益产品（包括贷款和债券）为主。以寿险资金为例，抵押贷款、贷款、债券、债券基金和存款等固定收益产品占比接近 90%。在固定收益类资产中，德国寿险公司更倾斜于投资贷款类产品，包括抵押贷款、一般贷款和次级贷款等，大约占到寿险资金配置的 30%；而债券资产的配置比例相对较低，债券和债券型基金的比例在 50% 左右（见图 3 –5）。

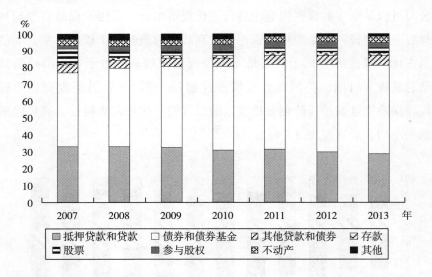

资料来源：Statistical Yearbook of German Insurance 2014，中国保险资产管理业协会。

图 3 –5　德国寿险资金运用情况

四、日本保险资金运用

日本是全球第二大寿险市场，截至 2013 年末，日本寿险业总资产接近 3 万亿美元，大约是中国保险业总资产的 2 倍。由于保险资金运用不善等原因，2000 年前后，日本保险业出现了较多的破产事件甚至是行业性危机。此后，日本保险资金运用方向发生了较大幅度的调整：一是国内股票和不动产的投资比例降低，二是更加重视海外投资。从投资资产看，由于日本的寿险产品以保险保障型产品为主，而投资型产品的比例很小。因此，日本寿险公司的投资也是以固定收益类资产为主，债券投资（包括国内和国外债券）占比在65%左右，贷款投资在15%左右。在债券资产中，大量配置国债，而非企业债和市政债。2013年，企业债和市政债的配置比例仅为总资产的11%（见图3-6）。

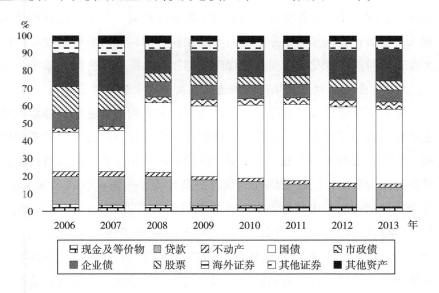

资料来源：LIAJ，中国保险资产管理业协会。

图3-6 日本寿险资金运用情况

第二节 国际保险资金运用环境的新变化

后危机时代，在主要经济体的共同努力下，世界经济缓慢复苏，国际金融体系逐步摆脱金融危机造成的不利影响，原有金融监管框架得到重构和完善。在此过程中，国际经济和金融环境发生重大变化，深刻地改变了保险资金运用的环境。认清保险资金运用的大环境是把握保险资产管理行业发展趋势的前提，关系到对趋势判断的准确性和合理性。

一、国际经济环境变化对保险资金运用的影响

近年来，世界经济形势显著分化，发达经济体处于低速增长期，经济下行压力持续存在。新兴市场经济体发展势头良好，但普遍面临转型挑战。总体上看，尽管世界经济前景不确定性较高，但全球经济环境出现人口老龄化进程加快、家庭财富不断累积、国际保险监管制度改革稳步推进等阶段性变化，将对国际保险业运用保险资金产生深远影响。

（一）全球人口老龄化进程加速，需要养老金做好保值增值

随着全球经济社会发展，出生率的下降和平均寿命的延长导致人口老龄化压力不断增大，成为日益严峻的全球性问题。社会人口的老龄化将带来劳动力减少、家庭储蓄下降、政府财政负担加大、经济增长潜力受限等重大后果，已经受到各国政府的高度关注。对高收入国家来说，社会人口结构的变化尤为突出，65岁及以上人口占总人口比重从20世纪60年代的8.86%左右快速上升到2013年的16.04%。受此影响，全球人口老龄化率在2013年增加到7.94%（如图3-7所示）。与高收入国家相比，中等收入国家和低收入国家的人口老龄化速度较慢，给经济社会发展带来的风险基本可控。

进入21世纪后，全球人口老龄化进程明显提速，主要经济体普遍面临人口老龄化的挑战。穆迪的研究报告显示，截至2013年，世界上只有德国、日本、意大利三个国家的65岁以上老龄人口占比超过20%。但到2020年，老龄国家将超过13个。到2030年，数量将进一步增加到34个。以日本为例，20世纪70年代以来，日本的人口出生率快速下降，过早地进入老龄化社会，这一现象在很大程度上削弱了经济增长的动力，加重政府债务负担，成为阻碍日本经济社会发展的重要原因之一。随着未来几十年主要经济体的人口老龄化程度不断加深（如图3-8所示），将对世界经济格局以及各国经济社会发展产生根本性影响。

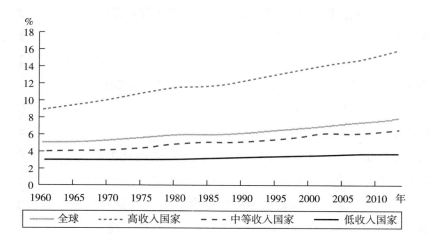

注：图中数据为65岁及以上人口占总人口比重。

资料来源：世界银行。

图3-7　全球人口老龄化情况

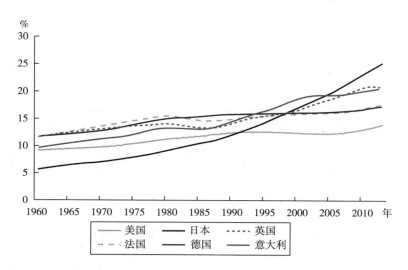

注：图中数据为65岁及以上人口占总人口比重。

资料来源：世界银行。

图3-8　主要经济体的人口老龄化情况

不同于发达国家的自然发展，我国人口结构的变迁在一定程度上是人为干预和经济规律共同作用的结果。20 世纪 60 年代实施"计划生育"政策以来，我国的人口出生率从最高时的 43.37% 一直降低到 2013 年的 12% 左右，平均寿命从 44 岁延长到 75 岁（如图 3 - 9 所示）。这一政策的直接后果是我国老龄人口占比持续上升，并于 2000 年超过 7% 的"老龄化社会"的国际标准。从国际比较来看，我国的人口老龄化速度远远快于其他主要经济体。发达国家的老龄化进程大多长达 50 年以上，个别国家甚至需用 100 年，而我国只用了不到 20 年。另外，从收入水平看，发达国家进入老龄化社会时的人均收入水平大幅高于我国。可以说，我国社会正在经历"未富先老"的过程。

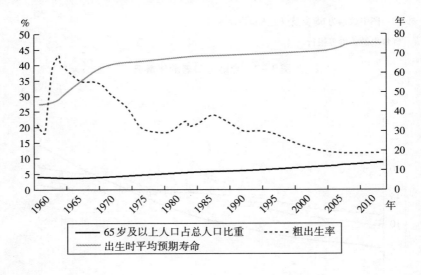

资料来源：世界银行。

图 3 - 9　中国的人口结构及其影响因素变化

在社会保障方面，人口的老龄化会对养老金的收支平衡形成冲击。一方面，在人口结构中，劳动力的绝对数量在下降，老龄人口的绝对数量在上升，相应地，养老保险的抚养比降低，养老保险基金的征缴难度加大；另一方面，随着人口预期寿命的增加，老年人领取养老金的年限也相应地延长，而且养老金待遇是刚性增长的。如果养老金支出增幅显著大于养老金收入增幅，则会产生养老金缺口，难以确保养老金的发放和支付。从保险资金运用的角度看，在全球人口老龄化的背景下，养老金的保值增值变得至关重要。

（二）家庭财富增加产生对收益型和保障型保险产品的需求

21世纪以来，随着经济全球化的步伐加快和国际分工进一步发展，世界经济整体走向繁荣，经济总量的增加促进家庭财富的积累。瑞信研究表明，全球家庭财富总额从2000年的109.70万亿美元增加到2013年的263.24万亿美元，平均年增长率为6.97%。在此期间，欧洲家庭的总财富从32.70万亿美元快速增加到85.20万亿美元，平均年增长率为7.64%，成为财富累积较快的地区。从总量上看，北美洲和欧洲仍然是全球最富裕地区（如图3-10所示）。

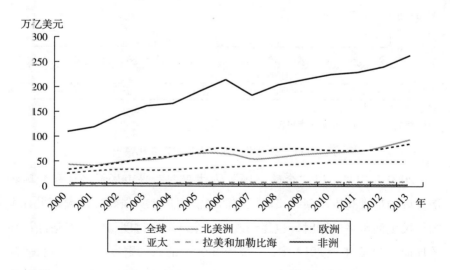

资料来源：瑞信全球财富报告。

图3-10 全球总财富变化情况

从各个经济体来看，主要发达国家的人均财富规模处于较高水平，截至2012年，美国和法国人均财富最高，达到22万美元；日本、德国、英国等国的人均财富也已经超过 15 万美元。在财富累积速度方面，经济社会发展使得法国和德国家庭的财富快速增长，年均增长率分别达到 9.40% 和 7.16%。相比之下，受到长期经济不景气的影响，日本家庭的财富增长缓慢，平均年增长率只有 2.82%。总体上看，主要发达国家在全球财富分配中拥有支配地位（如图 3 – 11 所示）。

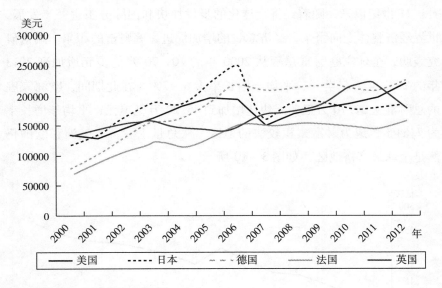

资料来源：瑞信全球财富报告。

图 3 – 11 主要发达国家人均财富变化情况

2000 年以来，以"金砖五国"为代表的新兴市场经济体是全球经济发展的最大亮点。新兴市场国家的经济增长势头强劲，在大幅提升本国居民生活水平的同时，也逐渐改变了全球财富过度集中于发达经济体的局面。2000 年至 2012 年，"金砖五国"的人均财富平均年增长率高达 11.43%。其中，俄罗斯和中国的人均财富增长率较高，分别为 14.17% 和 12.48%。在"金砖五国"中，财富累积最慢的国家是印度，但仍然达到 8.02%（如图 3 – 12 所示）。除印度外，截至 2012 年，其他四个经济体的人均财富都超过 8000 美元，意味着居民生活质量已经得到极大改善，新的需求正在孕育并将逐步释放。

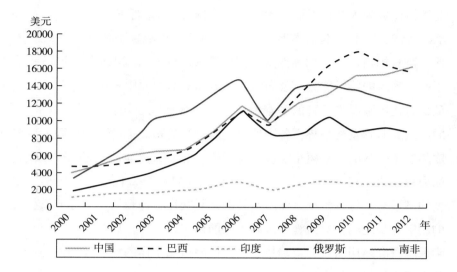

资料来源：瑞信全球财富报告。

图 3 – 12　"金砖五国"人均财富变化情况

研究表明，家庭财富规模的变化将显著地影响居民的风险偏好，进而改变家庭资产配置的策略和工具。近年来，高净值人士的投资风格从激进型向财富传承和保障转变。具体来说，一方面，家庭财富的增加会提升居民的需求层次，引起对风险的重视，形成风险防范意识，提高对保险产品的认知度，因此，保障型保险产品将逐渐被纳入家庭资产配置范围，在家庭资产配置中的地位不断上升；另一方面，家庭拥有的财富有资产增值的需要，而且更加关注中长期投资和境外资产配置，这为保险资产管理产品提供了更多的发展机遇，必将促进保险资金运用的创新发展。

（三）国际保险监管制度改革对保险资金运用提出更高的要求

监管政策是保险资金运用的基础性制度环境，在很大程度上决定着一国保险业运用保险资金的方向和范围。2008 年国际金融危机的爆发引发了各国监管当局对现行金融监管体制的反思，启动了新一轮的国际金融监管改革。金融危机后，国际保险监管领域的突出变化是强化国际监管协作成为大势所趋，研究制定普遍认可的监管标准的呼声日益高涨。2009年，国际保险监督官协会（IAIS）开始着手建立全球统一的保险监管规则，即"国际保险集团监管共同框架"。2010年，IAIS推出了一系列新的偿付能力、公司治理等方面的监管原则和指引，确立了后危机时代国际保险监管的基本框架。为增强保险公司抵御风险的能力，顺应国际监管发展趋势，各国保险业监管当局积极推动本国保险监管制度的变革。目前，欧盟正在执行偿付能力Ⅱ监管标准，美国完成了偿付能力现代化工程（SMI），中国也已经正式启动第二代偿付能力监管制度的试运行。可以预见，保险监管的国际交流日趋频繁，国际监管标准的制定逐步趋同，对监管方法和手段的认识进一步达成共识，将成为国际保险资金运用监管的新趋势，将对保险市场主体的资金运用能力和风险管理水平提出更高的要求。

二、国际金融环境变化对保险资金运用的影响

金融危机以来，国际金融体系深度调整，金融市场功能逐渐恢复。在此期间，国际金融市场环境呈现出新的变化，主要表现为：市场利率长期保持在低位、固定收益证券发行总量持续下降以及基础设施投资重新得到重视等。金融环境的变化将对保险资金运用产生显著的影响。

（一）低利率环境迫使保险资金寻找高收益资产

为应对金融危机的冲击，保持经济增长稳定，以美国、欧盟为代表的多个主要经济体陆续实施量化宽松的货币政策，压低基准利率水平，使国际金融市场在相当长的时期里处于低利率环境。2007年下半年以来，美国次贷危机进一步蔓延，随后美联储大幅度降低联邦基金利率，从高于5%的利率水平下调到接近于零，美国金融市场的低利率环境持续长达5年的时间。与此同时，10年期美国国债收益率呈现明显的下行趋势，从危机前的约为5%下降到2014年底的2%左右（如图3－13所示）。由于实体经济复苏乏力，宏观经济目标尚未实现，而低利率环境有利于刺激投资，美国很可能在未来一段时间仍然采用"零利率政策"。

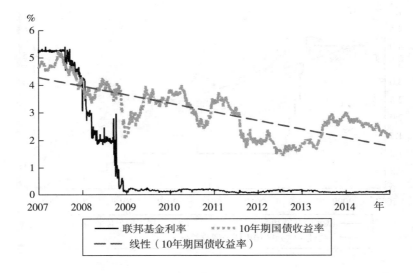

资料来源：Wind 资讯。

图 3 - 13 美国金融市场的低利率环境

在金融全球化背景下，欧洲金融市场与美国金融市场具有高度的关联性，也受到金融危机的严重冲击。为促进实体经济复苏，欧洲中央银行同样实施了极度宽松的货币政策，把欧元区基准利率从危机前的 4%下调到 2014 年底的 0.05%，使得欧元区 10 年期公债收益率从危机前的 3.5%左右降低到 2014 年底的不足 1%（如图 3 - 14 所示）。此外，个别欧元区国家不断升级的主权债务危机也限制了欧洲央行的货币政策操作空间。目前，欧洲金融市场已经进入"零利率"时代。考虑到欧洲经济增长的前景不明朗，为提振市场信心，刺激企业投资需求，未来可能进一步向"负利率"演变。

近年来，长期的低利率环境成为国际保险业研究的焦点。贝莱德针对全球保险公司的调研显示，2014 年全球 54%的保险公司认为持续的低利率是目前最大的市场风险。从保险资金运用的角度看，低利率环境加大了资产选择和匹配的难度。由于保险资金运用对利率的敏感性高，特别是寿险公司，资产端久期更长，利率风险敞口更大，投资收益率与

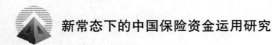

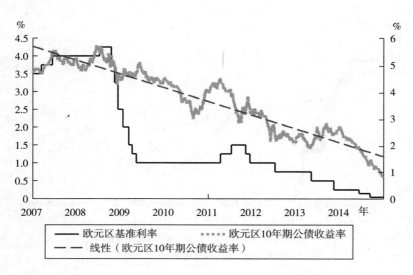

资料来源：Wind 资讯。

图 3 - 14　欧洲金融市场的低利率环境

利率波动的相关性更高，低利率环境将给保险公司的盈利水平和承保带来压力。在低利率环境下，国际保险资金运用的配置品种和结构正在发生变化，高收益、高风险的资产获得更多的关注。美国的金融稳定委员会指出，全球低利率环境将刺激市场青睐更具风险的投资。因此，投资性房地产、未上市股权、基础设施等另类投资可能成为未来国际保险资金运用的重要方向。

（二）债券发行总量下降，带来对优质资产的争夺

2007 年以来，由于中央银行执行货币政策以及实施监管的需要，美国、欧元区、日本等全球主要经济体的债券发行规模明显下降。美国国债净发行规模从 2009 年最高时的 1.8 万亿美元减少到 2014 年的 1500 亿美元左右（如图 3 - 15 所示），其中中期国债的发行量快速下降。欧元区全部部门的所有期限的债券净发行额大幅降低，从 2008 年净增加 1.1 万亿欧元变为到 2014 年的净减少 2700 亿欧元。其中长期债券净发行的缩减是主要原因（如图 3 - 16 所示）。在日本，公司债市场同样面

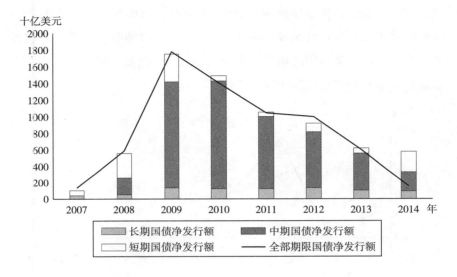

资料来源：Wind 资讯。

图 3 – 15 美国国债发行规模变化

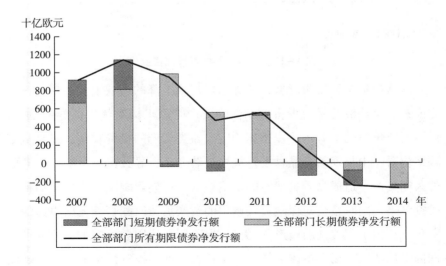

资料来源：Wind 资讯。

图 3 – 16 欧洲债券发行规模变化

临，其中普通公司债净发行额从 2009 年净增加 4.6 万亿日元变为 2014 年的净减少 1.1 万亿日元（如图 3 - 17 所示）。以债券为主的固定收益类资产是保险资金运用的最重要资产类型之一，其发行规模的减少会造成固定收益类资产市场的供求不均衡。

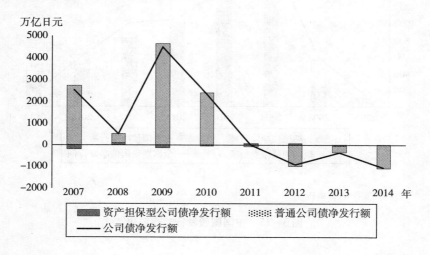

资料来源：Wind 资讯。

图 3 - 17　日本公司债发行规模变化

从保险资金运用角度看，债券市场规模下降的影响主要表现在三个方面：一是债券总量减少将加剧保险资产管理机构对优质债券的争夺，优质资产价格的上升进一步挤压固定收益类资产的投资收益。二是从期限结构看，中长期债券品种发行规模显著变小，导致市场中缺乏足够的长久期资产，造成高质量债券的供给短缺，可能影响固定收益类品种的投资策略，同时也会对保险资金运用的资产负债匹配管理提出更高的要求。三是出于配置优质资产的动机，保险资金运用会更加主动地寻求和挖掘来自新兴市场经济体的债券、权益类资产、投资性房地产、基础设施等领域的投资机会，使得资产竞争对价格的影响将超出固定收益类资产的范围，扩大到其他大类资产。2014 年贝莱德对全球保险公司资产配置预期变动的调查显示，未来 1 年保险公司更倾向于投资以基础设施、房地产和大宗商品为代表的另类投资。调查还显示，保险公司更关注实物资产、私募股权等非公开市场的资产。其中亚太保险公司投资在非上市资产的比例从 2012 年的 15% 提高到 25%，而且未来三年将进一步上升至 46%。2015 年，分别有 54% 和 46% 的保险资产管理机构表示将提高 PE、不动产等资产的投资比例。

（三）资产配置多元化仍在继续，基础设施投资重新得到重视

近年来，由于固定收益证券、权益等传统品种的投资收益率并不理想，基础设施投资重新得到国际保险资金的重视。根据高盛调查，近40% 的人认为基础设施债权可以获得最可观的流动性补偿，有 29% 的受访首席投资官司（CIO）表示在未来 12 月将增加基础设施债权产品的投资，增持意愿在所有投资标的中排在首位。全球基础设施建设报告显示：2004—2014 年全球市场中投资基础设施建设的资金呈现出稳步增长态势（如图 3 – 18 所示）。贝莱德预计到 2030 年，全球每年将有3.75 万亿美元投资于基础设施建设。从保险资金运用的角度看，基础设施建设投资具有周期长、资金大、收益稳定、抗通货膨胀等特征，这

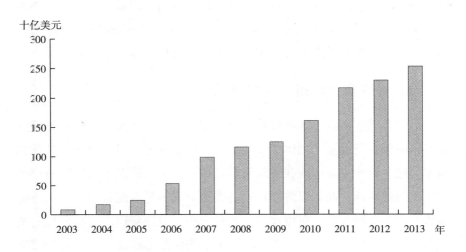

资料来源：2014 年全球基础设施报告。

图 3 – 18　全球基础设施建设资金规模变化

符合保险资金的投资需求。全球保险公司的调研也显示，保险公司意在加大基础设施建设领域的投资规模。

基础设施建设对于包括中国在内的亚洲国家同样重要。2014年10月，亚洲基础设施投资银行的成立标志着基础设施投资国际合作的全面提升，同时也反映出亚洲在基础设施建设领域具有大量潜在的投资机会。在我国，国家先后提出的多项新经济、新发展战略，如"一带一路"、京津冀一体化、安居工程等，这一系列政策的实施给保险资金投资基础设施建设带来了新的发展机遇。保险资金在支持国内基础设施建设发展的同时，还可以借助国际基础设施项目实现保险资金"走出去"。

第三节　国际保险资金运用主体的新变化

后危机时代，国际保险资金运用环境的改变促使资金运用主体在投资风格、投资理念、投资方向、投资模式等方面出现新的变化，具体表现：保险资金的投资风险趋于稳健、"绝对收益"的投资理念深入人心、加大境外投资力度、发展第三方委托管理模式等。

一、保险资金的投资风格趋于稳健

国际金融危机后，国际保险资金运用的显著特征是风险偏好普遍降低，各国保险资金运用主体更加注重经营的稳健性，强调资产与负债相匹配。这一特征主要体现在寿险资金运用过程中，股票等高风险资产的配置比例被调低，高等级的固定收益类资产成为重点配置对象。从各国实践看，在美国寿险公司管理的一般账户中，股票资产占比从危机前的4.7%持续下降到2013年的2.2%。与美国的情况相似，英国从21.5%下降到11.5%，德国从8.5%下降到3.3%，日本从11.2%下降到5.1%（如图3-19所示）。

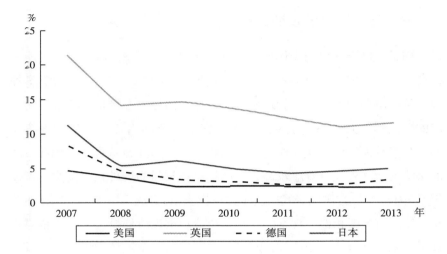

图3－19　主要经济体寿险资金的股票资产占比

二、"绝对收益"的投资理念深入人心

近年来，保险资金的投资目标更注重绝对收益而非相对收益。追求绝对收益是保险资金长期秉承的投资理念之一。绝对收益理念要求保险资金抗通货膨胀并且覆盖成本，以长期收益实现资金的保值增值。由于收益率曲线整体下移，固定收益投资超越指数的意义不大、效果也不明显，覆盖负债成本的绝对收益成为保险机构的主要投资目标。相比于抗通货膨胀、资产负债久期匹配等投资绩效评价指标，越来越多的全球性保险公司关注绝对收益的提升，以减少市场风险特别是利率风险对保险资金投资收益的影响。根据贝莱德公司调查，过去三年，绝对收益和相对收益在再保险公司投资业绩基准中的占比均为30％。而未来三年，绝对收益提高到45％，相对收益降低至18％。在亚太地区，这种变化更加明显。

三、境外资产的投资力度加大

随着金融全球化的步伐加快，各国保险资金运用的国际化程度不断提高。由于国内资产管理行业竞争激烈、优质投资品种相对缺乏等原因，越来越多的保险资产管理机构将目光投向境外金融市场，逐步将资产配置范围扩大至各个主要经济体，在全球范围内寻找优质的投资资产，分享其他经济体快速成长带来的收益。从国际经验看，英国和日本的保险资金境外投资意愿较高，并已经具备较强的境外投资能力。2002年至2013年，英国寿险资金的境外投资比例从24.1%逐年增加到36.5%。与英国相似，日本的保险公司特别重视境外投资，更多依靠境外资产来提高资金运用的收益水平。尤其是国际金融危机爆发后，日本国内的投资环境恶化，境外证券投资占比快速上升（如图3-20所示）。

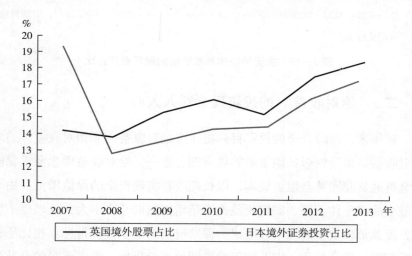

资料来源：ABI，LIAJ，中国保险资产管理业协会。

图3-20 英国和日本寿险资金境外证券投资占比

四、发展第三方委托管理模式

第三方委托管理模式即保险公司将保险资金委托给第三方专业化投

资机构进行管理。随着经济全球化的进程加快和国际金融市场的逐步融合，各国保险资产管理模式趋同，保险公司更多基于自身特点和实际需要选择适合自身的资产管理模式。保险资产管理公司作为市场化的专业资产管理公司，关联方保险资金的主导地位弱化，第三方委托的资产管理模式正在得到强化。

（一）发展第三方委托管理模式的原因

第三方委托管理模式的优点在于：可以以较低的委托管理成本获得相对专业化的投资管理服务，有利于提高资金运用效率，使保险公司能够集中精力和各种资源专注于核心保险业务。但是，这种模式容易产生委托代理中普遍存在的问题：一是不利于保险公司资产负债业务的匹配和协调；二是保险公司难以实现对资金用途和安全性的及时有效监控。在实践中，一些再保险公司、产险公司和规模较小的寿险公司往往采用委托管理模式。

从监管角度看，海外保险资金委托投资及保险资产管理机构受托投资实现了双向开放。在保险资金委托投资方面，各经营主体拥有更大的选择空间。总体来说，在公司内设投资部、资产管理子公司和第三方投资管理人三种委托方式中，境外保险资金更倾向于选择第三种委托方式。

委托第三方资产管理兴起的原因主要有三点。首先，保险资金的投资渠道广泛，许多小型保险公司的投资能力无法同时覆盖各个市场板块。其次，保险公司倾向于采用投资组合的形式以充分分散风险，但是组合投资方式对资产规模的要求比较高，因此需要由管理多个中小公司资产的机构进行集合投资。最后，特定领域的资产投资对于专业化的程度要求较高，无论是中小还是大型险企都倾向于委托专业的投资人进行投资。

（二）第三方委托模式的主要特点

从受托方来看，从事第三方保险资产管理的主体类型众多，保险系资产管理公司在第三方市场上并不占据主导地位。在美国第三方保险资产管理市场，主要包括大型跨国资产管理公司、银行系资产管理公司、保险系资产管理公司以及其他独立资产管理公司。数据显示，2009年，北美保险资产管理市场管理保险资产规模排名前 10 的公司中，有 5 家属于保险系资产管理公司，2 家属于跨国型资产管理公司、2 家属于独立型资产管理公司，1 家属于银行系资产管理公司。但是，如果以第三方保险资产管理规模进行排序，在排名前 10 的资产管理公司中，保险系资产管理公司仅有 2 家、银行系和独立型资产管理公司各有 3 家，跨国型资产管理公司为 2 家（见表 3 - 1）。

表 3 - 1　　北美保险资产管理规模前 10 名情况（2009 年）

单位：亿美元

公司名称	公司类型	管理资产总规模	管理保险资产规模	管理保险资产来源		
				关联保险公司	第三方保险公司	独立账户投资顾问
PIMCO	保险系	10001	3500	2363	405	732
Aviva Investors	保险系	4031	3295	2893	61	341
Black Rock	跨国型	33463	2687	0	1913	774
ING Investment Management	保险系	5378	2558	1787	87	684
Deutsche Asset Management	银行系	7091	2071	0	1728	343
Alliance Bernstein LP	保险系	4955	1345	786	124	435
Wellington Management	跨国型	5370	1180	0	728	452
GR - NEAM	保险系	1018	1007	210	797	0
Delaware Investments	独立型	1315	704	0	704	0
Conning Asset Management	独立型	770	765	0	765	0

资料来源：中国保险资产管理业协会。

包括保险系资产管理公司在内的各类资产管理公司，所管理的资产来源都十分广泛。作为专业性投资管理机构，委托人遍及集团内外的保险公司、银行、养老金、个人零售等。在跨国型资产管理公司中，以贝莱德公司（Black Rock）为例，其管理的资产总规模超过 3.3 万亿美元，其中保险资产仅为 2687 亿美元，占比不到 1/10。在银行系资产管理公司中，以德意志资产管理公司（Deutsche Asset Management）为例，其管理资产总规模为 7091 亿美元，其中保险资产仅为 2071 亿美元，占比为 29.2%。在保险系资产管理公司中，PIMCO 的管理资产总规模超过 1 万亿美元，而保险资产仅为 3500 亿美元，占比约为 1/3（见表 3 - 2）。上述现象表明：一是虽然主体类型及附属机构不同，但资产管理行业的边界十分模糊，大多数资产管理公司都逐步演变为一般性的投资管理机构；二是综合经营环境下，各类机构都深度参与保险资产委托管理市场，导致竞争十分激烈。

表 3 - 2　北美第三方保险资产管理规模前 10 名情况（2009 年）

单位：亿美元

公司名称	公司类型	管理资产总规模	管理保险资产规模	管理保险资产来源		
				关联保险公司	第三方保险公司	独立账户投资顾问
Black Rock	跨国型	33463	2687	0	1913	774
Deutsche Asset Management	银行系	7091	2071	0	1728	343
GR - NEAM	保险系	1018	1007	210	797	0
Conning Asset Management	独立型	770	765	0	765	0
Wellington Management	跨国型	5370	1180	0	728	452
Delaware Investments	独立型	1315	704	0	704	0
Goldman Sachs Asset Management	银行系	7534	882	12	529	341
PIMCO	保险系	10001	3500	2363	405	732
State Street Global Advisors	银行系	19112	699	0	385	314
Pine Bridge Investments	独立型	873	527	0	321	206

资料来源：中国保险资产管理业协会。

第四节　国际保险资金运用新趋势对我国保险业的启示

近年来，在外部环境因素和保险资金运用主体自身变革力量的驱动下，国际保险资金运用呈现出新的趋势，顺应国际保险业的发展趋势对提升我国保险资金运用水平具有重要借鉴和指导意义。

一、加强保险资金运用主体建设

国际保险资金运用的新趋势对资金运用主体建设的意义主要反映在三个方面：一是通过并购专业投资管理机构增强保险资金运用能力；二是发展保险资金的第三方委托管理模式；三是提高第三方资产管理机构的专业能力。

（一）并购专业投资管理机构，增强保险资金运用能力

保险公司并购资产管理公司的基本动机是为提高保险资金运用水平，增强自身竞争力。根据资料显示，1995 年至 2001 年，保险公司并购资产管理公司的 15 项重大交易中，8 项交易是欧洲保险公司并购美国资产管理公司，其主要原因有两个：一是美国资产管理市场庞大而成熟，欧洲保险公司希望借此进行国际化投资并分散产品线风险；二是通过并购提高证券投资水平，以满足欧洲日益增强的证券投资需求和偏好。

近年来，保险公司通过大量并购资产管理公司涉足资产管理领域，最典型的案例是安联保险集团并购太平洋资产管理公司（Pimco）。1998 年，安联做出战略性决策，将资产管理业务作为集团独立的核心业务加以大力发展。1999—2001 年，安联保险集团先后收购了 PIMCO、Oppenheimer Capital 等数家专业资产管理公司，旗下的资产管理板块由一

片空白转变为掌管 6000 亿美元的市场重要主体。同时，第三方资管业务规模获得了跨越式发展。2011 年 9 月，安联保险集团成立了安联资产管理公司。截至 2012 年末，安联管理资产规模达 1.85 万亿欧元。其中，集团内委托资产 4140 亿欧元，占比为 22%，第三方委托资产 1.44 万亿欧元，占比为 78%。过去 4 年，第三方资产规模占比基本稳定在 77% 左右。

2008 年国际金融危机之后，欧美等发达国家经济增长面临较大压力，利率持续走低，金融市场收益不确定性增大，对资金运用提出了更高的要求。并购一流的资产管理公司，不仅可提高资金运用收益率，还可以进一步增强控制力，使其符合保险公司经营理念和文化的要求，切实降低资金运用的风险。因此，这一趋势还将持续下去。

在国内保险行业，产业链投资日益成为备受重视的模式。其中，投资标的多数集中在与负债端相关的体检机构、养老社区、医药产业等，资产端只有少数控股或参股银行。与之相比，国际保险公司控股或参股专业资产管理机构（如基金、券商、信托、私募等），以获取成本低、重组风险低、协同效应高的模式。通过并购重组专业第三方资管机构，保险公司得以有效增强特定领域的资金运用能力，并有助于获得非保险的第三方市场资源。

（二）加快发展第三方委托管理模式

除公司内设投资部或自有资产管理公司外，国际保险公司可以将全部或部分资产管理业务委托给第三方资产管理机构。近年来，国际保险资金运用的第三方委托管理市场呈现出新的特点。一是随着全球保险资产的迅速增长，保险资产的委外投资逐步普遍化。尤其是在美国，保险公司资产委外已经成为一种趋势，大约有 2/3 的保险公司会将全部或部分资产委托给外部的投资管理公司。在亚洲，约 72.7% 的保险机构选用了第三方管理人。调查显示，未来保险机构使用外部资管机构的平均数目将有所上升。二是大型保险公司中选择委外管理模式的占比逐步增多。由于具有规模经济，大型保险公司过去一般采取以内部管理为主

（包括内设投资部或集团下设资产管理公司）、委外投资管理为辅的方式。近年来大型保险公司选择委外管理模式的占比逐步增多。他们选择委外管理模式的主要目的包括扩展夹层融资、对冲基金、不良债务等另类投资，增强核心债券投资，辅助构建内部业绩评价的基准等。三是寿险公司采用委外管理模式的比例明显上升。由于发达国家寿险市场充分细分、各公司的业务结构差异较大，委外投资一般难以满足负债的个性化特征，而且管理成本较高。因此，寿险资金通常采取自有资产管理公司投资的方式，委外投资增长缓慢。近年来，由于外部资产管理机构对于保险资金运用的专业化水平显著提升，一些具备一定规模的资产组合也开始选择委外管理模式。

国际经验表明，保险资产管理业"委托—受托"双向开放是大势所趋。相较而言，尽管2012年出台的保险资金运用政策对我国保险资金运用和保险资产管理机构实现了"委托—受托"双向开放的市场化改革，但是到目前为止，保险资金委托第三方管理和保险资产管理机构受托外部资金的程度并不高，保险公司仍然主要将资产委托保险资产管理机构进行投资或自营。同时保险资产管理机构受托资金仍然主要来源于保险公司，企业年金、社会公众资金等非保险资金比例仍然很低。未来，国内保险机构需根据资金特性和投资需求探索更为有效的"内部管理＋委外管理"的模式。

（三）提高第三方资产管理机构的专业能力

除规模经济以外，专业性是保险机构委托第三方机构投资的主要原因。一方面，某些投资领域较为复杂和专业，内部投资无法满足日常跟踪的条件；另一方面，第三方资产管理机构能够提供财务咨询、资产负债管理等其他附加金融服务。

近年来，各细分领域的第三方保险资产管理机构迅速增加。随着保险资金投资渠道的拓宽，各类专业型资管机构广泛提供了细分领域的保险资金委托服务。特别在另类投资领域，专业资产管理机构受托将保险资金投向不动产、私募基金、基础设施等领域。作为补充，咨询公司和评级机构也积极发挥在委外投资中的作用。此外，非保险系资产管理公司越来越专注于专业的保险资产管理业务。随着对保险资产管理第三方市场的深耕，非保险系资产管理公司逐步在偿付能力、保险资产战略配置、资产负债管理等领域积累了较深入的研究和丰富的实践经验。他们不仅根据保险资金特性设计投资管理方案，也借助自身平台为其提供多样化的金融服务。

"新国十条"鼓励设立不动产、基础设施、养老等专业保险资产管理机构，允许专业保险资产管理机构设立夹层基金、并购基金、不动产基金等私募基金。同时，监管也将逐步放开保险资金委托私募基金、不动产基金等专业资产管理机构的相关政策。可以预见，国内保险资管的第三方市场将迎来更多细分市场的专业机构，这将为提高保险资金运用效率提出更高要求。目前，参与保险资金委外管理的机构应进一步加强对保险负债特性的研究，增强保险资金运用的个性化金融服务能力。

二、优化保险资金资产配置策略

从全球范围来看，国际金融市场的低利率环境和可投资品种的供求变化给保险资金运用带来了很大的挑战。为此，我国保险资金运用主体需要不断根据市场条件的新变化，优化资产配置策略，通过拓宽保险资金运用渠道、调整固定收益类资产的投资策略、重视另类投资领域等方式，实现保险资产的保值增值。

（一）拓宽保险资金运用渠道

在发达国家，保险资产管理机构作为最重要的机构投资者之一，覆盖了资本市场约40%的投资资产，其资金运用渠道广泛，涉及股票、债券、房地产、抵押或担保贷款、PE、对冲基金、FOF、金融衍生品等各类资产。相对而言，过去亚洲主要经济体在严格的监管制度下，可投资渠道相对狭窄。近年来，随着监管改革沿着"放开前端"的思路推进，亚洲主要经济体的保险业正在不断拓宽投资渠道。2010年以来，中国台湾地区寿险资金的境外投资配置显著增长，截至2014年6月，已达到44.8%。韩国保险机构积极增加各另类投资品种的配置，其在对冲基金、私募股权、不动产和基础设施中的投资，约占亚洲保险资金投资于上述资产规模的一半。印度保险业在下调基础设施领域投资限制、放开期权期货等工具后，投资渠道也趋于多样化。

受到经济金融发展水平的制约，中国保险资产配置长期集中于境内存款、债券和股票等传统投资品种，影响了收益率的提升和风险分散。2012年，保险资金运用新政极大地拓宽了我国保险资金的境内外投资渠道。未来，中国保险资金将积极提升创新金融工具的投资能力，拓展资产配置范围，在全资产类别和全球范围内寻找最匹配保险资金特性的投资标的，构建有助于保险资金取得长期稳健收益的资产组合。

（二）调整固定收益类资产的投资策略

固定收益类资产是保险资金资产配置的重要资产类型。自2008年国际金融危机爆发以来，为刺激经济复苏，各主要经济体都推行了货币宽松政策，全球性的流动性充裕和低利率环境成为常态。对国内而言，为稳定经济增长、全面推进改革，在国家的宏观调控作用下，市场利率也逐渐走低。从未来趋势看，中国也将加入国际性的低利率潮流之中，这对以固定收益类资产为主体、利率敏感性较强的保险资产配置而言是一个长期性的严峻挑战。

作为保险机构需要调整固定收益类资产的投资策略，一是关注非流动性固定收益类资产。在无风险利率下行、期限利差收窄的情况下，对于流动性风险可控的保险资金，获取流动性溢价是有利策略。在高盛针对全球保险资产管理行业首席投资官（CIO）的年度调查中，有近一半的CIO表示通过"配置非流动性资产获得流动性溢价"是目前环境下增强组合收益的最有效方式。其中，负债久期较长的寿险对非公开上市资产的配置意愿明显高于财险公司。自2012年以来，虽然国内保险资产管理机构不断加大债权计划等非流动性固定收益品种的配置规模，但整体比例仍然较低。

二是灵活选择固定收益品种。在低利率环境下，国际保险资金的风险偏好有所上升。在韬睿惠悦针对未来固定收益投资倾向的调查中，只有9%的保险机构投资者表示会更加保守，超过一半的受访者表示将提高风险容忍度。目前，国内保险资金投资的固定收益品种的总体信用评级远远高于国际平均水平，尽管这部分归因于监管政策严格和评级标准宽松等因素，但主要与投资理念有关。

三是把握交易性资产投资机会。在"零利率"甚至"负利率"环境下，持有到期的固定收益类资产对投资资产组合的贡献大大降低。在这种情况下，对固定收益类资产的投资可以更多地考虑其交易属性，通过获得更多债券交易的资本利得，保证保险资金收益性。

（三）重视另类投资领域

国际经验表明，当传统投资品种表现不佳时，另类投资往往随之兴起。自2011年以来，我国保险资金不断加大另类资产的投资力度，对优化资产配置结构和改善投资收益发挥了积极作用。截至2014年底，我国保险业其他类投资占比达到23.6%，比2013年上升约6.77个百分点。不过，目前国内保险资金另类投资的标的还比较单一，主要以基础设施债权计划和信托计划为主，PE、不动产投资等占比较低。国内保险资金应抓住国家鼓励社会资本参与基础设施建设、国有企业混合所有制改革和战略性新兴产业发展等重大机遇，积极获取优质资产，分享企业长期成长收益。

中国金融四十人论坛
CHINA FINANCE 40 FORUM

第四章

中国经济新常态下保险资金
参与国家新发展

改革开放以来，我国保险资金运用的发展取得了一系列举世瞩目的成绩，但与经济社会发展的要求相比，还存在较大的差距。当前中国经济进入新常态，改革开放进入新车道，转型升级进入新阶段，存在新的发展机遇和挑战。在新形势下，保险资金积极参与国家经济发展，创新保险资金运用，对服务保险主业的跨越发展，实现行业地位的迅速提升，助力国家经济转型升级至关重要。

第一节　新常态下保险资金参与
国家经济发展的战略意义

一、保险资金参与国家经济发展的必要性与紧迫性

（一）必要性

党的十八大报告提出，确保 2020 年实现全面建成小康社会的宏伟目标，要实现这个伟大的目标，离不开各种生产要素的共同支持，其中，资金是支持经济发展的一个必要条件，同时也是协同其他因素的最初推动力量。在发展中国家，由于其经济基础薄弱，资金是最稀缺的生产要素，成为实现工业化和现代化的关键性条件。随着我国工业化、信息化、城镇化、农业现代化等经济战略的提出和快速发展，对资本密集型基础设施项目建设的体量要求巨大，对中长期投资资金的规模需求较大。

保险资金具有规模大、期限长、融资成本相对较低及资金来源较为稳定的特点，因此能更有效地对接国家经济发展中的资金需求，服务国家经济战略的实现。

一方面，保险业作为社会风险的重要分担者，是保障经济社会平稳运行的"稳定器"。近年来，随着我国社会经济快速发展，我国保险业

也迈入了快速发展期。2014年保险业资产总额突破了10万亿元大关，相比2009年末的4万亿元，5年来年均增速约为20%，增速明显高于同期GDP增速（见图4-1）。保险业资产规模的扩大，提升了行业分担社会风险的能力，为我国经济发展提供了较好的保障作用。

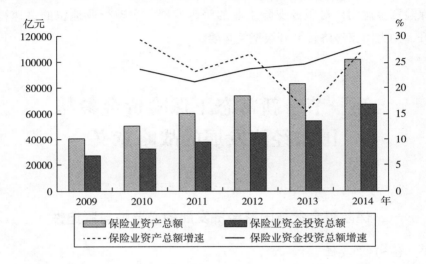

资料来源：Wind资讯、中国保险资产管理业协会。

图4-1 中国保险业资产总额与资金投资总额及增速（不含银行存款）

另一方面，保险业是经济发展的"助推器"，体现在保险资金的投资运用方面。目前，保险资金助推经济建设，在产品的形态上，主要通过基础设施投资计划、不动产投资计划、资产支持计划以及资产管理产品等工具对接具体融资项目。投资方式上，既可以选择股权方式，也可以选择债权、股债结合等方式满足不同的融资需求。

2014年8月发布的《国务院关于加快发展现代保险服务业的若干意见》（以下简称"新国十条"），明确鼓励保险资金利用债权投资计划、股权投资计划等方式，支持重大基础设施、棚户区改造、城镇化建设等民生工程和国家重大工程；鼓励保险公司通过投资企业股权、债权、基金、资产支持计划等多种形式，为科技型企业、小微企业、战略性新兴产业等发展提供资金支持。这些涉及国计民生国家战略的重点行业、重点领域的投资，呈现成长性好、收益性稳定、安全性高和期限长的特点，符合保险资金的负债特征，成为保险资金重点配置标的。

展望未来，保险公司作为我国资本市场的重要机构投资者和国家重大基础设施建设的重要资金提供者，在建设与服务国民经济发展中起到的作用将越来越大。2015 年，伴随着"一带一路"、京津冀协同发展、长江经济带等国家经济新战略的实施，与民生息息相关的基建项目将呈现快速发展态势，这对保险资金参与国家建设提出了更高的要求，同时也为保险资金自身发展提供了更多的机遇。

（二）紧迫性

保险业是我国金融业中开放时间最早、发展步伐最快的行业之一。在 30 多年的改革开放历程中，在党中央的关心下，保险业始终坚持改革创新，取得了显著的成绩，但与经济社会发展的要求相比，还存在着较大的差距。

具体来说，2014 年我国保险业总资产已突破 10 万亿元，保险业业务规模不断扩大、业务领域逐步拓展、保险资产快速增长，行业面貌发生了历史性的变化，保费收入世界排名第三位。但与发达国家相比，我国保险业仍有很大的发展空间。数据显示，当下我国保险深度和保险密度这两项指标较发达国家相去甚远。同时，保险业与银行业相比，也具有很大的发展潜力。目前在经合组织（OECD）国家中，保险资产占金融总资产比例平均为 20%，而 2014 年我国相应比例仅为 6.04%。保险"新国十条"明确提出，要在 2020 年将我国的保险深度和保险密度提升到 5% 和每人 3500 元的水平。因此在新常态背景下参与国家经济发展成为保险资金跨越式发展的迫切需要（见图 4－2、图 4－3）。

二、保险资金参与国家经济发展的意义

（一）助力"新经济"的实现

通过基础设施投资计划等投资方式的创新，引导保险资金助力国家

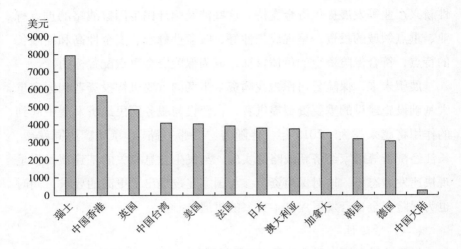

资料来源：SIGMA、中国保险资产管理业协会。

图 4 - 2　2014 年主要国家和地区保险密度状况

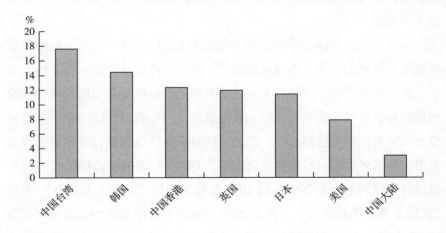

资料来源：SIGMA、中国保险资产管理业协会。

图 4 - 3　2014 年主要国家和地区保险深度状况

经济战略的实现，服务实体经济的发展，不仅丰富了保险资金的投资渠
道，提升了资产负债的匹配度，拉高了投资收益，更能够有效地支持国
家经济建设。特别是在经济新常态下，调动保险资金，用于支持经济的

新发展，能促进国家经济战略的实现。

当前保险资金助力国家经济战略的实现，主要体现在以下几个方面：

一是经济发展进入换挡期，需要保险的生力军作用。企业融资成本过高是制约我国产业转型升级的主要障碍之一，这个问题的解决关键在于完善我国市场化的长期资本形成机制，通过盘活存量资产，实现去杠杆化，切实提高股权融资比重。保险资金自身的特点，决定了它是企业长期资本的重要供给方，且承担了社会经济发展助推器的角色。保险资金通过股权投资，能够减少市场扭曲和要素流动壁垒，促进资源优化配置和要素组合，有助于市场真正发挥在资源配置中的决定性作用，切实提高经济增长的质量和效益，增加经济发展活力。

二是社会治理进入转型期，需要保险的服务者功能。从发达国家经验看，通过在食品药品安全、环保、安全生产等社会风险管理中引入保险机制，既有利于及时实施受害补偿，加强第三方监管，也有利于降低政府管理成本、减轻政府管理压力，有效预防和化解社会矛盾。以重大灾害险为例，从全球范围看，重大灾害事故中保险赔付占灾害损失的比重平均在30%左右，我国这一比例不到5%。

三是民生建设进入攻坚期，需要保险的倍增器效应。人口老龄化和城镇化背景下，要实现公共服务均等化目标，必须更大力度利用好保险资金的社会保障功能和居民资产配置功能。充分调动国家、企业、个人等多方面力量分担社会保障责任，建设多元化的社会民生保障体系。

四是对外开放进入新时期，需要保险的护航保障。在"引进来"与"走出去"兼顾的新时期，特别是随着"一带一路"国家战略的推进，中国保险业有望发挥独特的作用。如保险资金可以参与相关区域的基础设施建设，或通过参股公司，或投资为出口型小微企业服务的创投基金，充分发挥保险资金周期长、稳定性高的特点。事实证明，中国保险机构已逐步开始保险资产全球化和多元化配置，为中国企业"走出去"起到了越来越重要的作用。中国保监会数据显示，截至2014年12月末，保险资金境外投资余额为239.55亿美元，占保险业总资产的

1.44%，比 2012 年末增加 142.55 亿美元，增幅为 146.96%。

（二）助力"新调控"的实施

新常态下国家经济换挡减速，必然要求国家宏观调控从"供给收缩"向"需求扩张"转变，基础设施投资是其中的重要调节器。我国过去几年的实践中，保险资金主要是通过债权计划投资基础设施建设。保险资金已经成为国家大型基础设施建设领域重要的资金提供者，在获得较好投资回报的同时，支撑了保险业自身的发展。2010 年保险资金另类投资开闸试点以及 2012 年四部投资新政出台后，越来越多的保险资金涌入到国家重点基础设施建设中，交通运输、能源、市政、环保、通讯等城镇化建设中的重点领域是保险资金投资的主要投资领域。仅 2013 年新增注册债权投资计划就达 90 项，注册规模 2877.6 亿元，注册数量和规模相当于过去 7 年总和。截至 2014 年末，共发起基础设施投资计划达 1.1 万元，较 2014 年初大幅增长 56.8%，连续 5 年收益率在 6.2% 左右，超过保险资金近 5 年简单算术平均投资收益率 4.61% 的水平（见图 4-4）。

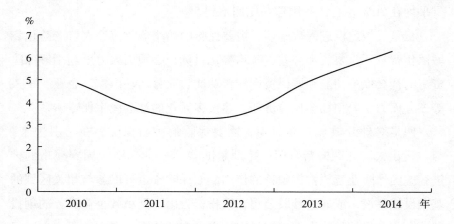

资料来源：中国保险监督管理委员会、中国保险资产管理业协会。

图 4-4　我国保险行业资金运用收益率（2010—2014 年）

目前，保险机构通过发起设立债权投资计划、股权投资计划、资产支持计划等投资计划，投资各类基础设施项目超过万亿元，主要投资项目有中石油西气东输项目、南水北调工程、京沪高铁等国家重大工程及城市轨道交通、保障性安居工程、棚户区改造项目等重大民生工程（见表4－1）。

表4－1　　　　目前保险机构参与国家经济发展项目状况

参与保险机构	项目名称	投资金额	期限
太平资产	南水北调工程一、二、三期债权计划	550 亿元	10 年期
泰康资产	中石油西气东输管道股权投资计划	360 亿元	10 年封闭期
平安资产牵头	京沪高铁股权投资计划	160 亿元	10 年期
国寿、人保、生命、长江养老保险和中邮人寿	中石化混合所有制改革股权投资计划	300 亿元	3—5 年封闭期
中国人寿	南方电网股份	近 350 亿元	——
中国人保、中国人寿、新华保险、阳光保险	广东发展基金、广州城市发展建设投资基金、广州城建项目	人保出资 60 亿元，国寿出资 140 亿元，新华出资 200 亿元	10 年期

资料来源：公开市场资料、中国保险资产管理业协会。

"新国十条"提出发挥保险资金长期投资的独特优势，创新资金运用方式，提高保险资金配置效率，支持实体经济的发展。贯彻"新国十条"，不断创新保险资金支持实体经济的方式、方法，拓宽保险资金支持实体经济的路径和渠道，把更多的保险资金投到国家经济建设中，促进实体经济发展。随着政策红利逐渐释放，实体投资日益加码，我国保险业服务实体经济功能也将大幅提升。

（三）助力国家资产负债结构的优化

对资金需求方及供给方来说，期限和风险错配的问题是一个巨大的潜在风险，而国家经济发展项目建设和收益回报的长周期性与保险资金

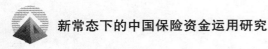

的期限等特性都能够达到一个良好的契合。

以债权计划为代表的保险另类投资，特点是投资收益比较稳定且高于固定收益产品，同时波动性又小于权益类产品，在持有期内投资收益较为固定。以 2012 年为例，整个保险行业投资收益率为 3.39%，但债权计划投资收益率达到 6.36%，股权投资收益率达到 7.48%，不动产投资收益率达到 8.51%。相比之下，另类投资的收益率较其他品种相对稳定，也相对较高。

另一方面，保险另类投资期限较长。比如，保险资产管理公司发行的基础设施债权计划平均期限达到 5—7 年，较长的组合久期契合了国家基础设施建设周期长的特点。在"大资管"时代，保险资金投资于以债权计划为代表的另类投资，不仅符合保险资金的负债特性，而且满足了国家经济发展项目建设和收益回报的周期长的需求。

因此，保险资金借助投资于另类资产，充分发挥"长钱长用"的特性，更好地对接了国家经济建设的现实需求。展望保险业的未来，国家将出台更多的政策支持经济转型，强调对接实体经济，引导保险资金更好地投资养老健康服务产业，直接投资新型城镇化、棚户区改造、科技型企业、小微企业、战略性新兴产业等领域。

第二节　新常态下保险资金参与国家经济发展的原则

一、新常态下保险资金参与国家经济发展的含义

首先，保险资金参与国家经济发展是满足保险"新国十条"的要求。目前我国保险市场总体规模较发达国家仍然有较大差距，在保险深度和保险密度两个指标方面尤为明显，但这同时表明我国保险市场具有

巨大的发展潜力。保险"新国十条"明确提出，在 2020 年将我国保险深度和保险密度提升到 5% 和每人 3500 元的水平，而 2014 年上述两指标仅为 3.18% 和每人 1479 元。

其次，保险资金参与国家经济发展是满足中国经济正处于转型周期的要求。在新常态下，中国经济进入到一个新的发展阶段，国家在战略高度制定了一系列促进经济新发展的发展规划。国家经济新发展包含新经济建设、经济新战略和新改革三个层面，具体如"一带一路"战略、新型城镇化等，保险业发展面临新机遇，给保险资金运用带来越来越大的可持续资金运用量。

最后，保险资金参与国家经济发展是适应保险行业转型关键期的要求。从政策层面来看，一系列已经出台或者即将出台的政策规定将推动保险行业的变革。其中，税收递延和商业健康险的税收优惠将在保费端起到一定支撑作用。同时，近几年保险的投资范围不断扩大，未来保险资产配置将更为均衡，并相应提高保险资金的投资收益。投资收益的增加又将进一步提高保险产品的分红，提高产品竞争力。从行业运行来看，保险公司依赖营销手段带动市场份额的战略需要调整。自 2013 年以来，互联网金融的快速崛起对传统金融领域造成强烈冲击，对保险行业的影响更多地体现在成本的下降、投保效率的提升，特别是更加舒适的用户体验。在此背景下，保险业创新不再简单地是产品销售的互联网渠道化，更应该创造互联网思维，真正实现以客户为核心的价值创造，链接客户需求，创造客户价值，从而成功完成转型升级。

总体而言，经济新常态下，保险公司将更多地参与到国家经济的新发展中，服务实体经济建设。一方面要承担更多的社会保障责任。2015 年"两会"期间，政府工作报告着重讨论了关于巨灾保险制度的建立以及商业保险公司承保范围的扩大。另一方面，保险资金要更多地扮演资本供给方的角色，通过对庞大保险资金的多种方式的充分利用，充分融入到新经济建设中，谋求新的增长点，借助支持国家经济新战略，发展壮大自身力量，参与经济新改革，挖掘新资产，服务和促进保险业的发展，提升保险资产管理业的地位，争夺未来行业的话语权。

二、新常态下保险资金参与国家经济发展的原则

保险公司用以进行投资的资金是对全体被保险人的负债，其中相当一部分要赔付或给付被保险人，保险资金只有能被暂时运用的权利，保险公司对其没有永久的所有权。由于保险资金自身的特殊性，保险资金必须坚持在一定的原则框架下参与国家经济的新发展，才能始终明确自身角色定位，更好保护被保险人的利益和维护社会稳定，推动我国经济在新阶段顺利实现结构转型升级和动力切换，为国家经济新发展做出更大的贡献。

（一）安全性原则

保险资金运用的安全性是指保险公司按期收回投资资金本息的可靠性。安全性原则是保险资金运用的最基本原则。因为可运用的保险资金既不完全是保险企业的盈利，也不是保险企业可以无限期流出的闲置资金。这种资金的相当部分在保险企业的会计科目上属于对被保险人的负债，最终要用于对被保险人的给付。从这个意义上来讲，保险资金也是被保险人的信托资金，保险的基本功能之一是经济保障，它需要实现保险金的按期给付，而保险资金的安全性又是保险实现该保障功能的"保障"。因此，对这种资金的运用必须确保安全性。

（二）商业化原则

商业保险是通过订立保险合同运营，以营利为目的的保险形式，由专门的保险企业经营。保险资金本质上可以认为是被保险人的信托基金，最终会以赔付或给付的形式返还给被保险人。因此保险资金必须要遵循商业化原则，由专业部门进行商业化管理，以营利为目的，在一定的安全性要求下追求利润最大化，为被保险人谋求经济利益和风险保障。只有在商业竞争中以利润最大化为导向，保险资金才能充分激发活力和提高效率，在参与中国经济新发展的过程中积极作为，为中国经济新发展疏通融资渠道和发挥风险保障的稳定器功能。

（三）市场化原则

我国保险业恢复以来尤其是我国加入世贸组织后保持了高速增长，行业实力和社会功能得到了明显提升，取得这些成绩的根本原因在于我国保险坚持了市场化竞争。市场化是保险资金参与新常态下中国经济建设必须遵循的原则之一，要求保险资金在参与国家经济新发展中，特别是资源配置中，要营造公平竞争的市场环境，使市场在资源配置中起决定性作用。通过深化保险业市场定价机制改革，提升对内对外开放水平，引进先进经营管理理念和技术，释放和激发行业持续发展和创新活力。增强保险产品、服务、管理和技术创新能力，促进市场主体差异化竞争、个性化服务，最终实现国家经济与保险业的协同发展。

（四）收益性原则

运用保险资金进行盈利，是保险资金运用的直接目的。保险资金投资收益率必须至少和预定利率持平，否则保险金的给付就会侵蚀保险公司的所有者权益，影响保险公司的偿付能力，最终将影响保险保障功能的实现，损害被保险人利益，不利于社会和谐稳定。保险资金收益率的提高，不仅可以为保险人带来巨大经济效益，而且带来良好的社会效益。企业较好的盈利状况可以增强其偿付能力，可以降低费率和扩大业务规模。这就要求在资金运用项目上选择效益高的项目，在一定的风险限度内力争实现收益最大化，确保资产的保值增值。

第三节　新常态下保险资金参与国家经济发展的路径

在经济新常态下，国家经济的新发展不同于以往的经济发展，是经济发展的新阶段，是在原有经济发展基础上的转型升级，包含三个层面，即新经济、新战略和新改革，它们共同构成了未来经济新发展的方向，这就需要保险资金在参与国家经济新发展时，要针对性研究分析，进而提出相应的策略和具体举措。

一、融入新经济建设，谋求新增长

我国是一个处在国际产业链中下游的制造业大国，未来实现产业升级和科技腾飞的任务很重。保险业服务实体经济的能力，既决定着这个行业在经济社会中的地位和作用，又决定着这个行业的发展空间和前景。

（一）保险资金参与新经济建设概况

2014年"新国十条"赋予了保险行业在国家经济中的重要地位，明确指出要充分发挥保险资金长期投资的独特优势。在保证安全性、收益性前提下，创新保险资金运用方式，提高保险资金配置效率。鼓励保险资金利用债权投资计划、股权投资计划等方式，支持重大基础设施、棚户区改造、城镇化建设等民生工程和国家重大工程。鼓励保险公司通过投资企业股权、债权、基金、资产支持计划等多种形式，在合理控制风险的前提下，为科技型企业、小微企业、战略性新兴产业等发展提供资金支持。

截至2014年，我国保险资金运用余额为93314.43亿元，同比增长21.39%；随着投资渠道的放开，保险资金的投资趋于多元化，以债权投资计划、股权投资计划等非标资产为主的其他投资在保险投资资产中的比例显著上升，2014年底达到23.67%（见图4-5）。

自保险新政出台后，越来越多的保险资金涌入到国家重点基础设施建设中，交通运输、能源、市政、环保及通讯等城镇化建设中的重点领域是保险资金债权投资计划的主要投资领域。随着保险资金对城镇化建设支持的逐渐深入，越来越多的地方政府明确发布政策引导保险资金投身地方建设项目。其中比较典型的是"南水北调债权计划"。它是迄今为止中国保险行业资质等级最高、发行规模最大的债权计划，具有风险低、收益较高且稳定的特点，有利于保险资金资产负债的合理配置。在

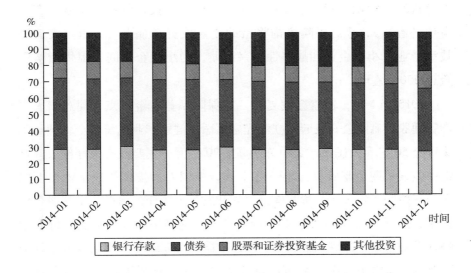

资料来源：中国保险监督管理委员会、中国保险资产管理业协会。

图4－5　我国保险资金投资分布状况

资金成本增加、投资回报预期攀升的背景下，具有低风险和高收益的债权投资计划成为保险机构青睐的对象。此外，保险资金通过购买地方债券的方式间接支持了新兴城镇化建设，以2013年上半年四川省市政基础设施投资资金来源为例，来自各级地方政府公共财政投入资金为433.8亿元，其中来自地方政府债券有85.38亿元，占整个投资资金的6%；来自政府融资平台投入资金为439.2亿元；来自市场化融资554.2亿元，其中发行企业债券有94亿元。在政府融资平台、银行贷款以外的融资余额中，证券、保险、基金的规模占11%。

　　保险资金在支持养老、健康、医疗、互联网、创新性科技企业等新产业、新业态方面也发挥了重要作用，政府层面也在紧锣密鼓制定相关政策法规，引导保险资金更好参与新产业建设。2014年12月新华保险与广州市政府共同成立的广州（新华）城市发展产业投资基金，基金规模200亿元，将投向包括新能源、安居工程、医疗卫生工程以及创新型产业孵化器的城市更新、城市产业、城市生活、城市动力等板块。同期，保监会发布《关于保险资金投资创业投资基金有关事项的通知》，今后保险机构将借助创业投资基金平台，重点支持科技型企业、小微企业和战略性新兴产业，为小微企业间接提供增量资金近2000亿元。

2015年1月，保监会批复第二家保险私募基金试点，同意阳光资产管理股份有限公司发起设立阳光融汇医疗健康产业成长基金，预计募集资金50亿元人民币，其中首期募集30亿元，主要投向医疗健康产业链中的成长期企业股权；2015年3月，中国人寿投资控股集团旗下国寿投资控股有限公司与贵州旅游资源开发有限责任公司在北京签署合作协议，投资20亿元入黔打造大健康产业。这是中国人寿推进大健康战略的重要举措，并以此为试点，推进中国人寿保险集团探索大健康的全产业链。大力发展医疗健康产业等新兴产业，有利于保险公司整合资源，发挥产业协同效应和保险资产管理优势，提高医疗健康管理效率。在"新国十条"的支持和鼓励下，保险资金将在参与新产业建设方面获得更大发展。

（二）新常态下保险资金参与新经济建设重点领域的投资机遇

新常态的中国经济面临着增长方式的转变，从过去的重速度、重规模、开发重大项目，转为重结构、重质量、重效益、重民生，这一过程产生巨大的投资机会。新常态下，保险资金在城镇化和产业结构转型升级这两大主题的重点领域面临着巨大的投资机遇。

城镇化释放持久动力。内需是我国经济发展的根本动力，扩大内需的最大潜力在于城镇化。2014年末，中国城镇化率达到54.77%，不仅远低于发达国家80%的平均水平，也低于人均收入与我国相近的发展中国家60%的平均水平，还有较大的发展空间。《国家新型城镇化规划（2014—2020年）》指出，未来常住人口城镇化率达到60%左右，户籍人口城镇化率达到45%左右，户籍人口城镇化率与常住人口城镇化率差距缩小2个百分点左右，努力实现1亿人左右农业转移人口和其他常住人口在城镇落户。新型城镇化建设中的基础设施建设需要保险资金的支持，投资领域包括水利、电力、燃气、固废处理、收费公路、铁路、桥隧、港口、轨道交通等。

在投资新型城镇化过程中需要重点关注四大方面：一是农业转移人口市民化的巨大内需。二是随着我国城镇化水平和质量稳步提升，资源配置更加优化，服务业的发展空间进一步打开。三是新型城镇化蕴含了城市基础设施、公共服务设施和住宅建设等巨大投资需求。四是节能环保产业带来的投资机会。新型城镇化不会以牺牲环境为代价，作为国家战略性新兴产业之一，节能环保投资将超 3.6 万亿元，各项扶持政策近期也频繁出台。

新技术革命和产业结构升级为保险资金运用带来广阔的投资空间。《国务院关于加快培育和发展战略性新兴产业的决定》确立了新兴产业"三步走"的思路，即 2015 年力争战略性新兴产业增加值占国内生产总值的比重达到 8% 左右；2020 年力争达到 15% 左右，到 2030 年前后，新兴产业发展达到世界水平。"三步走"思路表明，未来新兴产业蕴藏巨大的市场空间和投资机遇。具体表现为：一方面，众多领域不断涌现突破性的技术创新。比如，在能源资源领域，将迎来后化石能源时代和资源高效、可循环利用时代。在网络信息领域，宽带网络、无线网络、智能网络快速发展，超级计算、虚拟现实、网络制造与网络增值服务等突飞猛进。在先进材料和制造领域，未来能源、信息、环境、人口健康、重大工程等对新材料和制造的需求将持续增长。这些技术创新将引发新的科技革命和产业革命，为世界经济增长注入新的活力。另一方面，在我国经济转型升级的过程中，内需将会成为经济增长主要的驱动力。作为一个拥有 13 亿人口的大国，我国内需的支撑力不可小觑。目前，老百姓的消费水平正在由"千元级"向"万元乃至十几万元级"转变，汽车、信息产品和文化产品已成为消费重点，汽车制造、信息产业、文化产业等将会成为新型的支柱产业。市场饱和的传统过剩产业将会面临转型，高端制造业、新能源、环保产品以及金融、物流、信息、教育、健康养老等仍然短缺的现代服务业，具有非常广阔的发展空间。

二、支持新战略，开拓新资源

目前，保险业对于产业的参与已不仅限于开发相关的保险产品，更多的是通过投资方式直接参与到基础设施建设的过程中去。在我国经济新战略实施的背景下，保险业不仅可以提供风险保障，而且能通过参股公司，或投资为出口型小微企业服务的创投基金等方式参与相关区域的基础设施建设。

（一）保险资金参与国家经济新战略概况

我国经济新战略主要由四大区域战略、三个支撑带战略、一个"走出去"战略组成。

1. 四大区域战略

（1）西部地区

在我国西部大开发国家战略实施过程中，我国保险业一直在为其中的基础设施建设提供风险保障及资金支持，尤其是保险资金投资西部地区基础设施等重点项目，为建筑工程、设备和施工人员提供优质保险服务。

以新疆为例，保险公司不仅为新疆的经济发展提供了良好的保障，同时也在保监局的积极推动下投入到新疆基础设施等项目建设当中去，并呈现出投资规模稳步扩大、投资结构不断优化以及支持自治区重点项目建设力度加大三大特点。截至 2014 年底，共有 8 家保险机构总公司在新疆开展了 13 项投资，投资金额超过 50 亿元。从投资方式来看，13 项投资中，有 4 项债权计划（投资额 15.5 亿元）、3 项公司债（投资额 4.6 亿元）、2 项信托计划（投资额 24 亿元）、2 项协议存款（投资额 3.94 亿元）、1 项项目资产支持计划（投资额 6.18 亿元）、1 项股票投资（投资额 0.05 亿元），分别占投资总额的 28.56%、8.48%、44.22%、7.26%、11.39%、0.09%，投资结构的优化以及保险资金投资金额大、期限长的优势，加大了保险资金对新疆经济发展的有力支撑。从投资方向来看，主要集中在能源项目和基础设施建设上。其中，能源项目投资占总投资额的 67.59%，仅中融—新疆能源集合资金信托计划一项，投资金额就达 12 亿元；基础设施建设投资占总投资额的 16.58%，其余资金则主要投资于自治区大型企业和协议存款。另外，在西气东输这一西部大开发重大工程项目中，保险资金投入 360 亿元参与中石油西一、二线管道的项目，这是国家能源建设与社会资本融合的重要尝试，也是保险资金参与西部大开发建设的典型例证。

（2）东北老工业区

我国的老工业基地在国民经济发展中占有相当重要的地位，但多数老工业基地难以适应市场变化，已经成为制约经济增长的重要隐患。国务院颁布振兴东北的 35 条措施，实施东北地区等老工业基地振兴战略，目的是激活东北的存量资金，提振东北经济。

从国外的经验看，英国对曼彻斯特老工业区的改造，美国对匹兹堡老工业区的改造，特别是德国对前东德的改造都投入了大量的资金。而我国是发展中国家，政府难以一次性投入巨额资金。因此老工业基地的国有企业改革和技术改造需要大量的资金，这与现实中有限的资金供给形成巨大的缺口。

在此背景下，保险资金作为一种成本相对较低、期限长的巨额资金来源，具有其优势。保险不仅可以为东北地区经济发展提供风险保障，还可以为东北地区调整改造提供资金支持。这些资金直接或间接地转变为投资，可以有力地支持东北老工业基地振兴等各项经济建设发展。保险资金通过购买企业债券的方式可以支持东北地区国企的改革，加快振兴步伐。

（3）中部地区

中部崛起计划是我国 2004 年首先提出的，旨在促进我国中部经济区建成重要粮食生产基地、能源原材料基地、装备制造业基地和综合交通运输枢纽。在此过程中保险资金也成为项目资金的重要来源。

以河南省为例，2014 年河南省成功举办首届保险机构与企业融资对接会，河南省人民政府与人保集团签订了战略合作协议，全年累计实现保险资金投资、帮助企业和客户融资 174.5 亿元。同时，平安集团向河南投资集团提供融资意向金额 150 亿元人民币，以支持中原经济区和郑州航空港经济综合实验区建设。通过对地区融资需求与保险资金的对接，有利于中部地区进一步创新融资模式，拓宽融资渠道，更好地支持中原经济区和航空港经济综合实验区等重点基建项目建设，且有利于政企双方进一步建立更加全面紧密的合作关系，实现共同发展。

（4）东部地区

得益于区位优势及政策扶持，我国东部沿海地区改革开放以来取得了快速的发展。但是近年来因要素成本上升，劳动密集型产业纷纷转向其他具有相对成本优势的发展中国家，东部沿海地区产业转型升级迫在眉睫，同时东部地区还存在发展不均衡的问题。实现产业转型升级，协调东部地区全面发展，需要一定的资金支持，而保险资金的特性契合了这种需求，具有广阔的市场前景。

2015 年 1 月，泰康人寿出资认购泰康资产管理有限责任公司发行的"泰康—温州港城基础设施债权投资计划"，认购金额达 4.75 亿元。2012 年，苏州市政府与中国人寿集团签署战略合作协议，双方将合作设立 100 亿元规模的苏州市城市投资发展基金。这是全国第一次引入稳定的保险资金支持城市基础设施建设，开创了保险资金以股权投资方式支持地方政府发展的先例，同时也为保险资金确立一个长期稳定安全的投资方向。对于所募集资金的运用，重点投资于苏州市城市战略发展相关产业中具有稳定现金流与资产增值预期的项目。同时在江苏省无锡市、上海市嘉定区、广东省广州市等地成功推广苏州基金模式，保险资金积极支持地方基础设施建设，更好服务于实体经济发展的需求。

2. 三个支撑带战略

中国保监会主席项俊波在 2015 年全国保险监管工作会议上强调，保险业要为国家重大战略服务，要加强对"一带一路"、京津冀协同发展、"长江经济带"等重大战略问题的研究，探索建立行业性的战略基金、共保体等载体，创新保险业服务国家重大战略的机制和手段。

按照市场各方预期，伴随着"一带一路"、京津冀一体化等区域经济的建设，与民生息息相关的基建项目将迎来一波大的建设高潮。未来基础设施建设投资依然会是助力国家经济新战略的重点投资方向，也为保险资金提供了更多的可选择投资项目。

（1）"一带一路"国家战略

"一带一路"战略涵盖了中亚、南亚、西亚、东南亚和中东欧等国家和地区，这些地区总人口约44亿人，经济总量约21万亿美元，分别约占全球的63%和29%。要在如此巨大的区域内实现增强互联互通和经贸往来目标，资金配套成为制约战略落地的关键问题。

在"一带一路"战略实行过程中，保险企业一是可为企业开展跨境投资贸易合作提供全面的风险保障与服务。以中国人民保险集团为例，2014年承保的进出口货物保险金额超过1.5万亿元人民币，承包远洋船舶保险金额共计3343亿元人民币。参与承保的中亚天然气管道C线、中石化哈萨克斯坦KPI石油化工一体化等工程项目，保障金额达32亿美元，为国家相关重大贸易及工程建设等提供了坚实保障。二是可通过保险机制引导企业加速产业转移与转型升级，提升企业"走出去"质量。通过加快发展境外投资保险，可有效支持能源矿产、基础设施、制造业等行业向外发展，这与"一带一路"促进产业转移升级、化解过剩产能的战略内涵高度契合。以中国人民保险集团为例，2014年承保了斯里兰卡南部铁路项目、哈萨克斯坦哈铜巴夏库铜矿选厂、阿克托盖铜矿选厂项目，保障金额近15亿美元。正是因为有了保险资金的支持，企业才更加有信心走出国门，对外寻求更广阔的发展空间。三是可发挥资本融通功能，直接投资支持"一带一路"基础设施建设。"一带一路"建设的重点领域是加强中国同周边国家基础设施互联互通建设，对长期建设资金的需求量大。保险资金具有规模大、期限长、较为稳定的特点，与基础设施项目有天然的契合性，不仅可以开发相关的保险保障产品，还可以在港口、物流、航空、园区建设等方面进行投资，提供直接资金支持。四是可协助企业提升跨境运营风险的防控意识，增强对境外利益的保护。"一带一路"沿线国家大多是新兴经济体和发展中国家，由于政治文化差异、民族宗教复杂，又是大国利益交汇区，经贸合作容易面临较多的政治经济法律风险。保险机构可充分发挥自身在风险管理方面的数据与技术优势，向企业提供贸易投资、合作国家的国别风险以及行业风险信息，为企业开展跨境合作提供重要决策参考。

（2）京津冀区域协同发展

京津冀位于东北亚中国地区环渤海心脏地带，是中国北方经济规模最大、最具活力的地区。京津冀区域规划作为国家的经济发展新战略，投融资机构将发挥先行助推作用，助力京津冀的发展，促进产业布局的调整。保险资金在其中也扮演了十分重要的角色，参与了京津冀地区的众多基础建设项目。

2012 年，国家开发银行与太平洋保险联合签署了"太平洋—天津公共租赁房债权投资计划"，募集保险资金 100 亿元投资于天津市"十二五"期间规划建设的公租房项目；2011 年，北京市土地储备整理中心与七家保险资产管理公司签订了总金额为 700 亿元至 800 亿元的债权投资计划，期限七年，为保障房建设提供前期土地供应，保险资金不参与后期二级市场的开发。这一项目由太平洋保险旗下太平洋资产管理公司牵头，包括中国人寿、中国人保、华泰保险、泰康人寿、中国平安、中国太平六家保险资产管理公司。

（3）长江经济带建设

"长江经济带"贯通我国东、中、西三大区域，覆盖 11 个省、市，有超过全国 40% 的人口和生产总值。在"长江经济带"建设上，保险资金的基础设施债权计划项目的形式将被更多保险资金重视。从国内保险公司来看，目前，中国人寿、中国人保、中国平安、中国太保、中国太平等多家保险机构均已参与到"长江经济带"相关的投资项目当中。部分大中型保险机构对于"一带一路"相关的区域也有所调研，并提出战略发展构想。"新国十条"明确，鼓励保险资金利用债权投资计划、股权投资计划等方式，支持重大基础设施、棚户区改造、城镇化建设等民生工程和国家重大工程。在债权计划外，资本市场也有望提供投资窗口。股权投资、不动产、养老社区、医疗和健康产业等方面，保险机构和资金的配置空间也会逐渐显现。

公开资料显示，保险企业在长江经济带上的投资布局早已开盘，且参与的基础设施债权计划项目较多。2009 年，太平洋资产管理公司参与"太平洋—上海崇明越江通道工程债权投资计划"；2010 年，发起设立"太平洋—武汉天兴洲公铁两用长江大桥债权投资计划"和"太平洋—泰州长江大桥债权投资计划"；同年，中国平安参与"平安—江阴大桥债权投资计划"；2013 年，"人保资本—三峡新能源风电债权投资计划"创立。除基础设施项目之外，保险资金在不动产投资、能源、环保等方面也有所涉猎。

3. 中国企业"走出去"战略

党的十八届三中全会将"走出去"发展战略上升到一个新的高度，是构建开放型经济新体制的重要举措，明确提出"以开放促改革"，"扩大企业和个人对外投资，确立企业和个人对外投资主体地位"。目前，我国对外直接投资审批与管理制度改革正在加快，未来企业对外投资的自主性和市场化行为将明显增强，欧美经济的逐步复苏，以及人民币加入 SDR 等人民币国际化的进程持续推进，均有利于中国企业进行海外投资。另外，国家"一带一路"战略为中国企业"走出去"提供了新的境外投资机遇。目前，已经有中国平安、中国人寿、安邦保险、阳光保险等保险公司加大境外投资力度，通过推动不动产投资及进行保险企业并购等积极"走出去"。境外市场投资可以丰富保险资金的投资领域，分散单一市场的投资风险，分享境外市场的发展成果。因此，在2014 年"新国十条"颁布后多家保险公司纷纷申请开展保险资金境外投资业务，其中已获得批准的有中邮人寿保险股份有限公司、泰山财产保险股份有限公司、前海人寿保险股份有限公司、光大永明人寿保险有限公司、百年人寿保险股份有限公司等。

保险资金"走出去"，既符合国家整体发展战略，也是自身发展的需要。截至 2014 年底，中国保险业境外投资总额达到 239.55 亿美元（折合人民币约 1466 亿元），占保险业总资产的 1.44%。按照大类监管要求，保险资金境外投资占比可以到 15%。因此保险资金"走出去"仍有较大空间。

（二）新常态下保险资金服务国家经济新战略的投资机会

第一，企业投融资新变化带来的投资机会。我国企业在实施上述国家经济新战略时，将面临较大的不确定性风险，既包括国外、地区经济动荡、金融危机等所引发的利率风险和汇率风险，也包括外国政局动荡所引发的国别风险。这些风险可能为企业开展经贸合作蒙上阴影，需要用保险进行缓释：首先发展的是跨境政策性保险。可以通过拓宽出口信用保险的业务范围，大力发展出口信用保险，如在某些大型设备出口融资中创新引入，服务企业海外投资；通过改革境外投资保险等政策性保险的制度和政策，创新如外汇保险等产品，维护企业海外投资的安全，保障国家的经济新战略的实施。其次是发展商业保险，随着国家经济新战略的推进，国内和国外的区域经济联系将愈加紧密，境内外人员往来将愈加频繁，对人身、财产安全保障的需求将更加迫切，境内外商业保险产品的创新面临发展机遇。

第二，政府投融资新变化带来的投资机会。2014 年中央经济工作会议强调，要优化经济发展空间格局，促进各地区协调发展、协同发展、共同发展。当前，投资不足是欠发达地区发展面临的主要问题之一。要促进欠发达地区发展，必要的投资拉动不可忽视，但单纯依靠财政投入或银行贷款模式，既不现实也不可行，需要以创新的思维推进投融资体制改革。如果依据欠发达地区自身经济发展状况和实力进行融资，不仅融资难度较大，融资成本也相应较高。因此充分发挥保险的资本性融通功能，对缓解欠发达地区融资难、促进区域协调发展有重要作用。近年来，保险业在推进保险资金运用模式创新上进行了一些富有成效的探索实践。如 2014 年 7 月，中国人保发起设立了全国首个金融央企与省级政府合资股权基金——广东（人保）粤东西北振兴发展股权基金。股权基金作为股本金与地市优质企业按 51∶49 左右比例共同组建项目公司，投向粤东西北 13 个欠发达地市基础设施建设开发；股权基金期限为 10 年左右，与基础设施建设开发投资周期相匹配，为新型城镇化提供稳定持续的中长期资金。这种做法充分发挥了保险机制在促进地方投融资体制改革、服务区域协调发展等方面的积极作用。一方面，创新地方投资体制，通过探索建立财政手段与金融工具相配合的投入机制，可充分发挥财政资金的引导和杠杆作用，撬动更多的社会资金投资支持粤东西北地区发展；另一方面，创新欠发达地区的融资机制，将省市两级政府信用和金融央企市场信用相结合，将高等级的信用向下延伸增信，依托相关地区的资源，扩大基金的撬动能量，解决欠发达地区的发展资本需求问题。同时，创新投资基金管理的运作方式，通过透明化的基金架构设计、阶段性持股、适时退出并再次投入的滚动支持方式，既有效放大财政资金杠杆作用，满足项目融资需求，又改变财政从以往的无偿拨付、只拨不管、"输血"式扶贫向有偿使用、绩效结果导向、开发性"造血"转变，充分调动参与方的积极性，实现多方共赢。

第三，保险资金运用监管新变化带来的投资机会。未来监管层将更加注重对接实体经济，保险资金运用的监管政策，正在逐条践行保险业"新国十条"规划的蓝图。鼓励保险资金参与国家重大战略的方案也处于紧锣密鼓的酝酿之中，保险资金参与"一带一路"和"长江经济带"建设势必成为其中的重点内容。同时，在推动保险业"走出去"的指引下，保险资金的配置也会越来越关注境外相关投资项目，服务我国各项重大战略的实施。

（三）助力国家经济新战略，提升保险资产管理业整体地位

保险资金通过积极参与到国家重大经济战略项目中去，解决相关项目的融资性问题，同时保险产品为相关项目提供风险保障。能够有效发挥保险资产管理业在现代金融体系中的催化器功能，提高我国保险资产管理业在金融业的地位，并提高金融资源的配置效率，促进经济结构升级。

首先，更加重视发挥保险的资本性融通功能。保险资金具有规模大、期限长、成本低的特征。要把保险资金运用作为投融资体制改革的重要内容，充分发挥保险资金的长期属性，服务解决金融资源供需期限错配问题，为重点领域建设和经济转型升级提供稳定、可持续、低成本的长期资金支持。

其次，鼓励保险产品和投资创新，探索实现"保险资金取之于当地，用之于当地"的方式。地方政府可借助保险机制实现财政资金的二次利用，提高财政资金使用效率。一方面，加大财政对保险的投入，包括养老保险、大病补充医保、政府可控资源中的财产保险等，提高社会民生保障水平。另一方面，积极争取监管支持，通过精巧的保险产品设计，构建保险资金属地运用机制，尽可能将保费资金留存在当地。

最后，完善保障保险资金安全的工作机制。建立保险资金投资动态项目库，构建保险资金与地方重点项目的常态对接机制，减少资金供求双方的信息不对称。充分放大省级财政的高等级信用，探索建立保险资金风险补偿基金，建立多元化的保险资金投资增信机制。

三、参与新改革，挖掘新资产

我国经济发展进入新常态后增速有所放缓，结构优化升级等调整势在必行，这其实也是风险释放的过程。特别是今年以来，经济改革动作频频，简政放权改革大刀阔斧，财税改革、价格改革、国企改革、金融改革等重点领域改革逐步推进，改革红利持续释放，经济发展后劲增强，成为中国经济行稳致远的最大利好。"拓展保险服务功能，促进经济提质增效升级"是"新国十条"保险投资政策的目标，因此国家全面推进经济新改革为保险资金参与其中提供了难得的历史机遇。

（一）关注金融改革与国企改革

新改革要重点关注金融改革和金融创新，特别是保险资金运用市场化改革，能够进一步激发保险资金在支持经济新发展中的活力。我国金融改革将积极稳妥地推进利率市场化、汇率市场化，逐步推进人民币资本项下可兑换。与此同时，政府亦将进一步深化金融机构改革，特别是放宽市场准入，让多种所有制金融机构和多层次金融市场体系有更多的发展空间，金融机构混业经营将成为未来发展趋势。保险业的市场化改革正逐步深入推进，从强调管制向"放开前端、管住后端"的放管结合转变，意味着市场在资源配置中起决定性作用，市场机制的力量将对保险资金运用带来深刻变革并激发动力。

参与国企改革，保险资金大有可为。"十三五"期间，国企改革将成为国企发展以及整个国民经济发展的动力。随着国企改革的深入，保险资金在国企改革中将会发挥其独特的作用，保险资金将会流入到国家鼓励的有广大发展前景的行业中。通过参与国企改革，保险资金将可以分享国企改革的制度红利，主要体现在以下几个方面：一是通过参与国企改革，改善国企内部治理结构、理顺激励机制、强化风险管控与责任约束机制，激发企业的经营活力和市场竞争力，分享企业改革红利；二是保险资金通过参与传统垄断行业的国企混合所有制改革，分享传统垄断行业的利润；三是通过积极参与如新能源、"一带一路"、医疗健康等与中国未来经济转型相契合的新兴行业，在服务国家经济新战略的同时，分享新兴行业崛起带来的发展机遇，布局企业未来发展格局。从参与途径来看，保险资金可以从二级市场买入上市公司的股票，也可以通过股权投资等渠道进入。如中国石化混合所有制改革中，中国人寿、人保资产、生命人寿、长江养老保险、中邮人寿5家保险公司合计投入约300亿元，参与中国石化销售有限公司的增资协议，占此次增资的30%。其中，中国人保旗下的中国人保资产管理公司与腾讯、麦盛资产管理3家公司组成投资团，向中国石化销售有限公司投资100亿元，共持股2.8%。中国人保资产管理公司后续发行的"中国石化混合所有制改革项目股权投资计划"，面向中国人民保险集团内外的机构投资者募集资金，募集所得资金将全部用于认购人保腾讯麦盛能源基金份额。保险资金参与国企改革，可以把业务、资源和国企形成嫁接，国民共进，共同把业务做大。如中国石化销售公司与中国太平保险集团签订战略合作框架协议，根据协议，销售公司将利用自身网络优势，在便利店、汽车服务等传统服务的基础上适时开展中国太平保险集团旗下车险、寿险等业务。这是中国石化和保险公司在整合销售渠道上的一次资源开发。

（二）挖掘保险自身优势，服务保险主业发展

从保险资金的来源看，传统寿险期限通常在 15 年以上，寿险分红险期限一般在 5 年以上，部分产品的期限也达到了 10 年甚至 20 年，万能险、投连险等投资型产品的实际资金滞留期限通常在 5 年以上。因此保险资金具有负债久期长、规模较大的特点。同时，由于是保障型资金，保险资金要求投资对象与交易结构有较高的安全性。

保险资金的特点使保险公司与金融同业相比，在基础设施、不动产、股权等投资领域具有很强的竞争力。基础设施等很多投资领域的资产具有较长期限，比如公路、隧道、天然气管道等基础设施的建设周期和运营周期都很长，需要长期资金与之相匹配，无法满足非保险金融机构追求短期、快速回报的要求。同时银行贷款实际成本远高于保险资金成本，而且各项限制条件很多（如必须保有一定量的存款等），因而相比之下保险资金可以通过产品创新满足客户的需求，灵活设计产品结构、强化增信等措施，满足企业多样化的融资需求。

在我国新经济战略实施的大环境下，以城镇化、经济改革、产业转型为代表的投资主题的出现为保险资金提供了越来越多的投资发展机遇，有助于解决保险资产负债期限错配问题，提高保险资金的投资收益率，使得保险行业能够分享经济发展的成果。这对于提高保险业发展速度、扩大保险业覆盖面、增强保险业服务经济社会的能力具有战略性的意义。

（三）保险业主动适应产业链融合发展的新常态

成熟市场下的保险业发展具有金融发展协调并进的特征，其发展的前进路径是"风险保障——生存保障——责任保障——权利保障——财富管理"，其重点发展的财富管理型产品是在风险保障业务已经基本饱和之后，立足金融业竞争新格局开辟的新业务领域。中国与国外成熟保

险市场的不同发展路径决定了中国保险业生存发展的根基需要重新塑造。当前中国保险业发展的现状是保险产品同质化严重，"城乡一张脸，同类一版本"，依靠"规模效应、人海战术、高息回报、强势营销、高息退保"等经营策略，借助销售优势，通过售卖超过市场平均收益水平的储蓄型保险产品，尽其所能地获取一定的保费规模。但是过度依赖这种产品形式和发展方式，必将侵蚀可持续发展的基础，而真正体现其核心竞争力的保障性产品短缺与风险管理的解决能力并未得到有效提高，表现为旺盛的市场需求，潜在的海量级客户与保险产品有效供给不足，保险服务相对滞后之间的矛盾。解决这一矛盾，关键在于增强保险产品的创新能力，创新研发个性化的保险产品需要资产配置和多种行业联合协同创新，比如养老、医疗、旅游和其他关乎人的"医、食、住、行"以及"生、老、病、祸、死、残"等消费服务端相结合的创新，建立、延伸和强化自身独特竞争优势。

随着金融综合经营的不断推进，交叉性产品越来越多，保险业面临的市场形态发生了很大变化。在我国现阶段经济发展过程中呈现出一个产业链融合发展的新常态。通过一个产业链上下游企业的整合将成本内部化，从而降低企业运营成本，提高运营效率。因此，保险业也要主动适应产业链融合发展的新常态，积极投身到产业链融合的浪潮中，而与保险业较为贴合的则有两个产业为代表：一是从投资传统的养老保险扩展到养老养生服务的大养老产业，二是从投资传统的健康保险扩展到健康管理、健康服务的大健康产业。在大养老产业方面，"新国十条"明确了保险业在社会保障体系中的重要作用，通过政策优惠，鼓励保险业积极参与养老养生产业；在大健康产业方面，除了创新产品服务外，保险公司可以探索参与大健康产业链的途径和方式，逐步打造涵盖疾病预防、健康体检、治疗康复等健康领域的一站式服务。目前，泰康人寿在养老社区建设上起步较早，并坚持走高端连锁战略，聚焦持有型养老物业，深耕核心区域和城市，已基本完成了全国一线城市布局，处于国内领先地位。

第五章

新常态下保险资金运用的战略资产配置

随着中国经济进入新常态，保险资金运用面临的宏观经济和金融市场环境发生了重大变化，市场化改革稳步推进为保险资金获取战略性资产带来了重大机遇。新常态下，保险机构优化传统资产配置策略，拓展资产配置领域，以获取战略性资产为资产配置重点，在做好固定收益、权益等传统类别资产配置的同时，加快开展不动产及各类金融产品投资，积极探索养老、医疗、银行等关联行业的股权投资。

第一节　新常态下战略资产配置面临的机遇及应对策略

战略资产配置在保险资金运用中起决定性作用，传统资产配置模式主要是负债驱动型资产配置，由于可配置品种有限，同时受制于市场波动等因素，在实际工作中面临较多问题。随着中国经济进入新常态，表现出不同以往的阶段性特征：经济增速趋势性下行、无风险利率进入下行通道等。在经济周期的新阶段，保险资金运用无论在资产端还是负债端都面临着巨大挑战，但同时经济的新常态也为保险资金运用带来了新的重大机遇，为保险资金能够获取长期、优质战略性资产创造了有利环境。面对机遇和挑战，保险资产战略配置要积极适应新常态，在以经济周期理论为基础的传统资产配置框架下，更加注重战略性资产配置，以获取长期稳定的投资收益。

一、保险资金战略资产配置概述

（一）战略资产配置的内涵

1. 战略资产配置与战术资产配置的关系

战略资产配置是指根据投资人的长期投资目标和风险承受能力，以不同类别资产的风险收益特征为基础，将资金按照一定比例进行分配，它是对保险公司投资资产做出的一种长期整体规划与安排。战略资产配置通常涉及较长确定时间周期的投资计划，因而关注的是公司的长期目标以及各类资产的长期表现，重视对长期趋势性变动的把握，较少考虑资产的一些短期变动。实践中，保险公司根据大类资产长期风险收益特征及其预期变化，制定期限较长的战略资产配置方案，作为投资规划或投资战略下达给投资部门执行。一般而言，战略资产配置方案不但包含各项资产的配置比例目标，还可以视情况包含久期配置目标、期限配置目标、风险资本限额、信用风险限额等内容，确保投资部门的目标与公司战略目标保持一致。

战术资产配置是在战略资产配置决策的框架下，根据对未来一段时期内资本市场趋势变动以及偿付能力、流动性约束等资产负债管理约束，所做出的当期资产配置策略安排，是围绕长期战略资产配置进行资产配置比例等的短期微调。战略资产配置是基于长期目标和对资产特征的长期分析，对长期均衡状态做出判断和估计，并根据这些判断和估计制定资产配置方案，获取稳定投资收益。现实中，短期资本市场走势很难与长期保持一致，投资者面临的宏观经济、财政金融政策乃至外部冲击等因素的干扰，使得基于长期最优估计制定的投资策略的有效性受到很大影响。战术资产配置能够结合对市场环境的变化和前瞻性分析，确定各类资产的定价差异和相对吸引力，对投资策略进行动态调整，适时、适度改变各项资产的比例，保证资产配置结果能够及时反映市场变化，在始终围绕战略目标运行的同时利用短期预测增加组合价值。

2. 战略资产配置对保险资金运用的重要性

投资收益归因分析的统计与实证研究表明，战略资产配置能够解释90%以上的投资收益。对于保险资金来讲，战略资产配置更是资金运用及长期稳健收益的决定性因素。首先，保险资金是长期资金，对应长期负债，要在较长的一个时期实现稳定的保值增值，必须从保险资金长期负债特征出发，结合保险公司的中长期业务规划、财务目标、资本约束、产品和营销战略等，运用科学的方法制定中长期战略资产配置规划，作为公司长期投资政策加以贯彻执行，只有制定了科学有效的战略资产配置规划，才能真正实现保险资金长期稳定的投资回报。其次，针对宏观经济和资本市场的复杂性，战略资产配置建立了保险资金运用的"锚"。战略资产配置涵盖期限往往要穿越数个经济周期，而在不同的经济周期中，大类资产风险收益特征会发生不同的变化，这种变化可能是有规律的，但也可能是无规律的、复杂的。战术资产配置或者说动态资产配置就是要在"锚定"的战略资产配置基准附近，根据经济周期的变化调整大类资产配置比例，增加被市场低估或者经济周期中预期表现较好的类别资产的投资比例，减少被市场高估或者经济周期中预期表现较差的类别资产的投资比例。在动态调整的过程中，战略资产配置这个"锚"，保证了资产配置不会违背保险资金资产负债匹配等基本原则，确保不会偏离保险资金运用的整体航向。

（二）传统战略资产配置存在的主要问题

1. 负债驱动型战略资产配置比较被动

目前，我国绝大多数保险公司内部采用负债驱动的战略资产配置管理模式。这种模式先根据市场需求做出保险业务相关决策，再按照负债特点确定资产配置策略。负债驱动型模式的核心在于强调保险业务发展在保险公司经营管理中的突出地位，采用这一模式与我国保险企业当前的发展竞争态势是密不可分的，可以说，负债驱动是现阶段保险机构战略资产配置的基本特征。然而，负债驱动型战略资产配置无法充分发挥投资决策机构的主动性，被迫过度依赖资本市场，难以获得长期稳定的投资回报。

2. 配置策略相对简单，收益波动大

合理的资产配置需要有广阔的投资领域和丰富的投资工具，在2012 年保险投资渠道大规模拓宽之前，由于市场深度、市场广度及投资政策的限制，能够有效匹配保险负债的投资品种有限，保险公司资产配置策略相对简单。在固定收益投资方面，保险机构大部分资产配置在公开市场有担保企业债、存款或者利率债；另一个主要配置领域是权益类资产，权益投资是保险机构获取超额收益的重要来源，而权益市场波动较大，市场短期波动对保险公司盈利和偿付能力带来较大影响，当资本市场大幅波动时，可能会影响到整个保险行业的偿付能力和盈利能力。

二、新常态下战略资产配置面临的机遇

（一）市场化改革拓展战略资产配置空间

新常态下，保监会以简政放权为切入点，积极推进保险资金运用的市场化改革，拓宽投资渠道，支持业务创新。通过转变监管方式，扩大了保险资金运用战略资产配置空间，激发了市场活力，有利于提高保险资金投资绩效。2014年后，保监会就发布了十余条保险投资松绑的新政细则，相继新增了创业板股票、蓝筹股、优先股、创投基金、保险私募基金、资产证券化等投资领域和业务，丰富了保险投资渠道，赋予了保险机构更多的自主权。

（二）经济增长方式转变为保险机构获取优质股权资产带来重大机遇

新常态下，中国经济结构面临深度调整，传统产业进行转型升级，经济增长方式正在由要素驱动向创新驱动转变，制造业向中高端迈进，服务业占比将持续提高。从经济结构看，产业升级、消费升级潜力巨大，代表未来发展方向的产业面临前所未有的机遇，新的支柱产业正在形成。受城镇化水平进一步提高、居民收入显著增加、消费习惯变化等因素的共同推动，大消费行业和现代服务业将成为中国经济的主要增长引擎，耐用消费品、休闲活动、医药卫生、金融保险服务等高收入弹性的大消费行业将迎来前所未有的发展机会。受益于技术创新、信息化、智能化的高端制造业也将迎来发展的机遇，互联网、新能源、TMT等行业的发展方兴未艾。在经济转型的大背景下，符合政策导向和经济转型方向的产业、行业仍将可能保持稳步增长甚至出现快速增长，这些行

业和企业有重大的投资机会。保险机构可以抓住经济结构转型的机遇，采取积极主动的投资策略，获取优质权益类资产。

（三）混合所有制改革成为保险机构获取战略性资产的突破口

党的十八届三中全会启动了新一轮的国企改革，针对全面深化国有企业改革制定了顶层设计方案，主导思想是充分运用市场机制，打破垄断，引入竞争，发展混合所有制经济。改革的内容包括允许更多国有经济和其他所有制经济发展成为混合所有制经济，国有资本投资项目允许非国有资本参股等。近年来，中央与地方的国有企业混合所有制改革相继启动。2013 年，中石油引入保险资金发起设立"中石油西一、二线西部管道项目股权投资计划"，保险行业投资 360 亿元与中国石油共同设立合资公司进行管道建设。2014 年 9 月，中石化销售公司与 25 家境内外投资者签署了《关于中国石化销售有限公司之增资协议》，25 家投资者以人民币 1070.94 亿元认购销售公司 29.99% 的股权，完成了油品销售业务引进民营资本的混合所有制改革。混合所有制改革的推进，打开了保险资金获取能源等事关国计民生的重大战略性资产的突破口，为保险公司获取更多长期稳健收益的战略性资产提供了可能。

（四）投融资体制改革为保险机构获取优质长期债权资产提供了有利条件

2014 年 11 月，国务院发布《国务院关于创新重点领域投融资机制鼓励社会投资的指导意见》，为推进经济结构战略性调整，加强薄弱环节建设，促进经济持续健康发展，在公共服务、资源环境、生态建设、基础设施等重点领域进一步创新投融资机制，积极推广政府和社会资本合作模式，增强公共产品供给能力。同时，创新融资方式拓宽融资渠道，大力发展债权投资计划、股权投资计划、资产支持计划等融资工具，延长投资期限，引导社保资金、保险资金等用于收益稳定、回收期长的基础设施和基础产业项目。2014 年 8 月，国务院印发《关于加快发展现代保险服务业的若干意见》（"新国十条"）明确提出，要充分发挥保险资金长期投资的独特优势。鼓励保险资金利用债权投资计划、股权投资计划等方式，支持重大基础设施、棚户区改造、城镇化建设等民生工程和国家重大工程。保险公司由于负债期限较长，追求长期稳健的投资回报，与基础设施等长期资产的融资需求具有天然的匹配性，与非保险金融机构相比具有很强的竞争优势。随着国家"一带一路"建设、基础设施互联互通等工程的推进，保险资金将在基础设施等关键领域发挥更大的作用。保险资金积极参与国家重点基础设施和重点工程投资建设，能够获取更多优质的债权性资产。

三、新常态下战略资产配置的总体思路

资产配置本质上是根据对未来宏观经济和资本市场趋势变化的判断分析，寻找在不同经济周期下预期表现相对优异的大类资产进行配置，或者是寻找被错误定价的资产类别进行配置，从而获取超额收益。新常态下，保险机构应根据经济周期的特点，结合新阶段下各类资产的长期风险收益特征，确定战略资产配置的总体思路。在此基础上，持续强化资产配置体系建设，不断深化资产配资策略研究，建立多策略资产配置体系。通过加强投资管理能力，完善风险管理体系，按照保险资产配置的特点和需求，着眼于全市场、全品种和多策略，统筹规划传统市场、另类市场、境内市场、境外市场等各种投资市场和投资工具的运用，深度挖掘优质资产，开展全面的资产配置与管理，把握创造超额收益的投资机会，全力提升保险公司长期收益能力。

（一）调整固定收益类资产的配置结构，加大优质长期信用产品配置力度

保险机构战略资产配置始终坚持以固定收益类资产为主，这是由保险资金的性质决定的。当前，我国经济增速放缓，政府采取多种政策引导社会融资成本下降，债券市场收益率下行，长期债券收益率下行更为明显。在保险负债成本不断上升的情况下，保险公司配置较大比例的债券将制约收益率的提升，可能导致利差损失的出现。因此在大类资产配置层面，保险公司需要对现有的固定收益配置结构进行调整，逐步增加

期限长、风险适中、收益率较高的长期信用产品配置比例，弥补配置传统债券类资产的缺陷，进一步加大符合配置需求的基础设施债权、高收益企业债、优先股以及金融产品的配置力度，在拉长资产久期的同时，使固定收益资产的收益率稳定在相对较高水平。

（二）权益投资关注系统性风险，抓住中国经济转型的结构性机会

尽管中国经济总体下行压力加大，但权益市场仍有重要的结构性机会。在经济转型的大背景下，符合政策导向和经济转型方向的新兴产业、新兴行业仍可能稳步增长甚至是快速增长，保险资管应当抓住经济结构转型的重大机遇，在保持权益配置比例整体稳健的基础上，重点关注低估值及符合经济转型方向的行业，努力发掘投资机会。

（三）抓住国家经济转型和国企改革的战略机遇，获取战略性股权资产

长期股权投资是保险资金战略资产配置的基石，如果长期持有优质企业股权和事关国计民生的战略性股权资产，在获取相对较高预期回报的同时，承担相对较低的风险波动，是保险资金获取长期超额收益的来源。新常态下，产业加快转型升级，企业兼并重组风起云涌，科技创新日新月异，新兴产业和服务业迎来发展的黄金机遇，将会涌现出一大批适应新常态、有竞争力的优质企业。另一方面，混合所有制改革正稳步推进，政府鼓励民间资本以独资、控股、参股等方式投资公路、水运、港口、机场、能源等基础设施项目，又出台了相关细则对民间投资放开垄断行业。这些都为保险资金获取长期优质股权资产提供了战略机遇。在大类资产配置层面，保险公司在权益投资比例相对稳定的前提下，应加大优质企业和战略性项目股权的投资比例，保险机构要紧紧围绕经济转型和国企改革的国家战略，积极获取优质的战略性股权资产，打通保险资金和实体经济的联系，支持国家重点基础设施建设和战略性新兴产业的发展。

（四）适度提高境外资产配置比例，重点是获取境外优质资产

保险新政对保险资金境外投资范围进一步放开，大大拓宽了保险资

金可投资的市场范围和投资工具，为保险行业进行境外资产配置创造了条件。境外市场也蕴藏着优质资产，比如境内、境外优秀企业在境外市场发行的权益和固定收益证券、欧美成熟市场的优质商业地产、业绩持续表现优异的各类境外基金等。目前，从国际国内宏观经济形势变化、汇率走势及境外资产的风险收益特征来看，保险公司通过深入研究境外投资机会，将资产进行全球配置，能够有效分散投资组合的整体风险。从大类资产配置的层面，适度提升境外投资配置比例，重点是获取境外优质的战略性资产。制约境外资产配置比例提升的最大障碍是保险公司境外投资能力，目前保险公司全球资产配置的能力相对较弱，要着力提升对国际宏观和资本市场投资研究水平，打造全球资产配置能力。应密切关注全球宏观经济变化和汇率走势，把握市场机会，谨慎配置境外投资品种。在防范汇率风险的前提下，可适当加大境外资产配置力度特别是优质资产的配置，为保险行业提供合理的配置分散化收益。

（五）拓展战略资产配置空间，推进医疗养老产业投资

医疗养老产业作为保险业的关联产业，与保险业具有很强的关联性与协同效应。保险资金投资医疗养老产业，可以实现无形保险产品向有形化服务的转变，架起保险与实体服务的桥梁，是保险业特别是寿险产业链的一种合理延伸，保险消费者获得相应养老服务，比单纯给付养老金有更稳定的实际保障，对促进商业养老保险市场发展和保证消费者利益都具有重要意义。尽管医疗养老产业不是高利润行业，但作为具有协同效应的战略性资产，能够提升保险服务水平，同时拉长资产久期，改善资产负债匹配状况。因此，从大类资产配置看，保险机构应配置适当比例的医疗养老产业资产。需要注意的是，医疗养老产业投资回报周期长，对保险公司当期及中期投资收益产生压力。此外，医疗养老产业项目投资属于非流动性资产，对保险机构的流动性管理带来挑战。因此，对医疗养老产业的投资应稳步推进，权衡当期财务压力、流动性管理及长期回报后，确定合理的资产配置比例。

第二节　新常态下各类资产的配置策略分析

　　制定新常态下各类资产的配置策略，主要基于对新常态下宏观经济周期判断以及影响各资产表现的特定因素特征分析。根据中国保监会《关于加强和改进保险资金运用比例监管的通知》，保险公司的投资资产被分为流动性资产、固定收益类资产、权益类资产、不动产类资产和其他资金资产五大类。其中，后四类资产是保险机构战略资产配置的重点。在固定收益类资产配置方面，以资产负债匹配为核心，增强信用品种投资能力，继续保持稳健组合结构，关注长期限、高资质的资产；在权益类资产配置方面，新常态下需要关注改革创新、消费升级和产业升级带来的投资机会；不动产及金融产品投资方面，要积极响应"京津冀一体化""一带一路"等国家战略，积极参与国家基础设施重点项目建设，配置信用等级高和期限长的金融产品等战略性资产，锁定长期投资收益。

一、新常态下固定收益类资产的配置策略

　　在新常态及中国经济转型的背景下，固定收益类资产的风险收益特征将发生变化，一方面是无风险利率的下行以及波动性降低；另一方面是信用风险定价机制的重构以及信用利差的扩大。自 2008 年国际金融危机爆发以来，为刺激经济复苏，各主要经济体都推行了货币宽松政策，全球性的流动性充裕和低利率环境成为常态。对国内而言，为稳定经济增长、全面推进改革，在国家的宏观调控作用下，市场利率也逐渐走低。从未来趋势看，中国也将加入国际性的低利率潮流之中，这对以固定收益类资产为主体、利率敏感性较强的保险资产配置而言是一个长期性的严峻挑战。在此背景下，保险机构需要转变思路，合理配置固定

收益类资产。

（一）银行存款配置策略

1. 银行存款配置现状

银行存款主要包括银行定期存款、银行协议存款等类别。2004 年以前，保险资金配置以银行存款为主，占比在最高时超过 80%，此后随着投资渠道的放开，呈现出下降态势，2014 年末已降至 27.1%。从国外成熟保险市场的经验来看，保险资金运用中银行存款的比例一般不超过 10%，其具体配置比例主要取决于市场中其他资产的投资机会。保险资金对投资收益具有一定的要求，对资金的运用效率要求较高，银行存款的收益率较低，其持有比例不宜太高。

当前，我国保险资金对银行存款采取高比例配置，既是一种政策倾斜基础上的半市场化投资选择，也是一种资本市场不发达背景下的替代性投资选择。银行存款的规模大，调节性强，是保险资金运用重要的"避风港"。从过去多年的经验来看，银行存款的投资规模和收益贡献与权益投资呈"跷跷板"格局，一定程度缓冲了资本市场的冲击，起到了稳定行业收益的重要作用。

2. 银行存款市场展望

存款保险制度推出，市场竞争趋于激烈。2015 年 5 月 1 日起，我国正式实施存款保险制度，把银行业的经营风险推向市场，这是促进金融机构审慎稳健经营，及时防范和化解金融风险，建立维护金融稳定的长效机制的重要举措。存款保险制度可以大大增强民营银行、中小银行的竞争力，加强对存款人的保护，有效稳定存款人的预期，为大、中、小各类所有制银行创造一个公平竞争的制度环境，推动各类银行业金融机构同等竞争和均衡发展。因此，从市场格局上看，未来中小银行业金融机构数量和市场份额将继续上升，市场集中度下降，竞争程度进一步提高。保险资金作为银行存款的重要来源，各类银行对于保险资金的争取将更趋激烈，保险机构的可选择范围进一步拓宽。

利率市场化提速，银行存款定价分化。中央银行放开商业银行和农村合作金融机构等金融机构存款利率浮动上限，存款保险制度正式实施，同业存单、大额存单相继推出，国内的利率市场化步伐不断加快。利率市场化改革将扩大商业银行的自主定价空间，推动各家银行采取差异化的定价策略，逐步建立更加完备的风险定价体系。同时利率市场化也带来竞争加剧，存贷利差将大幅缩小，削减以存贷业务为主的银行利润，将直接冲击银行传统业务，促使银行同业间开展直接的价格竞争。从长期看，要求投资者增强风险评判能力，对商业银行进行严格筛选，对资质不同的银行要求不同的风险溢价。

存款市场结构变化，协议存款供求下降。一方面，金融监管政策持续放松，利率市场化加快推进，存贷比考核逐步取消，银行业的负债结构对市场将更加敏感，银行追求存款规模的动力有所下降。同业存单、大额存单为银行主动负债管理提供了有力的工具，长期限、高利率的协议存款吸引力下降，存款市场的结构将发生显著变化。另一方面，保险投资渠道不断放宽，新的投资品种不断涌现，协议存款的吸引力日趋下降，配置需求逐步降低。随着市场供需形势的变化，协议存款的高利率时代渐行渐远，协议存款在保险资金配置中的比重将趋于下降。

3. 银行存款配置策略

一是在可投资品种日渐丰富的情况下，与同等风险的其他资产相比，银行存款的收益优势并不明显。从长期来看，银行存款在保险资金配置中的比例或将不断降低。二是存款保险的推出带来银行存款的政府信用弱化，保险机构应加强对银行主体的筛选，更加注重个体信用风险，优选交易对手，并根据风险与收益匹配原则，确定相应的风险溢价。三是关注银行存款的流动性，适当提高对大额可转让存单的配置比例，在风险可控的前提下，灵活运用创新型存款产品，提升流动性水平。

（二）债券市场配置策略

1. 债券配置现状

在保险资金运用中，债券投资的规模和收益相对稳定。自 2003 年以来，债券投资规模占保险资金运用总规模的比例始终保持在45%—55%，投资收益率保持在4%—4.5%，年均投资收益占行业投资收益的比例约为43%。2012年保险新政实施以来，投资范围拓宽，另类投资发展迅猛，债券投资在保险资产中的占比逐步下降。2014年末，债券资产在保险资产配置中的占比为38.2%。从品种上看，我国保险机构主要投资国债、金融债及高信用等级（AAA级或AA级）的企业债等。作为固定收益类资产，债券资产与保险资金的匹配性较好，收益稳定，能够满足流动性管理需要，成为保险资金的基础性资产配置。

从总体上看，债券投资比例较高，结构改善空间较大。保险资金追求长期、安全、稳定回报的内在要求决定了保险资金始终以固定收益类资产为主要投资方向。债券是固定收益类资产的重要组成部分，今后仍将是保险资金配置的重点。然而，当前债券投资受到债券市场发展的制约。一方面，我国债券市场上中长期的投资品种较少，保险机构很难做到长期资产和负债的完全匹配，这在一定程度上限制了债券配置的比例。另一方面，债券市场中企业债的流动性较低，而保险资金尤其是非寿险资金，对于资产组合的流动性要求较高，倾向于配置交易活跃、流动性好的债券品种，流动性不足限制了保险资金对高收益的企业债的配置需求。

2. 债券市场展望

首先，信用债刚性兑付被打破，债券定价分化。信用债刚性兑付预期的存在，不同信用等级债券的利差主要反映流动性溢价补偿，而对信用风险溢价的反映较少，即信用债定价的信用属性偏低。在这种情况下，债券市场投资时更多使用宏观利率策略，研判宏观经济状况，预测利率未来走势，信用策略并未实质性发挥作用。目前，经济增速下行，周期性行业信用债发行主体信用风险增加明显，偿债高峰开始到来，实质违约事件已经频频出现。展望未来，随着市场容量的不断扩大，债务发行主体将日益增多，刚性兑付的局面必将被打破，违约事件时有发生。刚性兑付的打破将导致信用债的信用属性增强，信用利差将反映更多的违约风险溢价，债券定价机制将更趋合理，加剧行业、个券之间的定价分化。在此基础上，中高评级品种的信用债利差中枢将有所下降，低评级品种信用债利差中枢则将有所上升，信用债利差的结构分化将逐步显现，信用策略将大行其道。信用策略要求保险投资机构提升内部信用评级能力，有效识别信用风险，在有效管控风险的前提下，深化研究，精选个券，提高收益。

其次，市场流动性充裕，创新品种不断涌现。信用债较差的市场流动性，其根本原因在于定价分化不明显、信用风险衍生工具缺失。未来随着信用属性的增强，CDS等信用风险衍生工具将获得发展空间，叠加交易机构的多样化，信用利差将真正变得"有分化"、"可定价"及"可交易"。随着境内债券市场的深化发展，债券资产中子类可投资品种仍待继续丰富，近年来出现的永续债、私募债、PPN、非上市公司债等品种均有望成为投资对象。这都将丰富债券投资品种组合，有助于形成多样化的收益来源，多期限的久期匹配管理，组合结构将更为灵活有效。

3. 债券配置策略

基于对新常态下的宏观周期判断、利率市场趋势和信用市场分化的特点判断，保险公司的债券投资可以沿用以下策略性思路：

一是坚持长久期，高信用策略，保持稳健的债券配置结构。基于保险资金的长期限、稳定收益需求的特性，债券资产仍将是保险资产组合中坚实的收益来源，由于无风险利率出现下行趋势，未来固定收益类资产将可能面临低收益率的"新常态"，要积极寻找、挖掘、配置绝对收益率较高、长久期的优质债券，提高资产负债匹配程度。

二是挖掘多组合收益，丰富债券投资种类。在利率债投资上，利率债是债券组合中最重要的流动性管理资产，在保证偿付能力等方面作用显著，要充分利用其高流动性的特点，可通过波段操作等方式获取资本利得，提升组合收益。在信用债投资上，积极关注高等级企业债在绝对收益率处于相对高位的战略性配置机会，积极培育在低等级品种上的投资能力。在可转债投资上，利用可转债"进可攻退可守"的特性，在权益市场上涨时获取超越纯债的收益，在股票市场下跌到位时作为纯债的替代品，同时可以博取转债特有的条款博弈收益。积极发掘优先股、永续债、次级债、各类发展基金、资产证券化标的等投资机会，丰富投资选择。

三是强化风险管理，控制收益波动。随着刚性兑付被打破，信用风险逐步暴露，风险防范更加重要，保险机构要运用多样化的风险管理工具，有效对冲组合风险，控制组合的收益波动。同时，保险机构要加快信用评估能力建设，在主动管理信用风险的同时，运用利率衍生品（如国债期货、利率掉期等工具）对冲资产组合的利率风险，运用汇率衍生品对冲境外债券的汇率风险，以及运用信用风险衍生工具对冲中低等级债券的信用风险。

二、新常态下权益类资产的配置策略

权益市场未来面临的主要形势是中国经济步入新常态所带来的影响。具体来说，经济增速下滑与结构调整并行加剧企业盈利增速的下滑。但是从结构上看，盈利增速下滑主要可能发生于钢铁、化工等传统行业，而如医药、高端制造、新兴产业等则还在发展过程中，与成熟市场水平对照，盈利增速还有提升空间。同时，经济新常态还会通过如风险溢价、市场信心等诸多方面影响权益投资。保险机构需要审时度势，把握经济发展和市场机会，合理配置权益类资产。

1. 权益类资产配置现状

权益投资平均收益较高，波动大，是保险资金运用重要的风险收益来源。保险资金自 2003 年开展基金、股票投资至 2012 年底，累计投资收益为 2797 亿元，年均收益率 7.92%。十年间，权益投资运用保险资金 13.17% 的规模，取得 21.66% 的投资收益，尤其是 2006 年、2007 年、2009 年，投资收益率分别达到 29.46%、46.18%、22.71%。但 2008 年、2011 年和 2012 年，投资亏损分别为 − 11.66%、− 2.34% 和

－8.21%，显示出高波动性特征。

波动大的特征直接影响保险资金的配置比例，其投资地位亟待提升。在证券市场行情向好、收益率较高时，权益投资占比较高；反之，其占比迅速下滑。2007 年，股票和证券投资基金占比曾高达 27.2%，2008 年则快速下滑至 13.3%。2014 年下半年，在牛市的背景下，股票和证券投资基金的占比从 2013 年 10.2% 这一十年来的低点提升至 11.1%。研究显示，从美国市场长期来看，权益类资产带来的回报超过固定收益资产，如果考虑到通货膨胀的因素，那么前者的风险还要更小一些。权益类资产应该是长期投资者资产组合的基石。在我国长期固定收益类工具缺乏、利率趋势性下行的环境下，权益类投资对于保险资金运用的重要性正在逐渐上升。

2. 权益类资产市场展望

首先，资本市场基础制度改革，夯实长期发展基础。资本市场改革主要包括股票发行实施注册制、设立战略新兴产业板块、强化资本市场监管等举措，上述制度改革将从根本上重塑我国证券市场的交易规则，有利于资本市场的长期健康发展。注册制改革或将取消股票发行的持续盈利条件，降低小微和创新型企业上市门槛，有利于初创和创新型企业在国内创业板上市，为投资者参与新经济、新业态的投资创造条件。发行制度改革后股票供给将扩大，有利于降低市盈率，提升股票投资的长期收益，对保险机构等机构投资者影响深远。强化资本市场监管，建立有效诉讼和赔偿机制，深化证券监管部门与公安司法机关的合作，形成监管的法律权威，增加对违法、违规行为的威慑力。市场经济是法制经济，在依法治国的大前提下，加强对资本市场的监管，维护公开、公平、公正的市场运行机制是十分必要的。这些都有助于保护投资者利益，减少市场操纵、内部交易等恶性行为，为证券市场的持续、健康、快速发展奠定坚实基础。

其次，对外开放吸引资金，内部创新提升效率。为配合人民币国际化，资本市场对外开放步伐加快，"沪港通"开放规模将继续扩大，内地与香港基金互认落地,"深港通"开通指日可待,QFII、RQFII 范围和额度将逐步扩大。对外开放能够吸引境外投资者参与国内证券交易,为证券市场带来全球性资金,这将为证券市场带来源源不断的"活水"。境内证券市场的创新源源不断,将满足不同投资者的风险偏好,提升市场运行效率和质量。监管创新通过鼓励证券公司多渠道补充资本,使证券公司有足够的净资本及风险准备金来实现创新业务发展,为整个资本市场注入新鲜的血液和活力。股票 ETF、股票期权等产品创新提供更多投资选择和风险管理工具,有助于提升投资者参与市场的积极性。

再次,机构投资者壮大,市场稳定性增强。证券、保险、信托、基金等机构投资者近年来保持快速增长,在市场中的影响力进一步提升。私募基金、住房公积金、企业年金、境外养老金、慈善基金、主权基金等机构投资者也将加入到证券市场中,有利于壮大机构投资者的力量,对冲市场扩容带来的冲击,提高市场稳定性。此外,机构投资者关注长期利益,实行组合管理,拥有众多的专业研究人员,以及广泛的业务联系和全面的市场信息,并注重对公司股票内在价值和财务状况的分析研究,有能力参与公司治理,提升公司运营效率。

最后,把握改革发展机会,投资前景可期。新常态下,改革成为中国经济发展的重中之重,国企改革、土地制度改革、金融改革、医药卫生体制改革等此起彼伏,改革带来制度红利,降低市场经济的交易成本,带来新的投资机会,为中国经济的发展提供新的动力源泉。对外走出去步伐加快,"一带一路"成为开放的新国策,中国的外部发展空间打开,国内企业的全球化经营时代开启。这些都有利于企业经营效益提高,增加股票投资的回报。

3. 权益类资产配置策略

改革提升效率,法治保障公平,这奠定了中国权益市场向好的基础。随着中国多层次资本市场建设的推进,定增、新三板、股票型基金、混合型基金、优先股都将获得良好的发展机遇。无论是新股策略、定增策略，还是基金配置、个股选择，都应该摒弃短期的投机思路和个股思维，应该站在新常态的大环境下，进行战略性的考虑，重视自上而下选择和行业选择。总体而言，新常态是经济增速下降、但质量提高的发展阶段，是资本市场的繁荣时期。

在行业投资方面，保险机构要均衡配置，不忽视传统行业的转型，重视消费型行业崛起和升级，关注制造业的高端化、智能化、清洁化。新常态下，房地产、银行等传统行业在外生改革、内生转型与估值修复的驱动下将迎来发展机遇。随着中国顺利跨过中等收入陷阱，消费的个性化需求将会逐步凸显，体育、娱乐、文化、交通、通讯、医疗保健、旅游、养老等行业在内的消费领域迅速增长。在互联网的推动下，电子商务发展迅速，互联网和汽车、家电等传统消费品的结合酝酿着巨大的潜力。同时，《中国制造2025》提出后，保险机构需要更多关注中国制造业转型升级带来的长期投资机会，均衡配置权益资产。

三、新常态下不动产类资产的配置策略

（一）不动产直接投资策略

1. 不动产直接投资现状

保险资金不动产直接投资需求旺盛。目前保险资金主要通过购买物业和投资养老社区两种方式进入不动产投资领域。本节主要关注购买物业投资，后者第三节会重点讨论。普华永道会计师事务所研究显示，调研访问的25家保险公司及资产管理公司的32名资深投资从业人员，在谈到对于非传统投资的偏好时，无论是目前还是未来，不动产都是保险机构的最爱。近年来，保险资金频繁投资房地产市场。2013年7月，中国太平以2.41亿元联合竞买了苏州一宗商务金融用地，同月，太平人寿以15.98亿元买入位于北京CBD核心地段的京汇大厦全部权益。2013年11月，阳光人寿以24.12亿元的价格投资瑞安房地产旗下的重庆天地办公物业及停车位；12月，又分别投资24亿元和34亿元购买瑞安旗下分别位于上海和重庆的商业物业项目。中国平安设立专门的不动

产投资公司，从事商业地产、旅游养老地产、工业物流地产和住宅股债权投资，管理资产规模已经超过 500 亿元。

保险资金投资不动产的比例较低，后续发展空间较大。截至 2013 年底，不动产直接投资只占保险资金运用的 1%，远低于海外同业。相比之下，发达国家和地区通常将 4%—6% 的资金投入房地产市场，例如，美国为 6.7%，英国为 5.1%，中国台湾为 4.8%。由于国内市场缺乏机会，加上核心区优质物业的投资回报率偏低，国内保险公司在海外房地产市场十分活跃，投资了伦敦和纽约的多个地标性建筑。按照监管规定，保险公司投资不动产类资产的账面余额，合计不高于本公司上季末总资产的 30%，账面余额不包括保险公司购置的自用性不动产。可见，保险资金投资不动产的比例仍有很大的提升空间。

2. 不动产直接投资市场展望

首先，新常态下，我国房地产市场分化进一步加剧，潜在风险不容小觑。房地产的价格直接取决于供求，需求端主要与人口结构有关，供给端主要与土地市场供应有关。国内不同城市的人口流动和土地供应差距较大，部分市场供给过剩，房地产价格下行，市场分化严重。具体来说，一、二线城市存在人口净流入，部分三、四线城市人口净流出。尽管一、二线城市的城市化率很高，但人口持续流入，城市常住人口仍保持较快增长，而部分三、四线城市，尽管城市化率比较低，但人口外流，使得这些城市的常住人口出现负增长，住房需求下降。同时，一、二线城市的工业用地需求旺盛，居住用地供应有限，三、四线城市高度依赖土地财政，居住用地供应量较大。在综合考虑供求因素后，一线城市的需求大于供给，二线城市基本平衡，三、四线城市供给大于需求。另外，同一城市不同区域之间的供求也相差较大，城区与郊区的房价出现分化。市场分化带来不同的价格走势，不动产投资规模大，流动性低，一旦出现决策失误，可能造成严重损失。

其次，核心城市的房价仍将上涨，不动产投资价值较高。核心城市经济实力强，辐射范围广，教育、医疗、文化等资源丰富，社会文明程度较高，城区的物业供不应求，房价仍将保持上涨势头。按照国家的规划，未来我国将打造京津冀、长江三角洲、珠江三角洲等世界城市群，这些地区是我国经济最具活力、开发程度最高、创新能力最强、吸纳外来人口最多的地区，发展前景看好。这些区域的核心城市，如北京、上海、广州、深圳的物业保值增值能力强，租金回报高，较好地满足了以长期性和收益性为主的资金需求，其配置价值较高。国际经验显示，成熟市场核心地带的房地产投资可以产生 3.5% 至 5.5% 的回报，高于同等市场债券收益，而增值型、机会型投资的收益更高。另外，不动产与其他资产类别的相关性较低，可降低资产投资组合的系统风险，是保险资产组合的重要选择。

3. 不动产直接投资策略

一是重点投资一、二线城市核心区域的不动产，制定差异化投资策略。房地产投资的核心是位置，在房地产市场分化加剧的情况下，保险机构要重点甄选城市，选择位于一线城市或发达二线城市的写字楼、商场、酒店等现金流丰富的物业形态，便于长期持有、分享租金收益或改造经营、提升价值后出售。

二是从资产负债匹配的角度选择投资标的。不动产直接投资相对较长的投资期限与寿险资金相对较低的流动性要求以及在确定给付条件下相对较高的收益性要求相吻合，有利于寿险公司做好资产负债久期匹配。保险机构可以通过项目本身的现金流，获得稳定的租金收益，在达到既定的持有期限后，可以寻找适宜的时机出售，寻求获得资本性收益。此外，为匹配个别相对期限较短、预期收益较高的保险产品，保险机构可以考虑增值型或机会性的投资策略，通过改造经营，提升价值，分享后期持有收益或出售的资本收益。

三是建立专业团队，以项目为核心控制投资风险。不同于公开市场的金融产品，不动产直接投资具有更加多元的物业类型、区域分布、收益特点和风险属性，因此，此类投资对于保险机构的综合投资能力和后期管理能力要求较高，这就需要保险公司建立专业团队，从项目筛选、投资评价、法律文件、收购执行、资产管理、物业运营等各个环节入手，控制风险。

四是审慎开展境外不动产直接投资。中国整体的投资房地产资产规模约占全球的7%，全球房地产资产大部分在美国、日本等发达市场。保险资金参与境外市场，将有效扩大投资标的的选择范围，有利于提高资产配置效率。发达市场的房地产政策具有长期稳定性，与新兴市场相比，市场价格的短期波动更小，能够提升长期投资的稳定性。

（二）不动产类资产配置策略

近年来，不动产类资产越来越受到保险机构的重视，并且在保险资金配置中的比重逐步提升。在新常态下，通过投资不动产类资产，保险资金一方面助力国家经济转型和社会发展，另一方面把握商业机会、提升自身综合收益。

1. 不动产类资产配置现状

不动产类资产包括基础设施投资计划、不动产投资计划、不动产类保险资产管理产品及其他不动产相关金融产品等。基础设施投资计划主要投向交通、能源、通讯、市政、环境保护等基础设施领域，不动产投资计划主要投向大型城市的棚户区改造、土地储备和商业地产等项目。2012年下半年至今，保监会陆续发布关于保险资金投资的各项新政，逐步放开保险资金在基础设施、不动产投资计划方面的投资限制，推动保险资金不断加大在投资计划等方面的配置力度。据统计，2012年保险机构累计发行94项投资计划，备案金额合计3025亿元。2013年新增注册投资计划90项，注册规模2877.6亿元，新增注册数量和规模接近过去七年的总和。2014年新增注册投资计划175个，注册规模3781亿元，继续呈现快速发展的态势。预计未来我国保险资金仍将继续增加在债权投资计划中的配置规模。

不动产类资产具有期限长、收益高、规模大、资质好等特点，符合保险资金的配置需求。不动产类资产的收益率一般在5.50%至7.00%的水平，高于保险资金过去十年的平均投资收益率，可以有效提高保险资金的投资收益。从资质上来看，基础设施、不动产投资计划一般有商业银行或者大型企业的增信，所以信用资质较好，符合保险资金对安全性的要求。从规模来看，截至 2014 年底保险行业的总资产为 10.16 万亿元，按照大类资产监管比例的要求，债权投资计划等不动产类资产的配置比例上限为总资产的 30%，即债权计划等不动产类资产可以配置的上限为 3.02 万亿元，而目前保险资金配置债权计划的总存量规模还不到 1 万亿元，所以未来有很大的增长空间。

2. 不动产资产市场展望

首先，基础设施投资计划市场存在较大机会。新常态下中国经济将进行产业结构调整和经济结构转型升级，重点发展第三产业，而城市基础设施恰好为第三产业发展提供设施保障。基础设施是新常态下中国经济增长的重要基石，原有的公路与铁路、港口等基础交通干线连接起来，实现互通互联，形成庞大的物流网络以提升贸易便利、扩大贸易规模。从内部看，通过铁路、公路、机场、管道、口岸、港口等建设和联通，改变中西东部的贯通，实现中东部商品与中西部资源的有效对接，改善中西部不发达地区的发展条件与环境。从外部看，统筹谋划陆上、海上、航空基础设施互联互通，可以有效支持"一带一路"、"京津冀一体化"和"长江经济带"等战略的推进和实施。此外，新常态下国内地方政府迫于债务压力，靠"政府主导，国有投资"的模式无法支撑基础设施建设行业可持续发展，因此保险资金参与基础设施投资和建设面临很好的机遇。

其次，不动产投资计划市场依然存在一定需求。中国经济的新常态决定了中国房地产行业的新常态，房地产行业的新常态表现在增速平稳、分化调整、整合创新等方面。从增长速度来看，当前中国人口增速放缓、房地产库存较高，未来房地产行业很难维持以往的高增长，但考虑到中国城镇化进程对房地产市场发展起到积极的推动作用，长期来看房地产行业仍然可以保持平稳增长。从市场分化来看，不同区域、不同城市的房地产市场差异化将会越来越明显，一线城市和重点二线城市房地产市场更加稳定，三、四线城市的住房需求不如大型城市旺盛，消化库存速度可能较慢，房地产市场面临一定的调整。从整合创新来看，未来房地产企业将会面临优胜劣汰的竞争，行业可能会重新洗牌，具备较强经营实力和创新能力的房地产企业将会整合实力偏弱的房地产企业。在投资增速减缓背景下，房地产融资需求整体偏弱，但大型优质房地产企业的融资需求仍值得关注。

最后，房地产投资信托基金（REITs）发展提速。REITs是一种专门投资于房地产业的证券化的产业投资基金，通过发行证券（受益凭证），集合公众投资者资金，由专门机构经营管理，通过多元化的投资，选择不同地区、不同类型的房地产项目进行投资组合，在有效降低风险的同时通过将投资不动产所产生的收入以派息的方式分配给股东，从而使投资人获取长期稳定的投资收益。在"存量房"时代，REITs将成为国内不动产投资市场的重要工具。2014年9月，中国人民银行、银监会在《关于进一步做好住房金融服务工作通知》中提到，要积极稳妥开展房地产投资信托基金（REITs）试点。2015年1月，住建部发布有关《关于加快培育和发展住房租赁市场的指导意见》，更是明确提出推进REITs试点，指导意见中允许各地政府回购商品房作为公租房，帮助开发商去化，开发商也可以自行经营租赁，且可以将租赁房打包为RE-ITs进行融资。未来，国内的REITs将得到较快发展，丰富投资者的选择。

3. 不动产类资产的配置策略

在基础设施投资计划的配置上，保险资金可以优先选择期限较长且固定利率的品种，次优考虑期限较短且浮动利率的品种，在匹配较长久期负债的基础上有利于锁定未来长期的投资收益，规避利率风险。考虑到投资期限偏长且保险资金更加注重安全性，所以保险资金可以优先选择高资质和高信用等级的基础设施债权投资计划来进行配置。从行业上来看，保险资金应合理把握行业的周期风险；从投资区域上来看，保险资金应有效衡量区域风险。

在不动产投资计划的配置上，保险资金可以优先关注大中型房地产企业融资或增信的较长期限的品种。一方面选择大中型房地产企业有利于投资风险控制，另一方面有利于锁定不动产债权投资计划中长期的投资收益。从地域方面来看，保险资金应关注不动产的地理环境，确保项目风险可控；从交易结构方面来看，保险资金需要充分考察项目综合状况，确保项目出现风险时能够有相应的处置措施。

此外，保险机构应关注房地产投资信托基金（REITs）的投资机会。从投资方式看，保险资金可通过专业的投资基金间接持有 REITs，也可以购买 REITs 股票，间接投资房地产，享受经济增长收益的同时保持其资产的流动性。保险机构也可以与 REITs 组建合资公司，或者以有限合伙人的身份组成有限合伙制 REITs。从基础资产的选择看，对比办公、零售、酒店/服务式公寓、住宅及工业/物流等不同的物业形态，通过其行业基本面、盈利能力、进入壁垒、资产管理复杂程度等方面的判断，保险资金应以基础资产是商业地产的 REITs 为选择方向。

四、新常态下其他金融资产的配置策略

（一）集合资金信托计划配置策略

1. 保险资金投资信托计划现状

2012 年 10 月，保监会发布《关于保险资金投资有关金融产品的通知》，标志着监管机构正式放开保险资金投资集合资金信托计划等金融产品。此后，保险资金配置信托计划就呈现较快的发展态势。2014 年，保监会发布《关于保险资金投资集合资金信托计划有关事项的通知》，规定保险资金投资的集合资金信托计划，基础资产限于融资类资产和风险可控的非上市权益类资产。截至 2015 年 3 月末，全国共有 88 家保险机构投资了 35 家信托机构的 673 只信托产品，总规模为 4350 亿元。

保险资金投资信托存在投资集中度高、基础资产不明确和信用评级机制不完善等问题。出于审慎监管的需要，保监会在 2014 年 9 月印发了《保险公司偿付能力报告编报规则——问题解答第 24 号：信托计

划》，统一将保险资金投资信托计划的认可价值比例进行下调，下调比例为5个百分点。此举使得信托计划对于保险资金的配置价值有所下降，但并不改变保险资金积极配置信托计划的总体趋势。

2. 信托计划市场展望

信托风险开始出现，刚性兑付打破在即。信托计划的债务主体高度集中于地方政府的融资平台、能源和地产等周期性行业的企业。目前，经济下行压力较大，平台融资模式难以为继，土地财政不可持续，地方政府的债务负担较重，财政金融风险集中，房地产市场分化加剧，能源行业持续低迷，企业盈利下滑，主要融资主体去杠杆任重道远，另类投资的信用风险不容小觑。未来信托业将进入偿债高峰，仅2015年，就有15723只信托产品到期，43946亿元要兑付。信托行业的风险将集中暴露，刚性兑付将被打破，这对保险资金投资信托敲响了风险管理的警钟。

融资需求旺盛，信托的优势依然存在。集合资金信托计划比较重要的投资方向是房地产行业和地方政府融资平台。新常态下中国房地产行业的增速趋于平稳，利润率也会有所下降，因此房地产集合资金信托计划的供给量和收益率都将出现一定程度的下降。此外，新常态下中国地方政府融资平台通过信托计划等产品进行融资将逐步受到限制，所以政信类集合资金信托计划的供给也会减少。因此，新常态下保险资金可以投资的集合资金信托计划的供给量和收益率会面临下降的趋势，但对于保险资金而言依然有配置价值。除了传统的政信类信托、基础设施与不动产信托外，工商业信托、资产证券化信托等新的品种也将成为配置的重要选择。

3. 集合资金信托计划的配置策略

从期限看，保险资金配置信托计划将呈现"长短结合"的局面。一方面，通过配置较高信用资质和较长期限（如五年期或更长）的信托计划来锁定长期的投资收益；另一方面，通过配置较短期限（如一年或两年期）、风险可控的信托计划来获得较高的投资收益。从行业看，新常态下保险资金配置的信托计划主要还是集中在房地产行业、基础设施和工商企业等领域，其中较短期限的信托计划主要投向为房地产行业，较长期限的信托计划投向主要为基础设施行业和工商企业领域。从地域看，出于投资谨慎考虑，保险资金配置信托计划投向的地域主要为一线城市或中东部比较发达的二线城市或省会城市，对三、四线城市的投资将逐步降低。从交易结构看，保险资金配置的信托计划将依然以简单的交易结构为主，以复杂的交易结构为辅，尽量避免交易结构复杂带来的各类风险。从收益水平看，考虑到保监会将集合资金信托计划的认可价值比例下调，由于把偿付比例的损失考虑在内，与相同资质和交易结构的债权投资计划相比，集合资金信托计划会有一定的补偿溢价。

（二）资产证券化产品配置策略

1. 资产证券化产品的配置现状

资产证券化通过把非标资产标准化、增强流动性来实现存量资产的现金流的重新分配以及资产风险的市场化定价，是解决当前中国社会高融资成本难题、盘活存量资产的一种重要金融工具。保险机构可以配置的资产证券化产品包括银行信贷资产证券化产品、券商及基金子公司发行的资产支持专项计划和保险资产管理公司发行的项目资产支持计划等。

2013年8月，保监会出台《关于保险业支持经济结构调整和转型升级的指导意见》，鼓励保险公司充分发挥机构投资者作用和资金融通功能，积极探索保险资金服务实体经济的新模式，其中就包括支持保险资金参与信贷资产证券化。资产证券化产品已经逐步得到投资者认可，在安全性、期限和收益上都和保险资金匹配较好，保险机构逐步开始加大对资产证券化产品的投资。2014年底，民生通惠资产管理有限公司发行的阿里金融1号项目资产支持计划获得保监会批复，成为保险业发行的第一单可投资的资产证券化产品。2015年9月，保监会印发《资产支持计划业务管理暂行办法》以加强资产支持计划业务管理，支持资产证券化业务发展，进一步推动了保险资金资产证券化业务的提速升级。

2. 资产证券化产品的配置策略

首先，严控风险，综合考虑配置需求。资产证券化产品既具有债券的特征，属于固定收益类产品，又与一般的金融债、企业债等有本质不同，即资产证券化产品的信用与发起机构的信用实现隔离，产品的收益来源于资产池的现金流而非发起机构。因此，产品既类似于债券又有其特殊性，特殊性体现在现金流会受到提前偿还、借款人违约等多种因素的影响。保险资金在配置资产证券化产品时，需要充分考虑其风险，以及综合考量收益、期限、流动性风险等因素。

其次，主动配置，直接投资优质资产。保险资金的参与方式有两种，一是投资已有信贷资产证券化产品和企业资产证券化产品；二是通过项目资产支持计划进行直接投资。直接投资方式不仅可以减少融资环节，降低融资成本，而且可以主动选择优质资产和设计保险资金认可的交易结构。

第三节　新常态下保险资金投资关联产业探讨

新常态下，随着我国人口老龄化进程加速，居民财富快速增长，养老、医疗和金融等行业进入发展黄金时期。保险资金可以充分发挥资金长期性优势，在关联产业进行战略性布局，获取可匹配长期负债的优质资产。同时，关联产业投资能够与保险主业共同发挥协同效应，延伸保险产业价值链，为客户提供综合服务，增强客户粘性。

一、新常态下保险资金投资养老产业策略

（一）保险资金投资养老产业现状

养老产业可细分为养老地产、养老护理、养老健康管理和养老商品

等行业。居住问题是养老服务的核心，养老地产是养老产业的核心，是养老产业中规模最大、综合性最强的行业。养老地产的形成和发展，可以聚集和带动其他养老市场的发展。养老地产的类型主要包括养老社区、老年公寓和养老院。目前，保险资金主要以投资养老社区的形式参与养老产业。

2010年，保监会正式批准保险机构投资与保险业务相关的养老企业股权，保险机构投资的养老社区如雨后春笋般涌现。2011年，保监会批准泰康人寿养老社区投资试点方案，这是中国保险业第一个养老社区投资试点资格，揭开了保险业投资养老社区的大幕。截至目前，我国行业领先的寿险公司基本上均通过不同形式投资养老社区建设。2015年，保监会批准太平洋人寿保险股份有限公司投资太平洋保险养老投资公司100％股权，后者专门从事养老产业投资、建设、运营与管理以及与养老产业相关的健康和医疗投资业务。这标志着国内寿险业在养老产业的投资进入专业化、系统化的时代。

总体上看，我国的养老社区经营方式多样化，客户定位差异化。养老社区的经营方式主要有三种：一是销售模式，其优势是能够很好地实现资金短期回流，缩短回报周期，但是养老地产运营阶段潜在的巨大盈利点却并未获得开发，无法获得物业经营带来的增值收入和溢价收入。二是持有出租方式，其优点是可以获得物业增值收益和服务费用，缺点是投资回报周期过长，资金需求量过大，经营中存在较大风险。三是销售加持有模式，该模式结合了销售模式和持有模式的优劣势。优势体现在回款较快，兼得前期销售收益和后期运营收益。目前，国内的保险资金在上述三种模式中均有实践，中国太平在上海青浦建设养老社区采取销售模式，新华保险在延庆建设养老社区采取出租方式销售，泰康人寿北京燕园养老社区只租不售，中国平安在浙江桐乡平安养生养老综合服务区，采取租售并举的销售方式。从定位上看，合众人寿的养老社区定位在中端客户，泰康人寿的养老社区定位在高端客户（见表5–1）。

表 5 - 1　　　　　部分保险机构投资养老社区情况

公司名称	养老社区布局情况
泰康人寿	燕园、申园、粤园、三亚、苏州等
合众人寿	武汉、沈阳、南宁、济南健康养老社区，合肥健康谷，哈尔滨健康城
中国太平	太平申仕国际养老社区（上海）、无锡新区高端养老健康城（意向协议）
中国人寿	阳澄湖半岛养老养生社区（苏州）、天津空港养老社区项目、国寿星牌健康管理综合体（合作）、三亚健康养生项目（三亚海棠湾）
中国平安	合悦江南（上海）、合悦乌镇、合悦版纳（云南）（均以开发销售产权为主）
新华保险	北京延庆新华家园、莲花池大厦项目；密云项目停滞
太平洋保险	上海徐汇区养老项目（上海）；崇明岛和东滩幸福长者社区项目停滞
华夏人寿	青岛崂山国际化健康、养生、养老产业园（意向协议）
富德生命	香河生命如意家园、广东河源生命如意家园
前海人寿	深圳养老社区

资料来源：公开市场资料、中国保险资产管理业协会。

（二）保险资金投资养老产业前景展望

首先，养老产业市场需求旺盛，供给缺口较大。我国老年人口快速增长，已经进入严重老龄化社会。《2014 年国民经济和社会发展统计公报》显示，2014 年末，我国 60 周岁及以上人口已超过 2.12 亿人，占总人口的 15.5%；65 周岁及以上人口 1.38 亿人，占总人口的 10.1%。根据中国老年学会早前的预测，未来我国将成为世界上人口老龄化速度最快的国家之一，预计到 2020 年我国 60 岁以上人口数量将达到 2.48 亿人，占总人口的比重为 17.2%，到 2050 年总人口的 30% 将超过 60 岁，数量达到 4.6 亿人。目前，有效解决广大老年人的养老问题成为保障和改善民生的重大挑战，更是我国千家万户必须正视的严峻问题。生育政策的持续实施、教育程度的提高、女性生育年龄的推迟和性别比例差异的加大，使得我国的人口出生率将在未来一段时间中保持在较低的水平上。这些因素也使得我国家庭人口规模持续缩小，城市家庭结构小型化的趋势更加明显，"四二一"家庭结构普遍存在。家庭小型化和独生子女的广泛存在，使得传统的家庭养老功能弱化，收入提高及社会观念转变促使越来越多老年人选择养老院养老，导致养老院入住需求大幅提高，养老市场潜力巨大。与旺盛的养老市场需求相比，现有的养老市场供给能力十分有限，供需缺口较大。从国际比较来看，截至 2014 年第 1 季度，我国每千名老年人口养老床位数为 25 张，远低于每千名老人拥有 50—70 张床位数的通常国际标准，养老床位供给严重不足，养老院"一床难求"现象常态化。从市场总量看，目前我国养老机构床位仅有约 250 万张，即使按照国际平均每千名老人占有养老床位 50 张测算，仅我国 65 岁以上老年人就需要养老床位 690 万张，养老床位市场缺口已高达 450 万张，接近市场供应量的 2 倍。

其次，养老产业获得国家政策大力支持，社会资本进入受到欢迎。为应对人口老龄化挑战，加快推进养老产业发展，我国政府先后出台了多项政策大力扶持养老机构建设。2013 年 9 月，国务院发布《关于加快发展养老服务业的若干意见》，首次将加快发展养老产业纳入国家战略层面，提出要大力加强养老机构建设，繁荣养老服务消费市场。同年，国务院发布《关于促进健康服务业发展的若干意见》，对养老机构免征营业税，对非营利的养老机构免征房产税和企业所得税，适当减免行政事业性收费等。2014 年 4 月，国土资源部发布《养老服务设施用地指导意见》，设定专门的养老用地并纳入供地计划，鼓励社会资本参与养老机构的投资与运营，鼓励盘活存量用地用于养老服务设施建设，并提供相应的土地优惠政策做配套支持。2014 年 8 月，国务院《关于加快发展现代保险服务业的若干意见》，从中央政府层面确认了对保险公司投资养老服务行业的支持，加强养老产业和健康服务业用地保障。2015 年 2 月，十部委再次联合发布《关于鼓励民间资本参与养老服务业发展的实施意见》，从产业支持、投融资支持、医养融合、人才保障和用地保障五大方面重申和明确了各项优惠政策，鼓励社会资本投资养老服务产业，为继续拓展养老社区投资创造了良好的政策环境。未来，政策红利将陆续释放，社会资本进入养老产业正当其时。

最后，保险资金与养老社区投资匹配性好，协同效应有待发挥。国内养老地产开发投资中的最大问题是投资回报周期过长，业内估计投资回报周期普遍为8—10年，远远长于住宅、商业地产的投资回报周期。保险资金期限长、追求长期稳定回报的特点能够较好地匹配养老社区的投资需求。在当前长久期固定收益类资产较少的情况下，养老社区投资可以作为保险资金创设、获取长久期资产的一个重要渠道。保险机构特别是寿险公司，在投资养老社区方面具备先天的客户导入优势和产品定价优势。客户导入优势是指保险公司可以通过保单来锁定住户，保险公司拥有大量的养老保险客户和健康保险客户，通过保单捆绑制销售，即养老项目的入住权与寿险公司的保单挂钩，投保者在购买保险产品的同时获得入住养老社区的权利，可以提前锁定客户资源，降低养老社区的销售成本和开发风险。产品定价优势是指保险公司未来在客户管理，尤其是全产业链条塑造方面具有较强的能力，在产品定价方面具有数据处理和综合考察的能力。

（三）保险资金投资养老产业的策略选择

目前，我国养老地产尚处初期发展阶段，盈利模式正在探索，政策配套尚待成熟，保险资金在养老产业投资方面已经走在国内前列。下一步，保险资金投资养老产业需要重点解决下列问题：

第一，探索养老社区的盈利模式，控制经营风险。养老社区不是暴利产业，政策法规也不允许卖地套现，注定养老社区建设必须采用与房地产开发商迥异的销售模式，通过长期持有运营养老社区物业、提供优质的养老服务，向养老社区居民收取入住入门费和服务费，获取稳健的租金回报和服务溢价收入，实现资金回收和利润回报。由于投资规模大、盈利周期长，保险资金投资养老社区的经营风险较高，保险机构可以通过单独设立项目公司有效隔离风险，提升投资管理的专业化水平。

第二，完善配置设施建设，提升服务能力。经营持有养老社区不仅需要住房等硬件条件，而且需要提供医疗服务机构、休闲健身会所、观光餐饮服务机构、酒店等综合配套服务，这就要求经营机构要具备专业的经营能力、较高的服务水平以及协调医疗、休闲等各种社会资源的能力。尤其是医疗资源必须考虑，尽量在养老社区前期规划之中重点考虑就近的医疗资源，通过转诊、绿色通道以及专家就诊等比较好的方式解决养老社区中医疗资源供给的问题。另外，养老社区所需要的大量护理人员、工作人员的招募、培训和留存也是不容忽视的工作重点。

第三，加快开发创新型养老保险产品。保单捆绑制是锁定养老社区客户，降低运营风险的重要举措。新常态下，保险机构要加快创新，推出挂钩养老社区服务的保险产品，根据目标客户不同，设置不同的保费门槛和入住条款，为养老社区建设筹集长期资金同时，养老社区运营要盈利，发挥规模效应是关键，因此，加快产品创新，着力开拓养老市场，是保险机构投资养老社区取得成功的根本途径，也是养老社区壮大发展并最终盈利的重要保障。

二、新常态下保险资金投资医疗产业策略

（一）保险资金投资医疗产业现状

近年来，一系列监管政策和国家政策相继出台，鼓励保险资金投资医疗产业。2010 年 9 月发布的《保险资金投资股权暂行办法》，将医疗列为保险资金可以直接股权投资的少数行业之一。2014 年 8 月，《国务院关于加快发展现代保险服务业的若干意见》（"新国十条"）提出，支持保险机构参与健康服务业产业链整合，探索运用股权投资、战略合作等方式，设立医疗机构和参与公立医院改制。2014 年 10 月，国务院办公厅印发《关于加快发展商业健康保险的若干意见》，提出发挥商业健康保险资金长期投资优势，鼓励商业保险机构遵循依法、稳健、安全原则，以出资新建等方式新办医疗、社区养老、健康体检等服务机构。当前，保险资金投资医疗产业的政策环境十分有利，相关政策红利将逐步释放。

当前我国保险资金投资医疗产业如火如荼。2013 年，平安保险战略入股中国最大的体检及健康服务集团。2014 年 6 月，阳光人寿获准

投资阳光融和医院，标志阳光保险集团正式进军医疗产业。2014 年，泰康人寿股权投资安琪儿妇婴医院和奥泰医疗。2015 年 1 月，中国人寿保险（集团）斥资近 17.5 亿港元投资中国香港主板上市公司康健国际医疗集团有限公司，成为其第一大股东。2015 年 4 月，中国平安对外披露了互联网 + 健康医疗产业的布局思路，表示将塑造一个"医网"、"药网"、"信息网"三网合一的新型健康产业链，构建健康社交网络，其旗下互联网健康管理产品"平安好医生"也同时上线。国内多家保险公司均将医疗作为下一阶段布局的重点，医疗产业俨然已经成为保险资金投资的最大风口。

（二）保险资金投资医疗产业前景展望

首先，医疗产业需求旺盛，供给总体不足，具有广阔的投资前景。《2013 年我国卫生和计划生育事业发展统计公报》显示，2013 年我国卫生总费用达到 3.17 万亿元，同比增长 14%，人均卫生费用仅为 2326.8 元，卫生总费用占 GDP 的比重为 5.57%，远低于发达国家 9.5% 的平均水平。随着我国社会进入快速老龄化阶段，医疗卫生需求将进一步放大。卫生部发布的《"健康中国 2020"战略研究报告》指出，到 2020 年，中国卫生总费用占比将提高到 6.5%—7%，按照 2020 年 GDP 达到 95 万亿元预测，医疗卫生行业支出将达到 6.65 万亿元。然而，长期以来我国一直强调的是医疗服务的公益性，却忽略了其商品性，使得优质医疗服务的价值被严重低估，导致供给总体不足、区域分配失衡。为缓解这一矛盾，国家近期出台了多项政策支持社会资本进入医疗健康服务业。

其次，医疗产业多个细分领域潜力巨大。医疗产业主要包括医院、健康管理、体检服务、药品、医疗器械制造等细分领域。随着居民财富的快速增长、老龄化的加速、医疗体制改革的推进，医疗产业的多个细分领域将迎来发展良机。以药品为例，2012 年中国药品市场规模已达 9261 亿元，2020 年预计达 2.3 万亿元。药品市场中最大的消费群体是老年人，随着人口老龄化，药品潜在需求也将增加，心脑血管疾病、恶性肿瘤、糖尿病和老年痴呆等老年人常用药品的市场潜力更大。据国家食品药品监督管理总局下属南方医药经济研究所统计，2013 年国内心脑血管药市场规模已达到 2471 亿元，同比增长 14.6%，预计国内心脑血管药市场规模 2015 年将达 3245 亿元。在医疗器械方面，我国家用医疗器械市场规模虽然保持较快的增长，但市场规模占全球比重仅为 17.31% 左右，而欧美发达地区占 70% 以上的市场份额，因此未来我国家用医疗器械市场规模仍有较大的提升空间。国家政策仍将大力支持家用医疗器械市场的发展，在 2013 年 10 月国务院印发的《关于促进健康服务业发展的若干意见》中，提出大力支持数字化医疗产品和适用于个人及家庭的健康检测、监测与健康物联网等产品的研发。

最后，保险行业和医疗产业关联性强，可以实现优势互补。商业保险公司参与医疗产业发展有着独特的优势。以医疗服务为例，保险公司通过控股或参股医院、健康管理公司、体检中心等医疗服务机构，有助于扩大业务经营范围，延伸价值链条。这使得保险公司能够主动参与到从前端的预防性医疗到最终疾病治疗的整个产业链，在为客户提供养老、健康、意外等保险保障和服务的同时，还可以为客户提供包括健康体检、健康咨询、疾病管理计划等更全方位、深层次的医疗卫生和健康管理服务。从国外经验来看，保险公司和医疗机构结成共同利益体，将极大提高保险公司的成本控制能力，对医疗资源的控制也有利于保险公司提升"健康管理式"商业保险的服务能力，突出专业健康保险产品的优势。此外，商业保险公司还有规模庞大且长久期的资金、广泛的客户资源、遍布全国的人员机构网络、先进的信息网络系统、财务结算网络等，能够为医疗产业发展提供多方面的支持。

（三）保险资金投资医疗产业的策略选择

目前，保险资金投资医疗产业主要对象是医院等医疗服务机构和药品、医疗器械生产商。保险机构针对后者的投资是以财务投资为主，旨在获取较高的财务回报，应该选择技术创新优势明显、管理体系完善、主营业务突出的企业，这些企业可能是综合性的生产商，也可以是某一类药物或器械的单品龙头生产商，通常要求相关企业的市场地位突出，销售网络健全，法人治理到位。保险机构对于医院的投资是保险资金投资医疗的重点，下面详加阐述。

首先，保险机构要端正投资目标。保险机构投资医疗产业要实现多方面的共赢，一是形成医疗管理体系，具有开展多种类优良医疗服务的能力可以在需要的时候将医疗网络进行拓展扩张。二是利用沉淀多年、数量庞大的客户资源，开展医疗健康管理、大数据挖掘等增值服务。三是逐步发展成为医疗服务的人才储备与培训基地，为自身未来发展养老业务等医疗衍生业务夯实基础。

其次，优选投资标的。优先投资市场潜力大、经营效益好的专业科室或医院，做"大专科"、"小综合"领域的领先者，形成竞争优势。对于不同的区域，选择不同的投资重点，移植人才、技术和管理优势。

再次，确定投资和管理方式。利用混合所有制改革的有利条件，重点关注公立医院改革试点城市，有选择性地开展对公立医院的投资，可先从国有企业所办医院改制入手，开展股权并购。甄选优秀的民营医院和医疗管理公司，通过股权置换、增资扩股等方式并购后，借助保险机构各种资源，与国内三甲医院、知名医院管理集团、国内外知名医学院校和优秀医院管理团队，开展广泛深入的合作，提升市场影响力。

最后，保险机构要争取实现优势互补。国内的保险机构可以学习国际上优秀模式，实现保险、医疗和养老的深度协同、互动。奉行集医疗保险和医疗服务于一体的管理理念，改变医疗机构缺乏节约资金动力的问题，实现了信息互通，资源共享。

三、新常态下保险资金投资金融业策略

（一）保险资金投资金融业现状

我国的金融业主要包括商业银行、信托、保险、证券、基金、期货、租赁等业态。保险业与其他金融业态在渠道、客户、资产管理等领域具有广泛的联系和合作，保险资金投资其他金融业态有利于协调内部

资源共享，开展交叉销售，提升客户服务。由于保险业与其他金融业态具有天然联系，保险资金投资其他金融行业得到了我国监管机构的支持。2006 年 10 月，中国保监会发布《关于保险机构投资商业银行股权的通知》，允许保险机构投资境内国有商业银行、股份制商业银行和城市商业银行等未上市银行的股权。2010 年 9 月，《保险资金投资股权暂行办法》出台，保险资金可以直接投资非保险类金融企业，由此掀开了保险资金大举投资其他金融业态的序幕。

近年来，保险资金投资金融业方兴未艾，扩张潜力巨大。在金融综合经营的大趋势下，随着金融管制的不断放松，保险资金加大对金融业的投资力度。在银行业投资方面，平安集团控股平安银行，中国人寿分别持有广发银行、杭州银行 20% 的股权，安邦保险集团控股成都农商银行。在信托业投资方面，中国人保持股中诚信托 32.69% 的股份，成为第一大股东；中国人寿 24 亿元入股重庆信托，成为第二大股东，持股比例 26.04%；泰康人寿参与国投信托混合所有制改革，更名为国投泰康信托；安保保险集团参股天津信托。在基金业投资方面，中国人寿资产管理有限公司发起设立国寿安保基金管理有限公司，阳光保险集团股份有限公司持股泓德基金 25% 的股份，民生人寿以收购股权方式投资浙商基金管理有限公司 50% 股权，泰康资产管理有限责任公司设立公募基金事业部，安邦人寿、华泰保险、人保资管均在申请公募基金资格中。在证券期货业投资方面，平安人寿控股平安证券，中国人寿持有中粮期货 35% 的股权。在租赁业投资方面，安邦保险设立邦银金融租赁有限公司，中国太平和中国石化合资设立太平石化金融租赁有限公司。此外，部分保险公司参加了小额贷款、消费金融公司。可见，保险资金的投资范围已经延伸到了金融业的全部业态，新常态下保险资金投资金融业的空间依然很大。

（二）保险资金投资金融业前景展望

首先，保险业投资其他金融业态符合政策要求，顺应时代潮流。近年来，在国内外因素的共同影响下，金融业综合经营的要求和动力日益增强，我国一直在积极稳妥地推进金融业综合经营试点。我国的"十一五"规划和2007年全国金融工作会议都提出稳步推进金融业综合经营试点，"十二五"规划再次明确提出"积极稳妥推进金融业综合经营试点"。《金融业发展和改革"十二五"规划》指出，引导具备条件的金融机构在明确综合经营战略、有效防范风险的前提下，积极稳妥开展综合经营试点，提高综合金融服务能力与水平。在政策的引导下，我国金融机构跨业投资步伐加快，涌现出中信集团、光大集团、平安集团等横跨银行、证券、保险、信托、租赁、基金、期货等金融业态的金融控股公司。商业银行也纷纷以直接或者间接的方式进入保险业。目前，银行系保险公司利用股东的渠道优势发展迅速，对传统寿险公司形成极大冲击。在此背景下，保险公司也应该审时度势，积极布局其他金融业态，拓展经营范围，在未来的综合经营竞争中占据有利地位。

其次，保险业投资其他金融业态具有战略和财务上的双重收益，能够实现优势互补。在战略上，保险业投资其他金融业后，可以通过整合不同子公司的行业优势，共享客户资源，以交叉销售、合作营销等方式开展业务活动，加强联动，实现协同效应，降低整体经营成本。在大资管时代，客户的财富综合管理成为金融业的重要发展趋势，保险业投资其他金融业后能够丰富产品线条，为顾客提供综合性、一站式金融服务，提高客户粘性，有效留存客户。在财务上，我国金融业发展前景广阔，各类金融机构的盈利性和成长性均较好，保险资金投资金融业能够获取理想的投资收益。

（三）保险资金投资金融业的策略选择

虽然保险业投资其他金融业态能够实现优势互补，但不同金融业态的经营模式、盈利方式不尽相同，在投资过程中同样需要审慎、全面地考虑。保险资金投资其他金融业，需要关注以下问题：

一是需要区分投资的目的，是以财务投资为主，还是以战略投资为主，还是两者兼顾。财务投资重视财务收益，较少参与投资企业的经营管理；战略投资关注战略利益，会适当介入经营管理。若是在战略投资的情况下，还要决策是少数股权投资，还是控股投资，后者监管部门要求以保险机构的资本金出资。

二是需要确定投资领域，究竟进入哪些金融业态。目前，国内的金融体系中，银行是绝对主导者，具有渠道和客户优势，信托、证券、基金、租赁等也各具有专业优势。在投资决策过程中，保险机构应该全面权衡自身的资金实力、业务优势和战略目标，选择合适的投资领域和恰当的投资顺序。

三是需要确定投资方式，是发起设立还是收购。不同金融业态的进入壁垒差异很大，投资方式需要根据壁垒状况确定。银行、证券和信托行业的进入壁垒较高，审批时间较长，发起设立的时间成本和机会成本较高，并购是理想的投资方式。基金、金融租赁和期货行业的进入壁垒相对较低，发起设立是比较便捷的进入方式。

第四节　新常态下保险资金境外投资策略

近年来，保险资金海外投资发展迅猛，在境外不动产投资、金融机构并购等方面表现十分抢眼。保险资金通过投资境外优质资产，将实现资产的全球配置，能够有效分散投资组合的系统风险，有助于增加投资收益，同时提升了保险机构在国际市场的影响力。目前，我国保险资金的国际化运用尚处于起步阶段，发展空间巨大。保险机构可以根据境外投资能力建设情况，采取循序渐进的投资策略，在有效控制风险的前提下，稳妥地开展境外投资。

一、保险资金境外投资的现状

（一）境外投资政策放宽，投资领域明显拓展

一直以来，中国保监会积极推进保险资金运用市场化改革，保险资

金境外投资政策不断放宽，投资市场范围扩大，投资工具更加丰富。2007 年 7 月，保监会、中国人民银行和外汇局联合出台《保险资金境外投资管理暂行办法》，规定保险资金应当投资全球发展成熟的资本市场，配置主要国家或者地区货币，投资品种主要包括货币市场产品、固定收益类产品和权益类产品。2012 年 10 月，中国保监会发布《保险资金境外投资管理暂行办法实施细则》（下文简称《实施细则》），将投资范围拓展至不动产、基金等领域，允许保险资金直接投资 25 个主要发达市场主要城市的核心地段，且具有稳定收益的成熟商业不动产和办公不动产。2015 年 3 月，中国保监会发布《关于调整保险资金境外投资有关政策的通知》，进一步扩大保险资产的国际配置空间。根据这一规定，保险资产管理公司、保险机构或保险资产管理公司在中国香港设立的资产管理机构受托管理集团内保险机构的保险资金开展境外投资时，投资市场由中国香港市场扩展至《实施细则》所列的 45 个国家或者地区金融市场，基本上覆盖了全球主要经济体。从监管角度看，目前保险资金的境外投资基本上不存在障碍，已经涵盖固定收益、权益、不动产、基金、PE、REITs 等大类投资品种，同时可使用金融衍生品对境外投资的风险进行管理。

（二）境外投资增长迅速，发展空间十分广阔

近年来，保险资金境外投资规模增长迅速，在不动产、金融等领域的并购十分活跃。根据中国保监会的统计，截至 2014 年 12 月末，保险资金境外投资余额为 239.55 亿美元（折合人民币 1465.8 亿元），占保险业总资产的 1.44%，比 2012 年末增加 142.55 亿美元，增幅为 146.96%。自 2013 年以来，我国保险企业境外投资进入新一轮活跃期。以安邦保险、复星国际为代表的中国企业对欧洲、美国、韩国等地的保险、银行进行了频繁收购，积极布局国际市场。中国平安、阳光保险、泰康人寿等境内保险企业在伦敦、纽约、柏林、悉尼等地频频投资地标性不动产，在国际房地产市场产生广泛影响。上述事件表明，保险资金的境外投资已经成为资产配置的重要组成部分，未来境外投资的发展仍

将保持高速的增长态势。

保险资金的国际化运用和境外投资处于初级阶段和探索时期，发展潜力巨大，发展空间广阔。根据保监会现行的资金运用比例监管规定，境外投资余额合计不高于保险公司上季末总资产的15%。事实上，我国保险资金的境外投资比例远低于此，依然有很大的提高空间。与境外同业相比，我国保险资金运用的国际化程度不高。另外，保险资金境外投资的分散化和多元化程度不够，投资质量有待进一步提升。2014年，保险资金境外投资的构成中，在区域上，主要以中国香港市场的股票和债券为主，港元资产占比超过64%；在品种上，以股票、股权等权益类资产为主，不动产占比约20%。可见，保险资金的境外投资区域和投资品种集中度较高，不利于分散风险，也容易造成境内企业集中竞争境外投资标的，降低投资收益。

表 5 – 2　　　　　　　　　　保险机构境外投资资产状况

单位：亿元人民币，%

	外币投资资产金额	总投资资产金额	外币投资占比
中国平安	435	12304	3.53
中国人寿	157	18487	0.85
中国太保	82	6668	1.23
新华保险	107	5496	1.95

资料来源：保险机构2013年年报、中国保险资产管理业协会。

表 5 – 3　　　　　　　　　　部分保险机构境外投资案例

时间	收购方	标的	价格
2013年7月	中国平安	伦敦劳合社大楼	2.6亿英镑
2014年6月	中国人寿	伦敦金丝雀码头集团10 Upper Bank Street 大楼70%的股权	6.18亿英镑
2014年10月	安邦保险集团	比利时 FIDEA 保险公司	约17亿元人民币
2014年10月	安邦保险集团	纽约华尔道夫酒店	19.5亿美元

续表

时间	收购方	标的	价格
2014 年 11 月	阳光保险集团	悉尼喜来登公园酒店	4.63 亿澳元
2014 年 12 月	安邦保险集团	比利时 Delta Lloyd 银行	2.2 亿欧元
2015 年 1 月	中国平安	伦敦市 Tower Place	4.19 亿欧元
2015 年 1 月	泰康人寿	伦敦 Milton Gate 办公楼	1.98 亿美元
2015 年 2 月	阳光保险集团	纽约曼哈顿水晶宫酒店	2.3 亿美元
2015 年 2 月	安邦保险集团	韩国东洋人寿 57.5% 股权	约 10 亿美元
2015 年 2 月	安邦保险集团	荷兰 VIVAT 保险公司	约 121 亿元人民币

资料来源：中国保险资产管理业协会。

二、保险资金境外投资的战略意义

（一）实现投资多元化，降低投资风险

保险资金开展境外投资的主要原因在于提升投资组合多样化程度，在更大的可行域上实现有效配置，规避单一经济体经济周期风险和单一资本市场风险。境外金融市场可以提供与中国经济周期相关性较低的大类资产，降低投资组合整体波动水平，提高风险分散的效果。境外市场投资品种与境内市场投资品种的相关程度越低，风险分散的效果就越好。

（二）获取优质境外资产，提升投资收益水平

随着国内经济增速放缓，优质的投资机会日益稀缺，优质投资品种和项目成为各类投资者角逐的对象，估值水平明显提升，投资回报率趋于下降。受金融危机影响，部分境外资产的估值水平较低，随着全球经济逐步复苏，资产价格具有较大上升空间，投资机会不断涌现。另外，境内金融市场与国际金融市场仍存在较大差距，缺乏部分长期、优质的投资品种，通过参与境外投资能够有效弥补境内资本市场的不足，获取优质金融资产，提升投资收益水平。

（三）学习国际先进经验，提高国际投资能力

我国保险机构的国际投资能力有限，经验不足，具有国际投资视野

的人才高度缺乏，这些都制约了保险资金的全球化资产配置。目前，保险资金的境外投资大多通过境内资产管理机构的中国香港子公司和国际著名资产管理机构完成。在与国际知名金融机构的合作过程中，境内资产管理机构能够不断接触国际金融市场，了解市场规则，熟悉金融工具，学习有关投资、风控和运营方面的先进经验，提升自身投资能力，为今后的国际化投资奠定坚实基础。

三、保险资金境外投资的主要障碍

（一）投资能力不足，投资经验欠缺

全球投资涉及的区域非常广泛，投资品类多种多样，金融市场规则千差万别，非常广泛和复杂，而国内各保险资产管理公司对当地的金融资产往往不具备自下而上的研究实力，投资经验更是缺乏，容易出现决策失误、操作失误等问题。具体投资过程中，经常会出现一些"隔山买牛"、信息错配、投资时机把握滞后的情况，降低投资效率，影响投资效果。

（二）风险管理不到位，蕴藏潜在风险

境外投资面临着政策风险、法律风险、税收风险、汇率风险、经营风险等，这些风险的管理不同于国内风险。由于国内保险资产管理机构比较缺乏国际市场投资运营和风险控制方面的经验，同时在 IT 基础设施建设上比较落后，从而在风险管理上容易出现一些漏洞和失误，可能酿成重大损失。

（三）人才储备不够，队伍亟待提高

国内市场较为缺乏拥有国际资产配置和投资丰富经验的人才，投研、风控队伍的素质亟待提高。保险机构各公司必须提供更具国际竞争力的待遇和激励机制，制定合理的激励机制吸引国际人才。

四、新常态下保险资金境外投资的策略

保险资产国际化运用还处于探索时期，特别要注意多总结、多研

究、多借鉴已有的经验和教训，结合自身实际，根据具体的投资目标，设定投资策略。

（一）端正投资态度，明确投资目标

保险资产国际化配置是中国保险业的必然选择，但并不是所有的保险机构都要一窝蜂地"走出去"或急于"走出去"，切忌急于求成，大干快上，一哄而起。保险公司应该结合自身实际情况，量力而为，因需而行，确定投资模式和投资目标。各公司需明确其海外投资的主要目的，比如：平衡未来国内资产投资回报下降的潜在风险，通过多元化降低资产回报的波动性，取得相对国内投资更高的风险调整后回报等。一旦目的确认后，相配套的投资策略和方式必须根据目标而定。

（二）加强人才储备，充实人才队伍

人才是最为宝贵的资产。开展保险资产国际化配置和投资要做好专业人才储备，建立具有国际视野和投资经验的团队，构建公司长期参与国际投资的核心竞争力。变革人力资源管理机制，为专业人才提供具有国际竞争力的待遇，设定良好的激励机制，避免逆向选择，确保人才用得起、引得来、留得住。最大限度发挥人才对投资的支撑作用，逐渐实现境外投资团队的国际化、属地化，满足投资业务发展的需要。

（三）完善投资管理模式，提升投资能力

要认真学习和总结国际同业机构的先进经验，研究国际市场和资产配置的现状和趋势，建立专业投资流程，打造专业投资平台，形成符合国际投资特点的投资决策机制和管理体系，提高专业投资能力。做好投研的基础工作，建立完善的国际经济金融数据库，制定投资管理制度，明确投资框架和流程。加强对全球宏观、资本市场和大类资产风险收益特征的研究，促进投研互动，提升全球资产配置和投资能力，形成具有国际水平的风险控制体系和运营平台，支持境外投资业务开展。

（四）强化风险管理，降低投资风险

要把风险防范意识放到第一位，强化风险体系建设，逐步形成与保险资产国际化配置相适应的风险管理能力，降低投资风险。根据国际投资品种的差异，评估、梳理风险管理重点，分门别类地采取风险管理措施，探索建立成熟、可计量的风险管控模型，构建覆盖全流程的风险管理体系，确保境外投资"出得去"，投资收益"回得来"。

（五）循序渐进发展，逐步扩大范围

在投资范围上，境外投资主要通过委托境内资产管理公司的中国香港子公司来进行，以此为平台和突破口，了解国际市场情况，逐步扩展境外投资范围。在投资研究上，采取从广到细和从简单到复杂渐进方式，比如可以优先挑出一些大类资产品种和区域做研究，然后逐年增加范围和深度。在投资方式上，通过与国际知名投资机构合作，逐步提升投资管理能力，丰富投资形式，提升投资的独立性和自主性。

第六章

新常态下保险资金运用的创新发展

回首过去，伴随着中国经济的快速发展，保险资金运用步入了快速发展的黄金时期。当前，我国经济进入新常态，认识新常态、适应新常态、引领新常态是当前和今后一个时期我国经济发展的大逻辑。我国保险业需要科学研判面临的新形势，把握新机遇，而把握机遇的关键在创新。本章立足于中国经济发展新常态的特点，探讨了保险资金运用创新发展的目标与路径，并在体制机制、业务内容、基础建设等方面提出了具体举措。

第一节 保险资金运用创新发展的目标与路径

经过多年发展，我国的保险资金运用已经初步建立起比较完备的政策法规体系、组织机构体系、技术支持体系和监督管理体系，但面临经济新常态带来的新挑战、新机遇，保险机构还须牢牢树立以创新促发展的理念，在创新中改革，在改革中提高，不断开拓新的境界。保险资金运用的创新发展，不是简单地放开投资和业务领域，而是需要倡导理念更新和制度创新，进而引导保险资金运用的体制创新、机制创新、技术创新和方法创新，推动保险资金运用进入国际化、专业化、规范化、市场化的发展新阶段，从而主动适应中国经济新常态的阶段性特征，在中国经济发展模式转型和金融改革不断深化的大背景下取得更好更快的发展。

一、保险资金运用创新发展的目标

2014 年，保险"新国十条"的出台，以及《保险法》的第三次修订的实施，为保险资金运用的改革创新提供了重要历史机遇，更对保险资金运用的发展提出了更高的要求。未来，保险资金运用要紧密围绕以下三个战略目标，稳步推进改革发展，积极推动创新转型。

（一）多方位服务保险主业发展

保险资金运用创新发展最直接最根本的目标，就在于不断提升保险资金运用的能力和水平，提高保险资金运用的投资收益，多方位服务保险主业的持续发展。在资产负债管理方面，强化保险资产负债双轮驱动，以资产负债统筹管理需求引导创新，将保险产品的设计、定价、销售等业务环节与保险资金运用组成一个有机的系统。在综合经营方面，鼓励通过不断提高投资业务对保险的利润贡献度，降低保险整体业务的经营波动风险；鼓励通过股权投资，整合医疗、养老、健康管理等保险业务的上下游产业链，促进保险与投资的协同发展；鼓励探索巨灾债券和保险连接证券，实现保险风险的证券化，丰富保险业务经营模式。

（二）支持实体经济建设，促进经济社会发展

保险资金运用，是保险业担当资金融通媒介促进经济增长的重要手段，也是保险业深入服务国家治理体系和治理能力现代化的重要抓手。保险资金运用的创新发展，必须要与经济发展方式的转变、国家产业升级和对外开放战略的实施以及经济结构和分配格局的调整相适应。保险资金运用创新的最终目的是推动现代保险服务业成为完善金融体系的支柱力量，使保险资金成为改善民生保障的有力支撑、创新社会管理的有效机制、促进经济提质增效升级的高效引擎和转变政府职能的重要抓手。

（三）提高保险资金在金融市场的影响力

保险机构是市场上重要的机构投资者之一，2015年4月，资金运用余额首次突破10万亿元。通过不断创新运用模式，保险资金从全资产以及全球配置的角度进行资产选择，从传统投资领域扩充到另类创新领域，从传统股票、债券等证券市场延伸至基础设施、不动产和关联产业等实体经济，从境内区域拓展至境外区域，从保险传统客户延伸至非传统行业客户，创造出符合各种不同投资工具的需求，整合各种金融资

源，形成以保险资金运用为核心，以多元化资产管理为支撑的业务模式，从而成为金融市场发展的一股重要推动力量。

二、保险资金运用创新发展的路径

从国外发达国家的保险发展历史来看，其资金运用与国内金融市场发展和金融体系关系密切。以美英两国为例，其金融体系是以直接融资为主导的市场型金融体系，证券市场高度发达，因此保险资金运用高度集中于证券投资，而德国是银行主导的金融体系，银行在整个金融配置过程中起到重要作用，因此贷款在德国保险资金运用组合中占有较大的比例。综观国际上的大型保险资金运用主体，大多选择了综合型的资产管理发展道路。法国安盛集团、德国安联集团、意大利忠利保险以及美国伯克希尔·哈撒韦公司和国际集团均设立了专业化的资产管理（或投资管理）机构，并通过并购扩张、模块管理、全球化配置、产品创新、强化管控等措施，不断建立健全资产管理功能，切实提升保险集团的综合经营能力。

在打造现代保险服务业的大背景下，我国保险资金运用的创新改革是大势所趋，在正视中国经济新常态发展阶段和金融市场客观现实条件的基础上，需要灵活借鉴国际经验，不断推动我国保险资金运用顶层设计的优化和完善。具体而言，我国保险资金运用创新发展的路径可重点从以下几个方面进行。

（一）以体制机制创新为出发点

保险资金运用体制机制创新要以保险资产管理机构或组织为出发点，突出保险资产管理的核心功能，以市场化为导向，提升保险资产管理机构或组织在大资管行业中的市场影响力和竞争力，实现保险资金运用—资产管理—综合金融服务的跨越发展。在体制改革方面，要按照现代企业制度要求，鼓励保险资产管理机构优化股权结构，努力实现股权多元化，完善治理结构，打造独立、市场化的保险资产管理机构。在经营机制方面，通过建立市场化的激励机制，提升管理能力和服务水平。

在委托关系方面，要引入市场化的竞争机制，建立资金双向开放机制，创新收费模式，摆脱集团内双方在委托和受托上的路径依赖，弱化股权关系对客户关系的影响，引导和规范受托和委托关系，理顺利益分配机制，打破行业封闭格局，进一步释放市场活力。在专业体系方面，要以不同资产管理业务的本质属性为出发点，建立专业化、条线化、模块化的投资管理模式，鼓励发起设立不动产投资、公募业务、私募股权以及海外投资等专业子公司，促进资金运用的专业化，鼓励中小保险资产管理机构的差异化经营。

（二）以业务创新为主要抓手

保险资金运用业务领域创新要以保险资金投资为依托，以产品化为导向，提升保险资金在中国经济发展和金融市场建设中的重要作用。在投资领域方面，拓宽保险资金运用的渠道，通过建立负面清单制度提高投资效率，同时对于保险资金运用和保险资产管理实行分类监管。在业务形式方面，要以"产品化"——从"满足委托人个性化需求"到"依据产品契约提供标准化服务"为核心推进保险资产管理业创新，明确保险资产管理产品的法律关系，简化产品发行管理程序，扩大产品募集资金可投资范围，鼓励产品模式创新。在渠道开拓方面，不断深化保险资产管理机构与外部机构和企业的合作模式，积极探索互联网金融，有序推进行业开放与市场化转型，打造保险公司—业务机构—零售客户的多层次投资者结构。在服务实体经济方面，要完善债权计划、不动产支持计划等成熟品种的规范指引，加快发展项目资产支持计划和组合类产品，探索开展 PPP 等新兴融资模式，探索成立大型产业基金支持战略新兴产业和中小企业。在支持国家对外开放战略方面，要进一步扩大保险资金可投资范围与领域，稳步推进保险资产配置国际化，以创新的角度和方式参与"一带一路"、"上海自贸区"等国家战略实施，切实提升保险资产管理的国际化竞争能力。

（三）以基础建设创新为重要保障

在保障措施方面，要进一步强化行业自律功能，通过制定行业标准、整合行业资源、完善信息系统、改善中介服务等方式，夯实行业发展基础，全力支持保险资产管理业务创新。在交易流通方面，以发行注册信息化、登记结算集中化为基础，切实推动产品交易流通机制的建立，打造行业统一的交易流通平台，丰富产品的交易流通手段，强化信息披露制度对相关利益主体的约束力，不断提高信息披露的时效性、连续性和全面性。

不仅如此，在保险资金运用基础建设方面还要提升创新方法和技术，特别是在当前互联网时代下，需要以大数据、云计算等先进科学技术为辅助，以"互联网＋"为模式，在做好传统资金运用基础建设的同时，不断推进互联网模式的探索。

第二节 保险资金运用的体制机制创新

保险资金运用面临着难得的历史机遇，如何充分利用这一新机遇，适应金融市场格局的新变化，实现创新发展的新突破，是对保险资金运用主体的重要考验。要解决这个问题，必须要从深层次的体制机制入手，加快推动保险资金运用的管理体系改革和业务模式创新，建立新的运行机制，尽快形成新的竞争优势。本节借鉴国外成熟市场经验，主要探讨国内保险资金运用在专业化、差异化、市场化和国际化方面可以探索的体制机制创新。

一、从单平台到多平台：保险资金运用的专业化发展模式

国内现有的保险资产管理公司，创始初衷是集中受托管理系统内保险资金。经过多年发展，目前已经形成了保险资金的集中专业运用体

系，保险资金运用的专业管理能力、风险防范能力和投资运作能力稳步提升。随着金融活动的专业化和复杂化，保险资产管理公司的多元化经营渐成趋势。在保险资产管理公司框架下，实行专业分工和不同平台的资源共享，有利于提高资产管理效率和能力。

从国际经验看，通常按照资金对象和投资业务来进行专业化的分工和职责划分：按资金对象划分，保险资金运用部门以资产负债匹配为主要职责，而非通过投资交易，而第三方资产管理部门以受托管理外部资金为主，主要目的为赚取管理费收入，实现多元化经营利润；按投资业务划分，可以分为固定收益投资、权益投资、另类投资、海外投资和综合金融解决方案等多类专业子公司。

在国内资产管理行业逐步融合的大背景下，保监会不断放开保险资金运用渠道和保险资产管理的经营范围，除了传统市场，保险资产管理公司还可以受托管理第三方资金，投资于基础设施、股权、不动产以及境外等各个领域，已经成为目前国内金融业中业务领域最为广阔的机构之一。如果说依托于母公司保险业务发展需要，开展保险资金的集中受托运用是保险资产管理的专业化1.0版本；2012年以来的市场化改革，有限度地对接实体经济，是保险资产管理的专业化2.0版本，那么落实"新国十条"要求，以自身发展和风险隔离为需要，建立多个独立的资产管理子平台，全面提升配置效率，高效对接实体经济，将是保险资金运用专业化发展的3.0版本。具体而言，通过收购兼并等手段，不断扩大第三方业务的规模和领域，最终组成综合型的资产管理集团，提供各具特色的资产管理服务，将是国内保险资产管理公司创新经营管理模式、进一步推动专业化发展的重要途径。在保险资金运用专业化的3.0时代，保险资产管理公司将集中于保险资金的投资和管理，而公募基金业务、基础设施、不动产和私募股权投资以及海外资产管理等业务，将由专业子公司进行专业运作，保险资产管理母公司对其实行控股管理。具体模式如图6-1所示。

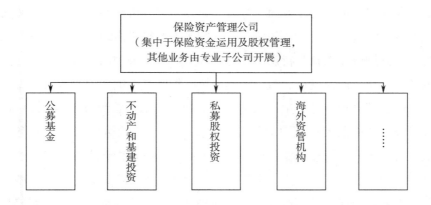

资料来源：公开市场资料、中国保险资产管理业协会。

图6-1 保险资产管理公司的专业化经营模式探索

二、"大而全"和"小而精"并存：保险资金运用的差异化经营策略

保险资产管理仅仅经历了十余年的发展，同质化是其在这个发展阶段面临的重要问题，主要体现在资金运用主体单一、业务模式简单等方面。市场竞争的结果是各类金融机构根据自身的资源禀赋特征形成竞争优势。未来，国内保险资产管理市场将形成两股市场主导力量，一类是以大型保险综合金融集团为代表的综合型资产管理机构；另一类是以中小型保险公司为代表的专注于某一领域的特色资产管理机构，而这类机构将反过来支持中小型保险公司的差异化竞争策略。

我国保险资产管理机构可以参考美国证券公司资产管理业务的成功经验，即价值链层面精准的差异化定位。证券公司将整个价值链条加以模块化，根据自身特点选择其中的一个或多个环节进行参与并构建特色。例如，尽管高盛、美林、摩根士丹利和嘉信理财都是业内著名的资产管理者，但高盛在产品设计环节更具优势，美林和嘉信理财以产品销售见长，而摩根士丹利则在两个环节较为平衡。

因此，国内保险资产管理机构要找准自身在产业价值链中的定位，

走差异化发展道路。一方面，从行业整体角度来讲，银行的渠道优势很难改变，基金和证券公司的个人金融解决方案提供商地位难以撼动，保险资产管理应该以自身特点出发，瞄准产业价值链中与自身优势相匹配的环节，比如产品设计、组合管理、风险控制和咨询顾问服务等，做基于保险资产管理业务衍生出来的风险管理和综合金融解决方案设计者，基于资金特性的资产配置设计者，立足于这些环节衍生出来的业务领域，打造差异化的核心竞争力。另一方面，从行业内部来讲，保险资产管理公司开展资产管理业务也不宜一味地强调大而全，各家公司应基于股东优势，选择自身所擅长的领域精耕细作，聚焦少数领域，开展差异化竞争。例如，股权多元化大背景下，部分保险资产管理机构引入了境外公司、私募股权投资企业等多类型的股东，可顺势开展境外投资管理业务和私募股权投资业务，形成细分化的市场竞争优势。

三、从经营资本到经营人才：保险资金运用的市场化激励机制

资产管理是典型的知识密集型、人才密集型行业，高度依赖于具有专业知识和能力的人力资本，对从业人员的专业素质和职业精神具有极高要求。目前，国内资产管理行业正逐步从经营资本向经营人才方向发展。

对于保险资产管理机构而言，参与大资管竞争落脚到创新和转型，要实现弯道超车就迫切需要把人才战略作为经营战略的核心，加强专业人才队伍建设，建立与行业发展相匹配，甚至是超前的、创新的、更灵活的人才激励体制机制，吸引和留住优秀人才，不断激发优秀人才的积极性和主观能动性，提升保险资产管理机构的专业投资管理能力和水平，切实将产品管理人的专业要求和诚信责任落到实处。从长期来看，保险资产管理机构必须建立新的管理逻辑，让人才动起来，组织跟随人才，组织适配人才，战略和组织都围绕人才转，致力于人才最大价值和最大效能的发现和发挥。

四、从境内到境外：保险资金运用的全球化配置

从国际保险资产管理行业来看，在成熟市场中，保险资金运用是多层次、多维度的，资金配置是国际化的，保险机构的投资遍布全球，包括购买股票、国债、金融债券、企业债券，设立基金，投资股权、不动产、期货、外汇等。多层次市场与多样化工具的投资布局，提高了发达国家的保险资产管理的专业化、国际化运作能力。

随着人民币国际化的推进和资本项下管制的逐步放松，保险资产管理机构在巩固境内投资优势、应对境外专业资产管理机构挑战的同时，必须树立全球化的视野，坚持"走出去"战略，通过体制机制创新，培养在全球市场为投资者进行资产配置的能力。随着人民币单向升值预期的打破，境内保险机构投资者对海外资产的配置需求也将进一步提高，反过来要求保险资产管理机构提高境外资产的配置和管理能力。

随着中国的金融市场不断开放，利率市场化改革深入，保险投资渠道不断拓宽，许多保险公司尝试进行或已经进行海外投资。机遇与风险并存，市场全球化也意味着竞争全球化和风险全球化，在这种情况下，中国的保险资金运用实际上已经与国际接轨，这就要求保险公司和保险资产管理公司具有国际视野和战略思维，从制度层面建立和完善更稳健、更可控的国际化投资体系：一是合理调整对保险资金境外投资受托主体的要求，进一步拓宽境外投资范围；二是建立与国际化相适应的风控和投资决策机制；三是建立全球化的资金运用体系，鼓励保险资产管理公司设立境外机构；四是深化与境外优秀机构的合作方式，如探索引入国际知名外资合作伙伴，与境外优秀机构合资成立海外投资基金等多元化的合作模式，充分借鉴外方成熟的国际投资经验与先进管理技术，提升品牌的知名度，并获得全球化投资先机；五是建立与国际接轨的业绩评价体系，在长周期、全球化和多元化框架下对境外投资成果进行评价和考量。

五、从业内到业外：拓宽保险资金双向委托开放的范围

我国保险资产运用管理体制，由最初的保险公司财会部兼管，到单独设立投资部，再到后来的统一的投资管理中心以及专业化的资产管理公司，走过了一条不断完善的专业化道路。由于保险资产管理公司大多由保险集团投资设立，加上过去监管部门对保险资金采取了较为严格的准入政策，使得保险资产管理公司直接承揽了集团的资产管理业务。很长一段时间里，保险资金的这种封闭式资产管理方式，使得保险公司投资管理团队在行业固有的考核模式和投资思维下进行投资管理，而保险资产管理公司也缺乏市场化竞争压力与动力。随着保险资金规模的扩大以及我国资本市场的快速发展，原有的单向资金委托模式已不适于保险业的发展，同时也束缚了保险资产管理公司参与大资管行业的脚步。

2012 年保险投资运作系列新政发布以后，保险资金投资范围、保险资产管理公司业务种类和定位都有了新的改变。其中，《保险资金委托投资管理暂行办法》允许保险集团（控股）公司和保险公司，将保险资金委托给符合保监会规定的保险资产管理公司、证券公司、证券资产管理公司、证券投资基金管理公司等专业投资管理机构管理。《关于保险资产管理公司有关事项的通知》明确保险资产管理公司除受托管理保险资金外，还可受托管理养老金、企业年金、住房公积金等机构的资金以及能够识别并承担相应风险的合格投资者的资金。保险资金运用双向委托的大门从此打开。新政实施以来，一方面通过竞争委托机制，倒逼保险资产管理公司投资能力不断提高，努力提高保险资金的综合收益率。另一方面也使得保险资产管理公司外部委托资金的占比逐步提高，很多保险资产管理公司外部委托资产管理规模甚至已经超过内部委托规模，政策效果显著。

（一）鼓励设立更多的保险资产管理公司，增加行业活力

在资产管理行业中，保险资产管理公司的行业扩容速度相对较慢。目前，基金公司已经突破 100 家，大部分基金公司都申请设立了子公

司，而获批资产管理业务的证券公司也近 70 家。但是，保险资产管理公司的数量还相对较少，成立资管公司的保险公司占比较低。由于行业扩容速度较慢，保险资产管理行业内部竞争程度远低于其他资管行业。同时保险资金的负债管理特性，决定了其投资管理模式有别于其他资金，未来成长空间广阔，如企业年金、养老金等资金具有社会保障性质，与保险资金一样，都属于长期资金，都追求长期稳定的投资回报，也都有绝对收益要求。可见，保险资产管理公司可以更好地匹配保险资金和上述资金的管理特性，因此有必要鼓励设立更多的保险资产管理公司，增加行业活力，获取更多管理收益，提升保险资产管理在资产管理领域的比例和地位。

（二）在风险可控的前提下，进一步扩大外部委托人的范围

当前，国内资产管理行业已经进入个人价值时代。一方面，大量的明星投资经理自立门户设立私募公司，公募基金、证券公司等传统的投资管理机构正面临优秀人才外流的情况。另一方面，随着《私募投资基金监督管理暂行办法》的出台，国内私募基金行业进入快速成长期，优秀私募基金公司发展稳定，展现出卓越的投资能力。在这样的背景下，可以逐步探索扩大保险资金外部委托人的范围。

六、从专业到综合：打造综合金融的运营模式

我国已快速融入经济金融全球化大潮中，并成为国际经济金融发展的重要推动力量。这有利于拓展金融企业的生存发展空间，使实现规模经济成为可能，但也使金融企业面临全球范围的激烈竞争，原有的市场份额和垄断格局将不可避免地受到挑战。20 世纪 90 年代以来，全球金融企业掀起了一场前所未有的并购风潮，银行、保险、证券都涉入其中。并购浪潮改变了世界金融业的区域和业务格局，对未来金融业的发展方向将产生重大而深远的影响。

（一）以国家战略为依托，强化综合金融服务功能

当前形势下，保险资金运用的各类市场主体要充分认知、积极适应

新常态，可凭借自身在保险领域与资产管理领域的优势，通过模式创新，强化资产管理综合金融服务能力，一以贯之地切实跟随好、服务好、支持好国家发展战略。一是适应中国经济改革和产业结构调整新常态，通过发行设立专项保险保障产品和资管产品等方式，参与推动产业结构调整和经济转型升级，为国家战略发展顺利推进"保驾护航"。二是适应社会资产日益多元化新常态，充分发挥保险资金长期投资的独特优势，通过投资企业股权、债权、基金、资产支持计划等多种形式，支持重大基础设施、棚户区改造、城镇化建设等民生工程和国家重大工程。同时在合理管控风险的前提下，为科技型企业、小微企业、战略性新兴产业等提供资金支持。全面提高社会资源配置效率，切实服务国家发展战略。三是适应金融市场化进程不断加快的新常态，接受政府、企业、金融机构等委托管理各类金融资产，提供专业化服务，服务国家区域发展战略，促进各地区协调发展。四是适应高端客户财富管理需求日益旺盛的新常态，创新资产管理公司独有的"另类理财"业务，依托资产池实施资产证券化，依托专业子公司平台创新更高收益产品，运用更科学灵活的交易结构来实现财富的保值增值，推动中国财富管理迈向中高端水平。五是适应"大资管时代"，依托保险集团内部"一体多翼、协同发展"的战略架构，形成"一主多元、协调合作"，创新逆周期、顺周期功能互补的业务模式，主动对接国家发展战略，为地方经济和实体企业发展提供全牌照、全周期、多功能、一揽子综合金融服务。

（二）以内部协同为基础，探索综合金融业务模式

通过股权投资，保险集团旗下将拥有保险、资产管理、金融租赁、证券、基金等较齐全的金融平台，可以在内部实践综合金融业务的诸多创新。以资产证券化为例，由保险资产管理公司发起设立项目资产支持计划，受让金融租赁资产受益权，面向内外投资者发行，同时引入保证保险为资产证券化提供增信措施，由银行实行托管，如图6－2所示。

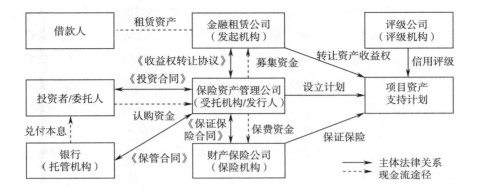

资料来源：公开市场资料、中国保险资产管理业协会。

图 6-2　以保险为核心的综合金融经营模式案例

第三节　保险资金运用的业务创新

随着经济发展进入新常态以及金融改革持续深入，我国金融市场的边界得到了极大的扩展，业务类型趋于多元化、综合化。顺应这种变化以及建设现代保险服务业的现实需要，保险资金运用的业务类型亟待创新，业务范围亟待扩大，实现投资工具从基础到复杂，从传统金融市场向现代金融领域延伸，从资金市场进入实体的产业市场，从面向机构客户拓展到面向个人投资者。本节首先讨论了保险资金运用可尝试的新投资品种，其次从产品化、投行化、资产证券化三方面讨论了保险资金运用的业务创新，最后在渠道建设方面进行了探索，围绕个人渠道和互联网渠道的建设展开讨论。

一、继续推动产品化主导的业务转型

2013 年 2 月，保监会发布《关于保险资产管理公司开展资产管理产品业务试点有关问题的通知》，允许保险资产管理公司发行"一对一"定向产品和"一对多"集合产品。业务试点启动以来，保险资产管理产品类型不断增加，投资范围不但覆盖国内传统投资及另类投资领域，还涉及到境外投资品种，成为保险资产管理公司重要的投融资业务载体。截至 2015 年 1 月，保险资产管理产品发行累计规模已经突破 1 万亿元，而这也是近年来保险业发展实现重大跨越的一个重要体现。

2013 年以前，保险资产管理的主要业务有三部分，一是内部保险资金的投资管理，二是外部保险资金的受托管理，三是以债权投资计划为代表的另类投资资产的发行管理。资管产品业务在恢复试点短短两年多以来，已成为保险资产管理企业另一个重要的业务来源。相较于传统的几类业务，保险资产管理产品更好地迎合了大资管行业背景下保险资产管理机构市场化发展的要求。一是保险资产管理产品的认购人范围相对宽泛，有利于保险资产管理机构吸纳行业体系外部资金，以市场选择倒逼保险资产管理机构的投资业绩和投研建设；二是产品化的运作模式有利于保险资产管理机构更灵活从容地调配和整合内外部资源，同时产品账户的独立性也便于各类现代组合管理工具模型和风险管理方法的运用，从而打造体现优势特色的账户组合；三是以公募化业务为建设目标的产品转型，将促使保险资产管理行业从私募领域向公募领域迈出有力的一步，加快保险资产管理市场化转型进程；四是相比传统的受托管理，保险资产管理产品具备较为公开透明的信息披露制度，使得一批业绩优良、管理规范、客户服务系统完备的公司能更好发挥和展示投资管理核心优势。

展望未来，保险资产管理产品乃至广义的产品化金融工具，将是新时期、新常态下保险资产管理机构业务不断发展、规模不断扩大、市场化程度不断提升的重要载体。

二、提升资产证券化业务能力和水平

资产证券化已经成为资本市场发展的重要内容，做好资产证券化业务也是保险资金在未来竞争中取胜的重要课题。在中国经济发展进入新常态，国务院关于"盘活存量、用好增量"的货币政策思路指引下，随着保险资金运用的创新与发展，包括拓宽基础资产范围、与其他金融机构加强合作以及产品创新在内的保险资产管理资产证券化业务的广度和深度也将得到进一步拓展。

2014 年，国内资产证券化迎来快速发展，全年共发行信贷资产支持证券 2833 亿元，企业资产证券化产品 342 亿元，资产支持票据 89 亿元，三类产品合计总发行量 3264 亿元，较 2013 年增长 10 倍以上。其中，银监会监管的信贷资产证券化产品无论在金额还是数量上都占据主导。

当前，金融三大行业均已开展资产证券化业务，包括央行和银监会监管的信贷资产证券化、证监会监管的企业资产证券化以及保监会监管的保险资产管理机构发起的项目资产支持计划等。从交易结构设计来看，几类产品的基本主体和交易设计的核心环节并无太大差异，都表现为发起人（原始权益人）、特殊目的载体（SPV）、投资者以及未来稳定现金流提供方之间的资产权和资金流回路。只是因不同监管机构相关政策法规的细节规定不同，所以不同类型产品在 SPV 的表现形式、增信要求、评级机制和信息披露方面存在差异。

其中，保险资管的项目资产支持计划与券商专项资产管理计划在交易结构、交易主体和产品适用性等方面最为相似，但前者受监管制约，目前基础资产范围有一定限制。根据保监会 2014 年 7 月下发的《项目资产支持计划试点业务监管口径》，其基础资产种类限于信贷资产（企业商业贷款、住房及商业性不动产抵押贷款、个人消费贷款、小额贷款公司发放的贷款、信用卡贷款、汽车融资贷款）、金融租赁应收款和每年获得固定分配的收益且对本金回收和上述收益分配设置信用增级的股权资产。而券商专项资产管理计划的资产范围最广，2014 年证监会出台管理办法对专项资产管理计划实行负面清单管理，负面清单中包括以地方政府为直接或间接债务人的基础资产，以地方融资平台公司为债务人的基础资产，矿产资源开采收益权、土地出让收益权等产生现金流的能力具有较大不确定性的资产，不能直接产生现金流、仅依托处置资产才能产生现金流的基础资产等八类资产，负面清单将基础资产扩大至"法不禁止即可为"的范围。

考虑到多头监管的相互竞争实则对业务发展有着正面推动作用，保险资产证券化的监管政策也得到进一步拓宽。2015 年 9 月，保监会出台《资产支持计划业务管理暂行办法》，规范了四个方面的内容：一是按照资产证券化原理，以基础资产本身现金流作为偿付支持，构建了资产支持计划业务运作框架。二是立足于服务保险资金配置需要，建立相互制衡的运作机制，强调稳健、安全和资产负债匹配原则。三是坚持"放开前端、管住后端"的监管思路，在业务资质管理、发行机制等方面体现市场化原则，建立基础资产负面清单管理机制，提高业务运作效率。四是重视风险管控，按照"卖者尽责、买者自负"原则，强化信息披露和风险提示，强调市场主体的风险管理责任。随着保监会项目资产支持计划细则的出台，未来保险资产证券化业务也将得到快速发展。

三、鼓励保险资金运用主体探索财富管理业务模式

作为保险资金运用的重要主体，保险资产管理公司面向的客户主要是保险公司等机构客户。2012 年保险资金运用的新政颁布后，允许保险资产管理公司开展多样化的业务探索和实践，从展业模式、产品种类到客户来源都有了较大丰富。尽管保险资产管理机构的市场化进程已经步入高速发展的快车道，保险资产管理机构还需要借鉴和学习其他国内和国际资管机构发展模式，在做好资产管理的基础上不断提升自身能力，探索合理有效的财富管理业务模式。

对比其他资产管理行业，保险资产管理机构在发展财富管理业务方面具有以下比较优势：

一是保险主业客户资源的丰富积累。发展优质的财富管理业务要有充足和稳定的客户资源，保险资产管理机构可以充分借助所属集团的客

户资源。以数量可观、具备一定忠诚度的客户群体为基础开展财富管理业务，可更好地满足客户保险保障和财富管理的多层次需求。

二是保险资产管理机构具有较强的风险管理能力。由于保险资金属性的风险偏好较低，长期以来保险资产管理机构普遍比较重视风险控制和管理能力的建设。随着近年来保险资金运用渠道和方式的灵活化，保险资产管理机构的风控水平更上了一个台阶。保险资产管理机构参与财富管理业务，可以利用专业稳健的品牌形象，快速打开中低风险偏好客户的理财市场。

三是保险资产管理机构的可投资品种丰富。随着保险资金运用政策的松绑，保险资产管理机构所能运用的投融资工具也大大丰富。目前保险资产管理机构是为数不多同时深度参与二级市场有价证券投资和实体经济项目投融资的金融机构，加之保险资产管理机构在2013年恢复试点组合类资产管理产品业务，相比以往，保险资产管理机构可以打出的资产管理"组合牌"更富于变化，从方案设计到金融工具的选用都有更大空间，也就能更好地满足不同层次客户的财富管理需要。

四、探索与互联网融合的创新业务

（一）互联网金融创新的政策背景和机遇

2014年3月，十二届全国人大二次会议审议的政府工作报告中提到，将"促进互联网金融健康发展，完善金融监管协调机制"。这是互联网金融首次写入政府工作报告。2014年互联网全面渗透金融业，它的成长正在改变着未来金融的形态。2015年7月，人民银行等十部委出台了《关于促进互联网金融健康发展的指导意见》，明确了支持重点和监管分工。对于保险资产管理机构而言，在政策面鼓励互联网金融业务开展的有利时期，应当根据自身业态的特点，在充分了解互联网金融业务特性的基础上力求创新，找到适合保险资金运用和互联网的结合点，探索可持续发展的业务模式。

（二）互联网与金融产业的渗透与融合

2013 年被视作互联网金融的元年。2014 年，互联网金融已经不再是单纯的概念，而是落地有声的业务，甚至是大资管行业下创新的先驱品牌。其中既有汇添富基金、中国平安、国金证券等传统金融企业的深度"触网"，也有类似阿里巴巴、腾讯、网易、新浪等互联网新贵的"镀金"。除此之外，还出现了以宜信、91 金融等为代表的创新型金融平台。对于传统金融行业和互联网企业，业务渗透和融合的进程还在不断深化。互联网与金融产业融合的重要体现，便是多样化的业务模式和产品形态。从货币基金形式的宝宝类产品，到固定收益形式的各类理财和保险产品，再到权益投资形式的基金产品，还有具有创新标志的 P2P业务、众筹业务等。无论是既有产品业务的网络化，还是互联网时代催生的创新业务，对保险资产管理机构都有重要的借鉴意义。

（三）保险资金运用主体开展互联网金融业务创新思路

在"放开前端、管住后端"的新常态下，保险资金运用的市场化程度不断提高，投资范围与资金来源在不断拓宽，现在已经可以接受外部机构的委托资金，并且可通过私募股权基金、创投基金等形式，投资小微企业、战略性新兴企业等新兴领域。展望未来，保险资产管理机构可以通过互联网技术提升机构影响力、拓展客户群、创新产品模式，积极探索互联网金融业务。

五、创新与其他金融机构的合作模式

从国际市场来看，资产管理行业最明显的特征是综合经营。虽然各类金融中介在资产管理业务的提供上存在各自的比较优势，但是互相渗透和融合的趋势明显，资产管理的服务在各类金融机构的不断竞争和合作中演进。国内金融机构之间的合作起源于买方、卖方的供求业务，兴盛于以银行为核心，非银金融机构普遍参与的表外信贷业务。过去两年，监管层着力推动市场化改革，支持行业创新，大资管趋势日益明显。整个资管行业"买方卖方"、"甲方乙方"的角色正在逐渐模糊，进入全方位的竞争格局。而各资管机构之间的合作已不再局限于套利的合作方式，而是积极寻求优势互补，在产品研发设计、客户资源开拓等方面协同合作。

（一）升级与银行的合作，在信用与资金方面深度合作

保险公司与银行之间的合作历史悠久。近年来，保险资管与商业银行合作内容主要是在资金端，由银行资金购买各类保险资产管理产品、依赖银行信用对各类债务进行增信以及同业存款向一般存款转化的通道业务。随着相关监管政策的发布，银保存款通道业务失去发展空间，因此，双方应该在资金合作、投资管理及信用合作方面进行升级。银保合作需要考虑三个方面：

一是变存款通道业务为主动委托管理。2014年12月，银监会发布《商业银行理财业务监督管理办法（征求意见稿）》，力求从根本上解决理财业务中银行的"隐性担保"和"刚性兑付"问题，推动理财产品从主流预期收益率型向开放式净值型产品转变，实现风险和收益真正过手给投资人。对保险资产管理公司来说，由于大部分银行的资产管理团队有待建设，部分银行理财产品账户有外聘投资顾问的需求，这为投资能力强的保险资产管理公司带来新的业务机会。

二是升级资金合作，共同开拓资产证券化业务。目前，银行和保险资管都可以开展资产证券化业务。双方的共同点是都掌握大量资金，有购买能力，也都持有可以证券化的资产。但是从资产质量和风险偏好来说，两者略有差异。银行的资产证券化业务基础资产范围更大，审批流程较快，同时拥有银行的强增信，银行系 ABS 产品与保险资金的风险收益需求高度匹配，银行甚至可以针对保险资金做一些定制化的 ABS 产品。不同于银行，保险资产的项目资产支持计划可以覆盖一些信用等级较低的信贷资产，收益率相对更高，与银行资金也有匹配可能。

三是在债权计划的发行上，以银行提供流动性支持为增信方式。保险债权投资计划未来通过统一平台进行交易是行业发展的整体趋势，但债权计划本身"非标"的属性将增加流通转让的难度。保险资产管理

可以加大与银行机构的沟通力度，在债权计划发行过程中率先尝试引入银行"流动性增信"的模式，在债权计划发行之前，通过银行的评估、授信，在一定程度上实现产品的"自我增加流动性"，在授信范围内可由银行为债权计划等产品的交易转让提供流动性支持，从而提高债权计划的转让效率，增加对潜在投资者的吸引力。

（二）创新与信托、券商的合作模式，在股权投资上互利共赢

2013 年 5 月资本市场"新国九条"发布，明确了多层次资本市场的体系结构，提出要壮大主板、中小企业板市场，改革创业板市场，加快完善全国中小企业股份转让系统，在清理整顿的基础上将区域性股权市场纳入多层次资本市场体系。随后，IPO 重启、新三板市场改革、IPO 注册制推进等事件，使得多层次资本市场建设越发清晰。在这样的大环境下，PE/VC 资金退出将更加顺畅，此外国内新一轮创业潮也助推了股权投资行业重新繁荣。在当前阶段积极开展股权投资，对于机构来说机遇大于挑战。目前保监会已经正式批准保险资金投资创投基金，由保险资产管理公司担任一般合伙人的私募基金也已经获批，股权投资以及参与股权基金的管理是保险机构新的发展方向。在股权投资业务中，保险资金长期投资的优势与股权投资基金的投资周期能较好地匹配，而券商在股权定价、项目寻找及全链条投行业务方面更具优势，信托公司也在积极布局股权投资产业，保险资产管理可以与券商、信托发挥互补优势，共同分享国内股权投资盛宴。

（三）开发新的合作机构，探索财富管理业务发展路径

财富管理是保险资产管理机构未来发展的重要方向之一，各家保险资产管理公司也纷纷将财富管理业务作为转型发展的重要载体之一。通过加大对产品、渠道、人才等方面的投入，重点布局该领域。在互联网金融之风的吹动下，国内新兴金融机构蓬勃发展，财富管理业务也进入成熟期，借助新兴金融机构的力量，探索财富管理业务，保险资产管理机构在财富管理领域大有可为。

六、加强与境外金融机构的合作

从 2004 年首家保险机构获批境外投资资格，到 2015 年 3 月外汇局执行《保险业务外汇管理指引》，下放准入审核权限，保险机构参与海外市场步伐加快。数据显示，截至 2014 年 12 月末，保险资金境外投资余额约 239 亿美元，占保险业总资产的比例仅为 1.4%，距离 15% 的监管比例上限尚存较大空间。另一方面，随着改革开放的深入，越来越多的境外金融机构在我国设立分支机构，拓展核心业务。但总体上看，保险机构与境外金融机构的合作进展仍然缓慢。近年来，"一带一路"、自贸区、"沪港通"等政策的不断出台，保险机构与海外金融机构的合作机会日益增多，但需要进一步深化与海外金融机构的合作，拓展和创新合作模式，不断提升保险资金运用的市场化、国际化程度。

（一）以资本为纽带，重点开展战略合作

保险机构与境外金融机构的合作过程经常会涉及不同国家和地区的法律、文化、监管制度、会计准则等方面的差异。合作双方对于不同法律、会计等规则的充分认知是不断推动保险机构与境外金融机构合作的基础。因此，首先，应该与境外金融机构之间建立长期的合作交流机制，例如，通过战略合作峰会等方式，增强彼此之间的了解，有效利用当地金融机构更加了解海外政策和市场环境的具体特点，为我国保险资金的对外投资提供便利。其次，进一步加强在境外金融机构并购、不动产投资等领域合作。例如，安邦保险近年来相继收购了希尔顿旗下的华尔道夫酒店、比利时 FIDEA 保险公司、德尔塔·劳埃德银行、荷兰 VIVAT 保险公司与韩国东洋人寿等，按照国际化战略整合全球资源，逐步搭建全球网络，为客户提供综合金融服务。另外，还可以通过相互参股等战略合作方式，着眼于长期发展合作，不断调整各自风险管理和经营投资策略，发挥各自的市场资源和渠道优势，为更加深入的合作奠定坚实的基础。

（二）以创新为驱动，大力开展业务合作

目前在国际市场上，各类衍生工具和交易模式创新大多起源于欧美，而我国的金融市场属于快速成长的新兴市场。尽管近年来我国保险资产管理行业发展迅速，但在金融工具使用和交易结构设计等方面与境外老牌金融机构相比仍然存在较大的差距，因此，我国的保险资产管理机构一方面要以实际投资项目为基础，加强与境外金融机构开展类投行业务合作，大力推进另类项目的交易结构、交易模式等方面的创新，不断拓展业务范围和投资领域，深化与境外金融机构合作的维度，全方位地熟悉、掌握国际市场投资环境，在国际规则框架内合规、稳健操作，增强抵御风险能力，持续提升市场化运作水平。另一方面，可以利用境外金融机构了解当地宏观经济、行业政策、公司业务等优势，加强在传统投资领域的合作，不断探索量化投资、对冲投资等新兴投资模式，拓展在欧洲、美国、新加坡、中国香港等国家和地区的债券、股票、衍生品市场的投资业务，分散投资风险，提高投资能力。另外，采取"借船出海"的合作模式，不断加快向境外专业金融机构委托投资的步伐。境外专业资管机构作为受托管理人，更加熟悉国际市场情况，可以为保险资金境外投资提供顾问、咨询等专业服务。

（三）以效益为目标，深入开展管理合作

管理是企业实现目标的重要手段和有效途径，直接影响企业的发展和效益。如今大资管行业竞争日益白热化，保险机构要想在激烈的竞争中不被淘汰出局，除了要有正确的战略部署、敏锐的市场嗅觉以及强劲的创新能力之外，必须先练好管理"内功"，夯实企业发展的基石。国外一些优秀的金融机构在管理的规范化、标准化、制度化、程序化等方面更加成熟，经验更加丰富。在企业管理方面，我国保险机构起步较晚，非常有必要通过与国外金融机构深入合作，充分吸收、借鉴其丰富的保险经营和资产管理经验，完善公司治理结构，提升公司的专业投资能力。例如，通过合资成立专业子公司等方式，搭建境外投资平台，加强境内外投资的协同与联动，为保险资金配置全球化，分散投资风险以及在安全性前提下的盈利最大化夯实基础。

第四节 保险资金运用的基础建设创新

离开基础建设谈创新，无异于无源之水、无本之木。保险资金运用的创新发展，不仅需要体制机制创新、模式创新和业务创新，更需要一系列配套基础建设创新，例如深化行政审批制度改革、完善市场体系和文化、加强信息化系统建设、构建集中交易平台等，让业务创新发展与基础建设支持之间相辅相成，形成良性互动。本节首先讨论了市场理念的创新，鼓励保险资金运用要积极满足客户投融资需求，强化资产负债管理，开展主动投资。其次，讨论了市场集中交易平台的建设，为盘活保险存量资产、推动保险资产管理产品创新、做活保险资金运用奠定基础。最后，围绕行业信息系统建设以及建立创新协调沟通机制进行了阐述。

一、加强文化建设，提升市场理念

整体来看，保险资产管理的主动投资文化氛围不足，市场理念仍旧较为保守，保险资产管理的业务模式、资金来源、投资方向、风险控制等各个领域仍沿用保险资金"安全、稳健"的市场理念，缺乏开创性的投资文化底蕴。2012 年以来，随着市场化改革的推进，竞争不断加剧，顺应市场环境的变化，需要解放思想、与时俱进，借鉴国际经验，结合我国实际情况，转变保险资金运用的市场理念，以变应变，掌握应变之策，加大开拓力度，不断增强创新能力，寻找新的投资途径，拓展投资方式，逐步形成适应新常态的保险资金运用文化和理念。

（一）服务保险主业的同时，为客户提供综合化金融服务

保险资金运用的初衷是服务保险主业，立足于保险主业进行投资，通过购买长期限固定收益类产品，做好保险资产负债匹配，确保保险公

司具有充足的偿付能力。随着市场化改革的推进，投资资金的来源已经不仅局限于保险资金，还有业外机构的委托资金，资金委托方日趋多元化，各个资金委托方的投资需求不尽相同，需要制定不同的投资方案，满足委托方的多样化需求。另外，保险资金的投资也已经由传统标准产品，拓展到非标准化产品，需要满足政府、企业和个人等不同类型市场主体的融资需要。因此，未来保险资金运用应该树立满足不同投资主体和不同融资主体需要的市场理念，全面参与大资管市场竞争。

（二）由以"资产负债管理"为主，向"资产负债管理＋多平台投资管理"兼顾转变

在以承保收入为主要收入来源的经营模式下，用固定收益资产来给付固定负债是保险资产负债匹配管理的核心理念。这种理念的核心优势在于能够更加深入地认识委托人的负债特点，并且对投资品种的收益和风险特征有足够的研究，提供更加适合保险、年金等机构投资者的投资解决方案。但是随着保险资金委托的双向开放，引入第三方管理机构后，保险资金运用的市场化程度得到进一步提高。保险资金运用需要由以"资产负债管理"为主，向"资产负债管理＋多平台投资管理"兼顾转型，通过收购市场上成熟的独立资管机构建立多个资产管理平台，承担接受外部委托的功能，大力拓展非负债业务，提高收入的多元性，对冲保险资产管理业务的周期性风险。保险资金运用需要以资产负债匹配为基础，开展多元化投资，形成以保险和多元化投资为主的业务格局。

（三）从被动投资管理向主动投资管理转变

根据保险负债的特点，满足不同负债的期限、收益、流动性、风险承受能力等要求，寻求与负债相匹配的基础资产进行投资，这种保险资金运用被动满足负债业务的模式，尽管履行了资产配置的投资职能，但只是完成单个投资任务，投资业务基本处于割裂的状态，急需完善整个投资产业链，加强前端的类"投行化"角色，做好后端的"产品化"改造。一方面，在"产品化"的模式下，可以根据对市场的判断，将

保险产品在不同的投资产品间进行配置，主动进行动态调整；另一方面，主动参与到企业直接融资链条中创设基础资产，增加自身的可投资标的。所以，在整个投资产业链前端，加强类"投行化"成为同其他市场投资主体竞争的关键，也是完善自我产品链的关键一步。而产业链后端的产品化改造，不仅能有效地将产品标准化，吸引更多投资者，还能够使保险资产管理机构构建起覆盖各风险收益层级的"产品超市"，是应对大资管市场竞争、提高自身管理费率的必然路径。展望未来，保险资产管理机构需要通过产业链前端的投行化和后端的产品化，塑造综合性、外向型的投资风格。

二、建设交易流通平台

随着保险资金运用的市场化程度不断提高，资金运用业务链条从传统的保险资金投资拓展到资产管理产品发行、项目资产支持计划设立以及公募业务开展等，保险资产管理平台主动管理能力日益凸显，业务渠道从原先集中于银行拓展到信托、租赁、阳光私募等非银行金融机构，与券商、基金等的合作不断深化。保险资产管理产品种类不断丰富、规模持续扩大，市场参与者快速增加，特别是非保险客户参与程度的不断提高，投资者对保险资产管理产品流动性的需求日趋增强。但是由于保险资产管理产品，特别是非标资产本身具有产品信息披露不完善，交易双方信息不对称，缺乏外部信用风险评级等问题，造成投资者对非标准化资产转让的顾虑，制约了资产转让的积极性，增加了转让成本和难度，巨额存量资产无法有效盘活，大量市场交易需求无法满足，迫切需要搭建保险资产管理产品发行交易平台。目前，券商、基金、基金子公司、信托甚至银行理财等产品均已逐步探索产品的二级交易流通市场，并已取得初步成果。因此，可以借鉴其他资管同业二级交易流通市场的经验，结合保险资产管理产品市场的实际，建设保险资产管理产品交易平台。

（一）建设交易平台的重要意义

建设开放、集中、统一的保险资产管理产品流通交易平台，主要有以下几方面的重要意义：一是通过交易平台，提高保险资产管理产品的标准化程度。二是增加保险资产管理产品的流动性，创新退出机制。三是丰富交易平台的标准化品种，满足银行、信托、券商等其他金融机构，甚至合格个人投资者的投资需求，扩大合格投资者的范围。四是保险资产管理产品的流通交易机制逐步完备之后，比如可以探索建立保险资产管理产品的融资渠道。

（二）明确交易平台的功能定位

通过搭建保险资产管理产品发行交易平台，主要实现如下服务功能：一是通过平台建设和制度规范，为保险资产管理产品发行、登记、转让、质押融资等提供服务支持，提高相关业务开展的效率，盘活存量保险资产，优化资源配置；二是通过平台建设，引入更多的参与主体，促进保险资产管理行业与银行、证券等其他非保险机构深度融合；三是通过平台建设，提高保险资产管理业务的透明度，便于监管部门有效实施监管。

（三）设计交易平台的市场结构

从理论上讲，保险资产管理产品发行交易平台可以由市场主体作为主发起人发起设立。但由于保险资产管理产品发行交易平台的特殊性，为确保保险资金运用的市场秩序、监管效率和资产安全，在保监会的政策指引下，由中国保险资产管理业协会牵头、保险机构参与，建立市场化、专业化、信息化的保险资产管理产品发行交易平台。

（四）提升产品标准化程度，统一交易市场

为确保保险资产管理产品发行交易平台规范、平稳、高效运行，首先，应该提升产品标准化程度，以较高的公开发行标准，规范债权计划、项目资产支持计划等品种的标准形态。其次，需要进一步完善产品注册登记制度，形成统一的信息发布平台，实现保险资产管理产品的集中信息披露。最后，建设完善的交易场所和配套基础设施，统一保险资产管理产品交易市场，避免规模分散、效应递减。

（五）推动产品估值体系建设

对保险资产管理产品进行合理估值，是保险资产管理产品交易流通的重要基础。因此，有必要引进独立的第三方对保险资产管理产品进行公允估值，从交易主体、期限、交易结构、增信措施、行业风险、利率风险等方面建立科学、统一的估值标准。可以充分借鉴银行理财"非标转标"的经验，并引入相当品种作为估值基准。配合会计师事务所的审计师对资管产品进行审计，发布季度、年度报告，有效地提升资管产品的估值认可程度。尽职履行资产管理公司的投后管理职责，及时跟踪产品资产运行状况，对可能影响产业净值的信息进行及时准确的归集与披露。建立双边报价机制，实现二级市场的自发估值定价功能，提高保险资产管理产品的发行、转让、质押融资等业务效率。

三、适应创新业务需求，加强信息系统建设

保险资金运用的创新发展需要信息技术支持，信息技术的发展为保险资金运用的创新发展提供了可能和便利。建立一个统一、高效的信息系统与保险资金投资业务之间形成相辅相成、共同发展的良性关系。随着保险资产管理产品链的逐渐丰富，产品的数量和规模快速增长，产品及交易结构的日趋复杂化、创新业务不断涌现，需要强化资金募集、产品配售、收益分配、核对清算等各个环节的信息系统，完善各个专业子系统之间的对接、数据共享，确保保险资金运用的高效运行。

（一）信息系统建设对保险资金运用的重要作用

首先，完善的信息技术系统是进一步提高项目投资效率的必要手段。随着保险资产管理公司发起设立产品及对外投资金融产品数量和规模的不断增多、产品及交易结构的日趋多元化等，保险资产管理公司需要使用操作更为便捷、直观性更强、能有效管理发行、投资业务流程，并与资管公司各专业系统进行无缝连接、数据共享，建立专业化的资管产品信息系统。

其次，高效的信息系统是提高产品后续管理效率和质量，减少操作风险的迫切需要。保险资产管理产品注册后，后续产品的管理工作对于操作的细致性、准确性和及时性要求较高。在后续产品管理的资金募集、收益分配等环节通过开发的信息系统，对产品配售、收益分配等进行准确计算、核对，进行流程化、步骤化管理，能够最大程度减少人工的失误和漏洞，提高产品后续管理效率和质量。

最后，综合性的信息系统也是保险资产管理公司等业务部门同信用评估、运营管理、风险控制、法律合规等各中后台部门协同合作，共同推进产品发行和投资的需要。在保险资产管理产品的发行或投资链条中，业务部门与信评部、运管部、风控部、法律合规等各部门，从项目立项到项目决策，从项目决策到产品注册，从注册到发行，从投前管理到投后管理，相互之间都存在配合和合作。协作部门之间需要共享大量的信息和数据，共同集中执行部门间业务流程。因此开发资管产品信息技术系统，通过系统平台共享信息和数据，利用系统线上电子化流程替代部分线下繁杂的人工操作，能够显著提高资管公司各部门间协作效率，有效避免数据误差和信息传递失真等问题。

（二）制定信息系统建设规划及策略

信息系统建设应进行整体规划，结合保险资金运用的长期发展趋势，制定信息系统的短、中、长期建设目标，对实现策略和方法、实施方案等做出统筹安排。根据信息系统建设规划，选择合适的信息系统开发策略，采取"自下而上"的方式，即从各个子系统的日常业务处理开始进行分析和设计。完成下层子系统的分析和设计后，再进行上一层子系统的分析和设计，一步一步地实现各个具体功能，逐步由低级到高级建设信息系统。这种开发策略可以实现边实施边见效，且可以避免大规模系统运用不协调问题。但是在实施具体子系统开发时，可能缺乏整体运营协调，易出现功能和数据的重复和不一致问题。因此，需要采用"自上而下"的方法进行总体规划，由全局到局部，由长远到近期，根据信息流合理的设计信息系统，避免在信息系统设计中出现重大修改，甚至重新规划和设计问题。

（三）构建创新信息技术系统

按照功能不同，保险资产管理的信息系统大体可以分为渠道类、业务类、管理类三种，其中渠道类信息系统提供机构和个人或企业用户的交易界面，需要实现现金处理、支付、自助交易、票据处理等功能；业务类信息系统主要处理投资交易和会计核算；管理类信息系统主要实现风险管理、客户关系管理、决策支持、办公自动化等。但是现在保险资产管理机构的信息系统并未实现集中化、标准化，而是由不同的子系统甚至不同的厂商的子系统组成。这主要是由于保险资金运用的业务模式尚处在快速变化的阶段，在实务中往往是由业务条线提出需求，再进行系统开发，业务模式的不确定性使信息系统统一规划、统一部署的难度增大，保险资产管理信息系统呈现分散化的状态。但是从保险资产管理行业长远发展来看，如果整个行业能够更清楚地认识到信息系统对业务发展的重要性、对全流程各项业务支撑点的重要性，开发标准化、集中化、独立性的信息系统并非难事。事实上，不论是交易还是风险控制，优异、标准的信息系统架构设计都将有事半功倍的效果，比如跨产品、跨市场，甚至全球范围跨品种交易，都需要信息系统平台架构有足够的前瞻性和包容性。

四、强化中介服务体系建设

在未来保险资产管理产品的发行、投资和销售过程中，还涉及法律服务机构、信用评级机构、资产评估机构等外部第三方咨询中介机构的参与。设立中介服务采购方式和采购标准，实施中介机构入库管理方式，从而形成中介服务动态管理体系，持续改善项目发行、投资、销售过程中的中介服务，有利于提升资管产品质量、防范产品风险。

（一）制定中介服务统一采购方式和标准

在采购方式上，根据中介机构服务性质的不同，可以采取招标、比选、竞争性谈判、询比价等多种方式。对于各种不同的采购方式，应根据各公司不同情况设定相应的采购流程和适用条件。在采购标准上，选择的主体应当具有经国家有关部门认可的业务资质；具有完善的管理制度、业务流程和内控机制；熟悉保险资金投资的法律法规、政策规定、业务流程和交易结构，具有承办具体投资业务相关服务的经验和能力，且商业信誉良好；与保险资金具体投资业务的相关当事人不存在关联关系；接受中国保监会涉及保险资金投资的质询，并报告有关情况等条件。未来，应根据保险资产管理产品及其资金运用情况，在此基础上进一步细化完善中介服务采购标准。

（二）建设中介服务动态管理体系

实施中介机构入库管理方式，从而形成中介服务机构动态管理体系。首先，要建立规范的中介机构入库规则和标准，明确入库程序，严格按照统一的标准对中介机构进行筛选。其次，建立完善的中介服务机构出库规则，对已经入库的中介服务机构定期进行评估，不符合要求的中介机构要及时出库，动态维持入库中介机构的质量。

（三）健全中介服务的法律法规

有序竞争的市场秩序是中介服务持续发展的先决条件，但是目前为保险资金运用提供中介服务的相关法律法规不健全，缺乏对中介服务的管理和规范。另外在收费、政策、税收等方面也没有明确的规定，只有零散的一些条款出现在其他的政策法规里。因此，应该针对为保险资金运用提供中介服务，制定规范的法律法规，规范中介服务的市场行为，支持与保险资金运用相关的法律服务机构、信用评级机构、资产评估机构等持续健康发展。

五、完善纵横双向沟通协调机制

沟通协调的实现有赖于良好的机制，应不断完善各个市场主体之间以及各主体与监管部门之间的沟通协调机制，确保"自下而上"、"自上而下"以及"前后左右"的信息流通和沟通协调顺畅，不断提高沟通协调效率，促进保险资金运用基础建设持续创新。

（一）完善市场主体与监管部门之间的纵向沟通机制

不断完善各公司和保监会之间的信息沟通机制，确保政策精神及时、准确、有效地传达，也让新政策、新法规的贯彻、实施情况客观、真实地反馈给保监会。另外，进一步加强保险资产管理业协会在实地调研、面谈交流等方面的作用，及时掌握和了解保险资运用情况，聆听市场主体的政策建议和业务需求，并积极向保监会传达和沟通，强化对保险资金运用的监管协调。充分发挥保险资产管理业协会的作用，逐步完善"自下而上"和"自上而下"的双向信息流通和沟通协调机制。

（二）完善各市场主体之间的横向合作交流机制

进一步完善各个市场主体之间的合作交流机制，确保信息流通和沟通协调顺畅。应充分发挥监管部门在行业发展中的地位和角色，站在全行业不断深化改革、持续健康发展的角度，通过定期组织沙龙、专题研讨会、行业峰会等多种形式，搭建保险资产管理行业与其他资管行业之间的交流平台，加强保险资产管理机构与国内金融同业的合作，学习其他同业资金运用创新模式。同时，加强与国外金融业的交流，借鉴国外金融市场的先进理念和成熟市场经验，推动保险资金运用的创新发展。

新常态下，保险资金运用的创新发展，就是要充分发挥市场在资源配置中的决定性作用，破除制约创新的思想障碍和制度藩篱，激发全行业的创新活力和创造潜能，提升保险资金运用的效率和效益，强化保险资金与经济对接、创新成果与产业对接、创新项目同现实生产力对接、专业人才创新劳动同其利益收入对接，使保险业的发展融入国家宏观经济发展的新常态，增强现代保险服务业对经济发展的贡献度。

保险资产管理面对经济发展的新常态，面对行业融合的新环境，面对"新国十条"带来的新机遇，今后一段时期，还要继续加大保险资金运用和保险资产管理主体的创新力度。要加快保险资金运用模式创新，引入国际先进的管理技术、模式和手段，注重资产持续管理、价值管理和精细化管理，不断提高保险资金的价值增长空间。要充分发挥保险资金运用专业能力强和客户群体多的优势，不断拓展资金运用范围，不断拓展受托资产来源，全力支持保险产品创新。对于保险资产管理主体而言，要加快业务创新，大力发展投资顾问、投资咨询等中间业务，大力拓展服务范围，促进盈利模式的多元化。保险资金运用的创新发展要落脚到行业的基础建设中，只有不断提升市场化投资理念，持续健全产品交易流通等中介服务体系，才能为保险资产管理业务和保险资产管理行业的长期、稳定、健康发展"保驾护航"。

中国金融四十人论坛
CHINA FINANCE 40 FORUM

第七章

新常态下保险资金运用主体建设

中国保险业 1979 年复业至今，在短短的 30 多年时间里取得了巨大的成就。保险资金的运用也从无到有，经历了跨越式发展，截至 2014 年底，中国保险资金运用余额达 9.3 万亿元。保险资金的运用不仅关系到保险行业的整体发展，也关系到被保险人的切身利益。加强保险资金运用主体建设，是运用好保险资金的关键问题。保险资金运用主体可分为三类，分别是委托主体、管理主体以及服务主体（见表 7－1）。

表 7－1　　　　　　　　　　保险资金运用主体分类

委托主体	管理主体	服务主体
保险公司	保险资产管理公司	托管人
	保险公司投资部门	会计师事务所
	外部投资管理机构	律师事务所

资料来源：中国保险资产管理业协会。

运用好保险资金既符合保险资金的委托主体——保险公司的根本利益，也是保险资金运用管理主体和保险资金运用服务主体的责任。加强保险资金运用主体建设，尤其是保险资金运用管理主体的建设，是关系到保险资金能否高效合理运用的关键。随着保险资金运用模式的丰富，越来越多的资产管理机构加入到保险资金运用的管理队伍中来。如何发挥这些资产管理机构的优势以提高保险资金投资收益水平，这也是保险资金运用过程中必须要思考和面对的问题。此外，必须重视保险资金运用过程中服务主体的自身建设，这些服务主体的能力和水平直接关系到保险资金运用的效率。

第一节　保险资金运用管理
主体的发展沿革

一、保险资金运用管理主体历史发展回顾

目前，保险资金运用管理主体大体可以分为三种：保险公司内设投资部门、专业化保险资产管理公司和外部投资管理机构。

保险资金运用管理主体从单一模式发展到如今的多元化，主要经历了三个阶段：第一阶段是 2003 年之前，主要依赖保险公司内部投资部门或者财务部门进行投资。第二个阶段始于 2003 年，以人保资产管理公司的成立为标志，保监会按照集中化和专业化原则，推动建立保险资产管理公司，形成了保险公司自主投资和资产管理公司受托投资相结合的管理模式，有力地支撑了保险业的平稳健康发展。随着保险资金运用政策的逐步松绑，2012 年 7 月中国保监会发布《保险资金委托投资管理暂行办法》，符合相关资质条件的证券公司和基金公司等主体可以作为受托投资管理机构进行保险资金运用管理，标志着保险资金投资"委外"时代开启，保险资金运用管理主体发展也进入第三个阶段。除委托保险资产管理公司外，保险资金还可以委托符合条件的七十余家券商和基金等业外机构运作保险资金。保险资金投资管理人队伍进一步壮大，有利于保险资金对接优质投资资源，打破行业垄断，营造竞争环境，提升保险资产管理公司的投资能力和服务水平。

二、保险资金运用管理主体现状分析

2003 年以来，保险资金运用开始逐步走上集中化、专业化、规范化的良性发展轨道。上文提到，保险资金运用管理主体可以归纳为三

类：一是内设投资部门，二是专业保险资产管理公司，三是外部投资管理机构。这三类主体在新环境下均呈现出各自的特征和趋势。

（一）保险公司投资部门现状及分析

保险公司通过在公司内部设立专门的投资管理部门，具体负责本公司的保险资金投资活动。在初期，这是保险资金投资的主要方式。2003年以前，保险资产管理公司还没有成立，保险公司内部投资部门承担了主要的保险资金管理职责。2002年底保险资金运用余额达5799亿元，保险资金运用的收益率为3.14%。对规模小、经营历史较短的保险公司来说，通过内设投资部门有利于资产管理和运作，便于监督和控制。日本保险公司较多地采用了这一组织模式，如日本第一生命保险公司、安日生命保险公司等。

不过随着保险资金投资渠道增加、保险资金规模的扩大以及资本市场快速发展，对保险资金运用管理的成本控制及收益提升提出更高要求。目前，我国保险资金可投资领域不断扩大，固定收益、权益、不动产、海外、另类等各种领域都已经向保险资金开放，可投资品种更为丰富。所以一个有效的内部投资团队需要了解和掌握的投资领域和投资知识范围大幅扩展，所需要的专业人才数量也必然增加。例如，2009年4月，保监会下发《保险公司股票投资管理能力标准》、《关于规范保险机构股票投资业务的通知》和《保险机构信用风险管理能力标准》等文件，中小保险公司必须符合"设有独立的资产管理和信用评估部门、股票投资专职人员不少于12人"等指标才可以直接投资股市。

除了专业人才的需求，进行投资研究所需要的基础设施投入也是必不可少的，例如专业分析软件和大量的数据处理，以及配套的IT硬件设备等。除此以外，随着保险资金的规模不断增大，配套的运营、风控、交易等各个平台都需要相应的软硬件设施进行完善以配合保险资金的合法合规运用，避免在运营环节出现操作风险而导致保险资金不必要的损失。如果保险公司本身的保险资金规模不够大，在没有规模效应的情况下，仅依靠内部投资部门实施完整的投资以及后期的运营等全流程缺乏效率。为此，投资部门可与保险资产管理公司、外部资产管理机构合作。具体地，由内部投资部门制定主要投资策略，例如确定战略投资配比以及资产大类配置等方式，再通过外部资产管理公司进行具体投资操作，例如战术上的配置和大类品种下的具体投资标的。

（二）保险资产管理公司现状及分析

1. 保险资产管理公司的发展现状

（1）保险资产管理公司设立及经营范围

保险公司成立或并购专业保险资产管理公司，对保险资金进行专业化、规范化运作，是目前保险资金运用的主要模式。2003 年国内第一家保险资产管理公司中国人保资产管理公司成立。截至 2014 年底，已经获批的保险资产管理公司有 21 家，2015 年 9 月新增 1 家资产管理公司获批。除了股东模式不同之外，资产管理公司的投资决策方式也有所不同。一类是把大部分投资决策权放在集团层面，资产管理公司更具有事业部的属性，另一类是资产管理公司可以做相对独立的资产大类决策。截至 2013 年底，保险资产管理公司受托管理资产规模为 6.49 万亿元，占全部保险业总资产的 78.2%，占保险资金运用余额的 84.4%。未来相当长一段时间内，保险资产管理公司在中国的保险资金运用管理主体中将扮演重要角色。

根据《保险资产管理公司管理暂行规定》，保险资产管理公司受托管理运用其股东的人民币、外币保险资金，受托管理运用其股东控制的保险公司的资金。2012 年 10 月，保监会发布《关于保险资产管理公司有关事项的通知》，明确保险资产管理公司除受托管理保险资金外，还可受托管理养老金、企业年金、住房公积金等机构的资金和能够识别并承担相应风险的合规投资者的资金，依法开展公募性质的资产管理业务。

（2）保险资产管理公司业务分类

2013 年 2 月，保监会发布了《关于保险资产管理公司开展资产管理产品业务试点有关问题的通知》，对保险资产管理公司开展资产管理产品业务试点做出明确规定。目前保险资产管理公司主要从事投行板块业务和资产管理板块业务两大板块的业务，涉及的业务主要包括基础设施不动产债券计划、项目资产支持计划、私募股权基金、增值平台服务、保险资产管理计划、企业年金服务、公募业务、第三方保险资产管理服务以及投连险管理服务等。

2. 保险资产管理公司的特征分析

首先，与内设投资部门相比，保险资产管理公司是独立法人。通过完善公司法人治理结构、内部控制等，可以提高公司的经营透明度，避免产生关联交易。《保险资产管理公司暂行规定》对保险公司和资产管理公司之间的具体操作进行了详细的规定，保险资产管理公司的利益分配方式是按照合同规定收取资产管理费，除此之外不能任意分割保险资金运用的收益。这避免了作为控股的母公司通过与资产管理公司约定不平等的利益分配方式将利润留在保险资产管理公司，从而损害投保人和被保险人的利益，尤其是投资性保单持有人的利益。其次，成立专业资产管理公司着眼于把保险资金运用向规模化、专业化道路上发展，进一步提高保险公司在"大资管"时代的竞争力。表 7 - 2 显示，2013 年底大多数保险资产管理公司人员规模在 100—300 人之间，硕士占比平均超过 70%，这表明保险资产管理公司人员具有较高的受教育水平，有助于为规模化、专业化发展提供人才支持。

表 7 - 2　　　　2013 年底保险资产管理公司人员结构　　　　单位：人

保险资产管理公司	文化结构				专业技术职称			员人总数
	博士	硕士	学士	大专以下	高级	中级	初级	
人保资产管理	20	140	37	3	11	35		200
国寿资产管理	38	217	59	0	19	34	12	314
华泰资产管理	4	73	31	7	16	1		115

保险资产管理公司	文化结构				专业技术职称			员人总数
	博士	硕士	学士	大专以下	高级	中级	初级	
中再资产管理	24	78	22	1	5	13	2	125
泰康资产管理	17	265	92	7				381
太平洋资产管理	12	125	35	4	7	17		176
新华资产管理	8	79	23	5				115
太平资产管理	9	103	69	12	2	11		193
安邦资产管理	5	94	26		1	2		125
生命保险资产管理	6	48	34	11	1	5	3	99
合众资产管理	6	53	39	3	2	5		101
光大永明资产管理	6	112	57	0		2		175
民生通惠资产管理	2	44	23	3				72
阳光资产管理	7	77	19	1				104

资料来源：2014年保险年鉴、中国保险资产管理业协会。

与其他类型资产管理机构相比，首先，保险资产管理公司是由以大型保险公司为主投资设立的，保险公司资金量大，具有丰富的大资金管理经验。其次，保险资产管理公司对保险资产所对应的负债具有相当的了解，有专业的精算人才，便于运用资产负债管理方法，实现资产的有效配置。基于保险资产管理公司与母公司的关系，数据透明度和准确度上都比其他管理公司有优势。

（三）其他保险资金运用管理主体现状及分析

保险资金运用管理主体除了保险公司内设投资部门和保险资产管理公司以外，还有一个很重要的组成部分就是外部的资产管理公司。

委外模式即保险公司不直接从事投资运作，而将资金运作业务完全委托给外部专业投资公司。委外模式在国际市场发展较早，现在主要有四类委托外部投资的受托人：一是国际性的专业资产管理公司；二是银行或证券集团下的资产管理公司，它们一般是银行、证券集团的关联公司；三是保险集团下属资产管理公司，它们和保险公司为关联公司，或者为保险公司的子公司；四是独立的只从事保险资金投资的保险资产管理公司，它们没有相关联的母公司，业务范围只针对保险公司。

　　保险公司可以委托其中的一家资产管理公司管理保险资金，也可以委托多家不同类型的资产管理公司进行管理。一般小型保险公司只委托一家资产管理公司对它所有的保险投资业务进行管理。中型保险公司的"委外"业务可以分配给多家资产管理公司，这样可以做到操作风险分散，乃至地域风险的分散。不同的资产管理公司有不同的投资强项，由几个资产管理公司共同管理可以充分利用其各自优势，但是这样的投资模式有一个很大的缺陷，就是单个投资经理无法全局性地考虑投资策略，在宏观市场环境发生重大变化的情况下，可能会造成保险资金的投资损失。

　　从委外的管理机构情况来看，小部分的资产管理机构占据了市场的大部分份额。以北美为例，保险资金的委外投资市场份额比较集中。在2010年IFI保险资产管理调查报告中提到，64家资产管理公司承揽了90%的保险资金管理外包业务。表7－3按受托资金规模列举了前10家。其中有2家是综合资产管理公司，3家是银行或证券集团公司旗下资产管理公司，2家是保险集团旗下资产管理公司，3家是独立的保险资产管理公司。

表7－3　　　　　　　　　2010年北美保险资金受托人

排名	资产管理公司	资产管理公司种类	受托资金（10亿美元）
1	BlackRock，Inc	综合资产管理公司	191.3
2	Deutsche Asset Management	银行或证券集团下资产管理公司	172.8
3	GR－NEAM	保险集团下资产管理公司	79.7

续表

排名	资产管理公司	资产管理公司种类	受托资金（10 亿美元）
4	Conning Asset Management	独立保险资产管理公司	76.5
5	Wellington Management Company	综合资产管理公司	72.8
6	Delaware Investments	独立保险资产管理公司	70.4
7	Goldman Sachs Asset Management	银行或证券集团下资产管理公司	52.9
8	PIMCO	保险集团下资产管理公司	40.5
9	State Street Global Advisors	银行或证券集团下资产管理公司	38.5
10	PineBridge Investments	独立保险资产管理公司	32.1

资料来源：IFI2010 年保险资产管理调查。

在我国，委外模式近两年才起步。2012 年 7 月，中国保监会发布了《保险资金委托投资管理暂行办法》。除了现行委托保险资产管理公司进行投资管理，该委托办法还增加了证券公司、证券资产管理公司和基金公司作为保险资金受托投资管理机构。表 7 - 4 列举了保险资金委托准入条件。

表 7 - 4　　　　　　　　保险资金委托准入条件

资产管理平台	基金公司	证券公司	保险资产管理公司
保险资金受托准入条件	1. 取得特定客户资产管理业务资格三年以上； 2. 最近一年管理非货币类证券投资基金余额不低于 100 亿元； 3. 接受中国保监会涉及保险资金委托投资的质询，并报告有关情况等。	1. 取得客户资产管理业务资格三年以上； 2. 最近一年客户资产管理业务管理资产余额（含全国社保基金和企业年金）不低于 100 亿元，或者集合资产管理业务受托资金余额不低于 50 亿元； 3. 接受中国保监会涉及保险资金委托投资的质询，并报告有关情况等。	1. 注册资本不低于 1 亿元； 2. 管理资产余额不低于 100 亿元； 3. 具有一年以上受托投资经验等。

资产管理平台	基金公司	证券公司	保险资产管理公司
目前可开展保险资金委托公司举例	华夏基金管理有限公司、嘉实基金管理有限公司、南方基金管理有限公司、易方达基金管理有限公司、博时基金管理有限公司等。	国泰君安证券、中信证券、东方证券、光大证券、广发证券等。	人保资产管理、国寿资产管理、平安资产管理、太平洋资产管理、泰康资产管理等。
可开展业务类型	—	定向资产管理、专项资产管理。	第三方保险资产管理。

资料来源：中国保险资产管理业协会。

《保险资金委托投资管理暂行办法》推进了我国保险资金运用委外模式的发展。中国平安集团率先于2013年启动委托外部机构投资，50亿元规模主要投向中小板，2014年又增加了几个委外账户，投资范围扩大至固定收益领域及海外市场；中国太平保险集团也于2013年底启动委外投资，规模大约为200亿元，主要投向国内固定收益市场；2014年4月，中国人寿集团也开展对外委托投资管理人招标，在逾1.8万亿元的全部可投资资产中，拿出200亿元委托外部机构投资国内A股市场。

在经济进入新常态的大背景下，"大资管"时代竞争日趋激烈，保险资金希望通过委外等方式获取更多的投资收益从而促进整个保险行业的健康、有序、快速发展。委托外部专业资产管理机构进行投资也许将成为保险资金运用的一个新趋势。

总结而言，三类保险资金运用主体优势互补：保险公司资产管理部（投资管理部、资金运用中心）作为保险公司的内部组成部门与公司整体融合度更强，可以全面支持保险资金运作整体布局；保险资产管理公司作为独立机构具有更强的自主性、应变性和专业性；保险资金外部委托机构则具有特定领域的专业投资优势。2003 年以来，保险资金运用管理主体发展已经取得一定的成绩，建立起了集中化、专业化、立体化的管理体制。尽管成绩是显著的，但仍然存在需要认真反思的问题。在管理主体的自身建设方面，如何提升管理主体的核心竞争力，如何进一步推广市场化模式等问题都值得深入探讨。

第二节　保险资金运用管理主体自身建设

中国保险业从 1979 年复业到现在，伴随着改革开放的步伐，在短短的 30 多年时间里取得了巨大的发展成就。根据"新国十条"的规划，到 2020 年，我国保险密度要达到 3500 元/人，保险深度要达到 5%。按此规划计算，在 2020 年保险行业年保费规模有望达到 5 万亿元左右。面对保险资金如此快速的增长，保险资金运用管理主体如何做好自身建设，是关系到整个保险行业未来发展的重要问题，其资金运用能力和水平直接关系到我国保险资金运用的效率。

从目前我国保险资产管理行业的发展情况来看，经过十多年的发展，整个行业在投资水平、治理能力、创新发展等方面取得了长足的进步。但与基金、证券、银行、信托等行业在能力建设、人才储备、管理水平等方面还有一定的差距。从全球的角度来看，由于中国保险业以及中国保险资产管理行业整体起步较晚，我国保险资产管理行业与国外同行差距更为明显。

由于与保险母公司的天然"血缘"关系，我国保险资产管理公司在保险资金运作管理中具有重要地位。因此本节主要围绕保险资产管理公司自身建设进行阐述。目前，我国的保险资产管理公司主要还存在公司核心竞争力仍需提升、公司治理水平和方法有待改善、对公司文化建设重视不够等问题。因此保险资产管理公司要想更好地响应"新国十条"、配合国家战略发展、提高保险资金运用水平，就需要正视自身的各种不足，努力加快主体自身建设。

一、公司核心竞争力建设

一直以来，按照保监会的政策导向，保险资产管理公司接受委托资金的来源，包括但不限于保险资金。然而在实际操作中，保险资产管理公司吸纳非保险类资金的效果并不明显。造成这一现象的主要原因是过去保险资产管理公司的投资范围较为狭窄、投资能力不足，因而无法满足其他类型资金的投资偏好。所以，放开受托方的束缚，给予其充分的投资管理自主权，使保险资管机构能够在监管政策上与包括信托、券商、基金等在内的机构公平竞争，以提高保险资产管理行业的投资能力和整体竞争力。

（一）实现保险资产管理公司资金来源多元化

保险资产管理公司应该积极参与"大资管"时代竞争，形成多元化的资金来源，提升自身的市场影响力和竞争力。保险资产管理公司由于成立时间较晚，在市场上的影响力较基金、券商、信托、银行等有很大的差距。此外，由于保险资产管理公司大部分的委托资金来源于保险母公司，造成许多业外机构和零售客户对保险资产管理行业并不了解。因此，支持和鼓励保险资产管理公司建立"保险母公司—业外机构—零售客户"多层次的资金来源结构，逐步降低其对保险母公司的过度依赖，一方面能够为保险资产管理公司带来新的利润增长点；另一方面也有助于保险资产管理公司发挥自己的优势和能力，为委托方带来更加稳健的投资收益，并有助于通过市场化的方式完善保险资产管理公司的内部治理机制。

因此，保险资产管理公司应该努力拓宽委托资金来源，在受托管理保险集团（母公司）内部自有保险资金外，保险资产管理公司应该通过设立委托账户、设立投资计划、设立资产管理产品、设立公募基金等方式积极拓宽外部委托资金来源，包括外部保险资金、社保资金、养老金、企业年金、住房公积金、银行、财务公司等机构投资者的资金和能够识别并承担相应风险的合格个人投资者的资金。在监管方面，由于监管对资产管理产品的投资者要求较为严格，影响了保险资产管理产品与其他理财产品的竞争，不利于保险资产管理公司参与到财富管理行业。因此，放宽保险资产管理产品的投资准入条件，降低投资者进入门槛，有助于保险资产管理公司丰富资金来源，促使其提高在资产管理行业中的投资能力及市场竞争力。

（二）提升保险资产管理公司的投资管理能力和创新能力

保险资产管理公司应该努力提高综合能力，提升投资管理能力和创新能力，为投资者带来稳健的投资回报。随着金融市场化改革的不断加快和大资管时代的到来，保险资产管理公司应该不断提升债券、股票、基金等传统品种的投资管理能力，同时保险资产管理公司也要积极加强另类投资、第三方资产管理、投资咨询、产品设计和解决方案、境外投资以及金融衍生品交易等相关能力的培养与建设。

提高保险资产管理公司的投资管理能力和创新能力，需要从体制机制、业务模式、基础建设和人才培养等多个方向加强。特别是对于人才培养，一方面需要通过加强内部人员培训和改善激励机制；另一方面要鼓励保险资产管理公司多与同业交流、与大资产管理时代的其他市场主体交流，在交流中学习、提升自身的各方面能力。此外，保险资产管理公司也要向海外资产管理公司学习，通过引进优秀的外部人才，提升保险资产管理公司的能力和水平。

二、公司治理建设

（一）保险资产管理公司股权多元化建设

从目前已经获批成立保险资产管理公司的股东情况来看，基本上以母公司为单一股东为主。这一现状造成了保险资产管理公司长期以来严重依赖母公司、对外开拓的意愿不强、缺乏与其他资产管理机构的竞争能力。

具体来说，保险资产管理公司和母公司之间的关系密切，容易导致保险资产管理公司在资金运用上缺乏独立性，不正当关联交易、利益输送等潜在风险隐患积聚。此外，保险资金近年来逐渐加大了另类投资力度，而另类投资与传统的股权、债券投资相比具有期限较长、透明度不高、投资过程中容易利益输送等问题。保险资金作为社会保障体系的重要组成部分，在保险资金运用领域一旦发生问题会影响到整个保险行业的声誉。

从 2013 年开始，保险资产管理公司在股权结构上出现了变化，不再是母公司一股独大，市场上出现了多元化股东的模式。中意资产管理是首家真正意义上的中外合资资产管理公司；中英益利资产管理公司的股东包括两家寿险公司、一家信托公司以及一家阳光私募基金公司；2014 年批复设立的三家公司——华夏久盈资产管理、英大保险资产管理和长城财富资产管理，均由多家股东发起设立。

对保险资产管理公司来说，在现阶段通过引进海外保险资产管理公司或者专业的资产管理机构作为股东，借鉴股东在产品研发、商业模式、投资能力和人才培养等方面的先进经验，有利于保险资产管理公司的发展。此外，保险资产管理公司也可以探索员工持股的方式，将公司和员工的利益更好地绑定在一起，提高员工的忠诚度和工作热情。未来保险资产管理公司在股权多元化方面的探索将成为推动保险资产管理行业快速发展的重要动力。

从保险资产管理公司治理和保险资金运用的角度来看，厘清保险资产管理公司的所有权、避免不正当的关联交易和内部交易、保证保险资金运用的公平公正公开、维护市场秩序是保险资产管理公司自身建设中必须要面对和解决的问题。只有厘清了保险资产管理公司的股权结构、明确了权责关系，并通过引进外部股东以及员工持股等方式完善所有权结构和股权建设，才能真正建设好保险资金运用管理主体，发挥保险资金运用管理主体的优势，提高保险资金运用的水平和效率。

（二）保险资产管理公司治理建设

1. 支持保险资产管理公司成立专业子公司，促进保险资产管理公司转型

"新国十条"中提出："鼓励设立不动产、基础设施、养老等专业保险资产管理公司，允许专业保险资产管理公司设立夹层基金、并购基金、不动产基金等私募基金。"支持保险资产管理公司设立专业公司或子公司，能有效隔离风险，提升保险资金运用管理主体专业化水平。

2015 年 1 月，首家保险系私募股权基金获批成立。保监会批准光大永明资产管理公司同安华农险、长安责任保险、东吴人寿、昆仑健康保险和泰山财险共同发起设立中小企业私募股权投资基金，并成立专业股权投资基金管理公司担任发起人和管理人，注册资本为 1 亿元人民币，其中光大永明资产出资 30%，员工持股平台出资 20%，其他 5 家保险公司各出资 10%。

2013 年 11 月，首家保险系基金公司——国寿安保基金管理有限公司挂牌成立。国寿安保基金由中国人寿资产管理有限公司和澳大利亚安保资本投资有限公司共同出资成立，注册资本 5.88 亿元人民币。其中，中国人寿资产管理有限公司出资 5 亿元，出资比例为 85.03%；安保资本投资有限公司出资 8800 万元，出资比例为 14.97%。这是在《证券投资基金法》修订并实施后首家由保险公司发起设立的基金公司。

通过设立专业公司或子公司，保险资产管理公司可以更健康地开展业务，在与母公司风险隔离以及符合监管框架的前提下，进行业务创新。专业子公司可以根据所处细分行业特点，采取与保险资产管理公司（母公司）差异化的发展路径。例如采取特殊的组织结构、运作模式、激励机制、产品设计、人才需求，既符合保险资产管理特征要求也满足特定投资领域的特殊需要，同时间接促进保险资管行业的整体转型，提升保险资产管理公司的竞争力。

2. 促进保险资产管理公司内部组织架构创新，提升保险资产管理公司竞争力我国保险资产管理公司经过十多年的发展，已经形成了较为固定的内部组织架构。通常保险资产管理公司的架构分为前台、中台和后台三个部分。前台主要是投资部门，中台是运营、风控等部门，后台是财务、人事等部门。

随着我国保险资产管理公司的不断发展、业务范围的不断扩大以及投资领域的不断增加，鼓励保险资产管理机构探索满足市场需求、符合自身发展的多样性的组织结构。例如，有些保险资产管理公司正尝试向事业部制组织架构改革的实践。通过事业部制改革，在满足合法合规的前提下，给予优秀的投资经理更大的自由度，有助于优秀的投资经理发挥自己的投资能力，有利于保险资产管理公司加快产品化和投行化的步伐，促进保险资产管理公司的转型。又如，保险资管机构可以探索组织结构扁平化，加快信息传递的效率和正确性，更快适应市场发展变化速度。

3. 落实公司治理各项制度，完善保险资产管理公司治理体系

加强公司治理，既是保险资产管理公司提高运行效率、完善风险管控的根本途径，也符合监管机构的规定。根据《保险资产管理公司管理暂行规定》，保险资产管理公司应当建立完善的公司法人治理结构和有效的内控制度，设立投资决策部门和风险控制部门，建立相互监督的制约机制。随着我国经济社会的不断发展和法律法规的配套完善，我国保险资产管理公司的公司治理水平与刚成立时相比有了很大提高，但是与我国一些成熟的资产管理机构以及海外先进的资产管理公司相比仍有很大的差距。

为提高公司治理水平，保险资产管理公司应该重视内部各项公司治理制度的落实。一个成功的公司治理需要考虑本公司环境，不断优化公司治理的各项制度并予以落实。随着保险资产管理公司的发展不断加速，公司规模不断扩大，公司中股东与公司的利益关系、公司内各利益主体的关系、公司与其他子公司关系以及公司与政府的关系将越来越复杂。健全的公司治理制度，能有效地协调各利益主体关系，增强企业自

身的抗风险能力。从发达国家的经验来看，要实现公司治理的目标，需要有竞争性的产品市场和资本市场、活跃的公司控制权市场等外部环境。我国资本市场发展的时间不长，相应的法治建设也相对落后，司法系统效率不高，还需要系统地完善外部条件，以建立有效的公司治理结构。虽然我国公司治理的外部环境还有待改善，但是保险资产管理公司应该提高公司治理意识，在日常经营中落实公司治理的各项制度，保证保险资金运用合法合规，提升保险资产管理公司的竞争力。

4. 鼓励保险资产管理公司进行激励机制创新，提高员工工作积极性

保险资产管理公司与保险母公司的天然"血缘关系"使得保险资产管理公司基本承揽了母公司的资产管理业务。虽然保险资金的受托方主体已经放开，但是目前保险资金的运用主体仍以保险资产管理公司为主。这种带有"垄断"性质的资金管理方式使得保险资产管理公司缺乏市场竞争压力与动力，很难在公司和行业内部建立市场化的人才队伍与收入分配机制，导致员工工作积极性和提高投资业绩的动力不足。

随着监管对保险资金受托主体的进一步放开和"大资管"时代的竞争加剧，为了更好地提高员工工作积极性、留住优秀员工、提高保险资金运用整体水平，保险资产管理公司应该以市场化为导向，进行激励机制创新，比如允许引入核心管理层持股及员工持股，进一步完善多维度核算体系绩效考核办法和实施细则，支持保险资产管理公司建立责、权、利匹配的市场化考核机制和激励机制，推进建立有竞争力的薪资激励机制等。

三、公司文化建设

（一）加强保险资产管理公司文化建设，培育公司文化，提升市场影响力

企业文化是企业在长期经营活动中形成的管理思想、管理方式、管理理论、群体意识以及与之相适应的思维方式和行为规范的总和。其核

心内容是企业价值观、企业精神、企业经营理念。企业文化是企业核心竞争力的重要组成部分，不仅有助于增强企业内部员工的凝聚力，而且对外能树立良好的企业形象，提高市场竞争力。

保险资产管理公司企业文化建设需考虑两方面的内容。首先，我国保险资产管理公司是保险资金运用的主要管理主体，并且与保险母公司存在较大关联关系，这决定了其公司文化必须与保险行业的核心价值理念相一致。2013 年 3 月，保监会发布保险行业核心价值理念，标志着保险行业文化建设进入崭新阶段。保险行业核心价值理念主要包括：一是守信用，即保险是基于信用的契约行为，保险业应向客户提供诚信服务，才能持续经营；二是担风险，即保险业是经营风险的特殊行业，应致力于为经济社会分担风险损失，提供风险保障；三是重服务，即保险业属于金融服务业，应着力提升服务质量和水平，体现保险价值；四是合规范，即保险机构和从业人员须严格遵守法律法规、行业规范，保障保险市场健康运行。该理念先后明确了保险经营的基本原则、保险的本质属性、保险价值的实现途径以及保险市场健康运行的前提条件。因此，保险资产管理公司应认清保险行业核心价值理念的基础地位，明确保险资金运用应遵循安全性原则，并以此为基础推进文化建设。

其次，保险资产管理公司也应认识到与保险公司相比，其业务模式、管理理念等各方面存在很大差异。作为保险资金运用管理主体之一，其在保障保险资金安全的基础上，也应注重收益性。因此，从资产管理机构的特点出发，建立起符合资产管理行业特性的企业文化也应成为保险资产管理公司文化建设的重要方面。

最后，与其他金融机构或是资产管理机构不同的是，对保险资产管理公司来说，其资金来源、投资理念、风险偏好上的差别也会导致企业文化建设上的差异，这一点尤其要引起管理者的注意。

（二）注重人才储备，提高保险资产管理公司对人才培养的重视

对资产管理行业来说，人才的重要性不言而喻，能否在人才的争夺中占得先机，关系到整个保险资产管理行业的市场竞争力。

从成立伊始，保险资产管理公司主要是以内部管理人身份对保险资金进行管理。中国保险资产管理行业经过十几年的发展，虽然保险资产管理行业整体管理资产规模仅次于银行和信托，但保险资产管理公司和整个行业在金融市场的活跃程度、创新能力等方面都未形成市场口碑，在人才吸引力方面与银行、券商、基金等相比仍存在较大的差距。

另外，由于保险资产管理行业整体发展时间较短，绝大部分的保险资产管理公司并未建立起一套系统的人才培养机制和体系。而银行、券商和基金行业中的许多企业经过较长一段时间的发展和摸索，已经建立了相对完善的人才储备和培养体系。有些公司的人才招聘和人才培养体系已经在市场上形成了一定的知名度，对于金融人才的吸引力很大。

保险资产管理公司在人才储备方面，一方面要通过设计合理的激励和竞争机制，为现有保险资产管理行业从业人员提供有竞争力的待遇水平，将优秀的人才留下来，将竞争力和能力不够的人员淘汰，提升行业从业人员的整体素质。此外，合理而有竞争力的工资待遇水平也有助于保险资产管理公司与基金、银行、券商、信托等机构争夺优秀的、有经验的员工，帮助保险资产管理公司迅速提升投资管理水平。另一方面，保险资产管理公司应该注重内部人员的培训，通过建立积极而富有成效的培训机制，帮助从业人员在工作中提高自己的能力，进而提升保险资产管理公司的竞争力。保险资产管理公司应该重视人才问题，在人才储备和培养上提前布局，有效提高保险资产管理公司对于人才的吸引力，吸引和保留更多优秀的人才，为保险资产管理行业注入发展活力，提升保险资产管理公司在"大资管"时代的竞争力。

四、公司内控制度建设

随着保险资金运用的发展，保险资产管理公司在业务模式、产品流线、投资者类型等方面都发生了变化，对公司的内控提出新的挑战。这就要求保险资产管理公司在保险资金运用的过程中，一方面要提升自己的投资能力，另一方面保险资产管理公司也要通过完善内控流程保障保险资金的稳健运行。

2015 年 9 月保监会发布《保险资金运用内部控制指引（征求意见稿）》，该指引涉及投资决策控制、交易行为控制等多个方面，对保险公司投资操作风险防微杜渐，禁止不正当关联交易、利益输送和内部人控制现象在保险投资领域发生。新常态下，保险资金运用需要充分执行好内部控制制度，特别是对信息披露机制的完善、加强内部和第三方审计、实现资金全托管等。

（一）完善保险资金运用信息披露机制

在公司治理和内部控制所要实现的诸多价值目标中，保障交易安全、防范风险是重要目标之一。信息披露在一定程度上可以有效完成这一目标，实现资金运用的安全性和流动性。鉴于保险资金具有长期性、相对稳定性和巨额资金积累的特征，容易忽视风险的逐渐积累和膨胀。因此，科学合理的信息披露制度是保险机构资金运用内部控制的重要组成部分，更是自身防范和控制风险的需要。在投资中应重点关注关联交易的信息披露，应由保险资金管理机构/部门基于法律法规及保险机构/委托人的要求提供相应的资金运用信息披露，由保险机构或第三方机构独立审核后对外进行披露，以确保披露信息的完备性和准确性。此外，保险业作为负债经营的风险行业，与社会公众利益休戚相关，对资金运用进行信息披露，也是有效保护各方利益相关者的要求，是保险机构应该履行的社会责任。

（二）加强保险资金运用的内部和第三方审计

加强保险资金运用的内部和第三方审计可以有效提高保险机构运用保险资金的真实性、正确性、合规性和效益性，增强保险机构对保险资金运用的内控监督，对保险资金运用的内控建设提供强有力的支持。通过内部和第三方审计，可以对保险资金运用的投资决策、交易、清算交割、财务估值、风险及合规管理、信息披露等各个环节进行检查，以确定各环节是否严格按照规范保险资金运用的法规和内部制度进行业务操作，指出存在的重大缺陷和不足之处，以利于保险资金运用内部控制的自我完善和外部监督。新常态下，尤其应加强对保险资金运用的内部和第三方审计，通过专业力量对保险资金运用的成果以及业务流程的合法合规性进行独立评价，从而形成有效的监督和约束力量。

（三）实现保险资金的全托管

保险资金的全托管分为全金额托管和全过程托管。目前我国主要实施的是全金额托管，即保险公司的分支机构不再拥有对保险资金运用的权力，权力全部集中到总公司。总公司则将手中的保险资金委托于第三方进行独立托管，以提高保险资金的归集速度，减少保险资金汇总过程中可能出现的"跑冒滴漏"等损耗现象，以便从根本上管控保险资金被挪用的风险。除了保险资金的全金额托管，还应加强对保险资金的运用过程进行全托管，即引入资产保管与资金运作分离的第三方监督机制。保险资金运用的全托管是完善保险资金运用内控的重要内容，是防范风险的有效措施，是加强监管的有力手段，第三方全托管使得保险资金的资产安全得到保障，信息披露及时准确，监管效果显著提升。

新常态下，保险机构应加强自身保险资金运用的内控规范与建设，积极完善信息披露机制、内部和第三方审计以及保险资金全托管，充分发挥内外部监督和约束职能，在中国保监会的内控顶层设计及监督规范之下，共同构建科学规范的保险资金运用内控生态。

第三节　新常态下保险资金运用主体建设的问题探讨

保险资金运用主体是资金运用的市场载体，主体建设是保险资金运用的核心内容之一。在经济新常态下，从保险资金运用主体建设角度来探究实现保险资金运用高水平、高效率的途径，对优化我国保险业主体结构、促进行业稳健发展具有重要意义。

一、提升保险资金运用决策水平若干问题探讨

（一）厘清保险资产管理公司与保险母公司之间关系

优化保险资产管理公司的所有权和股权结构，对保险资金合法、合规、高效、稳健地运用是一个至关重要的问题。从目前来看，重点是厘清保险资产管理公司和保险母公司之间的关系。

保险母公司虽然是保险资产管理公司的大股东甚至唯一股东，但是由于两者业务范围、经营理念、管理机制以及文化导向上的不同，在日常经营中应该尽量避免母公司插手保险资产管理公司的日常经营。尤其是在签订保险资金委托、受托协议后，保险资产管理公司应该根据合同内容，履行好自己作为保险资金受托机构的责任和义务。而确保保险资产管理公司和母公司之间相对独立正是为了保证保险资金运用的合法合规，避免违规行为的发生。

对海外的保险资产管理公司来说，虽然在股权结构上依然作为保险公司的子公司，但这些保险资管公司在实际的运营上具有很强的独立性。以德国安联旗下的太平洋投资管理公司（PIMCO）为例，PIMCO在固定收益市场具有领先地位，除管理母公司的资金外，也面向各类投资者，其管理的总体回报基金曾一度成为全球规模最大的共同基金，市场影响力和产品种类远超保险公司投资部门的范畴，是与其母公司相独立的资产管理机构。

从海外保险业和保险资产管理业的发展趋势来看，保险资产管理公司应该努力完善公司治理结构，提升公司治理水平，确保自身在日常运营中的独立性。从保险母公司的角度来看，保险母公司需要保险资产管理公司为受托保险资金提供稳健的回报，在保险资产管理公司根据资金委托受托关系为保险资金带来稳定的投资收益的情况下，保险母公司作为股东不应该过多干预保险资产管理公司的经营，尤其是不应该以大股东的身份影响保险资产管理公司的日常经营决策和投资策略。只有理顺保险资管公司和母公司之间的关系、明确双方法律关系、明确保险资管

公司作为受托人的权责、确立保险资管公司在资金运用上的独立性、加强保险公司治理，才能增强保险资管公司竞争力、保证保险资金运用的合法合规。

（二）探索恰当的保险资金投资决策模式

保险资金的投资决策模式目前主要有三种。第一种是集团内部投资部或旗下保险资产管理公司全权负责保险资金的投资运用。在这种全权由内部受托机构管理的情况下，保险资产管理公司或者保险公司投资部有着很高的决策权，有利于发挥保险资产管理公司或者保险公司投资部的优势。但是需要注意的是，由于保险资金的特性，资产端和负债端的匹配是一个值得关注的问题，在这种模式下，保险资产管理公司或者保险公司投资部要注重与保险公司负债端的部门紧密合作和沟通，确保资产负债的匹配。

第二种是保险公司负责战略资产配置，由旗下的保险资产管理公司或者其他资产管理机构负责战术资产配置以及具体的投资事宜。在这种资金受托管理机构内外部相结合的情况下，保险公司能更好地从资产负债匹配的角度出发，设计产品和决定保险资产的战略配置。但是保险公司可能会因对资产端情况的不了解和对投资的不熟悉，在战略配置上做出错误的决策，进而影响到保险资产管理公司或者其他资产管理机构的具体投资行为。

第三种是保险公司将资金全权委托外部资产管理机构，包括专业的保险资产管理公司或者其他资产管理机构，这种方式往往被规模较小的保险公司采用。保险公司将资金运用交由专业的保险资产管理公司或者其他资产管理公司，有利于发挥专业投资机构的能力，提高保险资金的投资收益。但是在这种情况下保险公司对保险资金运用的控制力较弱，需要通过合理的机制设计，保障保险资金运用的合法合规并且符合保险公司对于资产负债匹配的要求。这三种模式在目前我国的保险资金运用当中都有体现，主要根据保险公司的规模和管理架构等情况决定（见表7－5）。

表 7 – 5　　　　　　　　　　保险资金投资决策模式

投资决策模式	机　构	战略性资产配置	战术性资产配置	具体投资行为
模式一	保险资产管理公司（保险母公司下属）/保险公司投资部	✓	✓	✓
模式二	保险公司	✓		
	保险资产管理公司（保险母公司下属）/其他资产管理公司		✓	✓
模式三	保险资产管理公司/其他资产管理公司	✓	✓	✓

资料来源：中国保险资产管理业协会。

　　成立专业的投资部门或者保险资产管理公司，对人才的需求和基础设施的建设方面有一定的要求，因此规模较小的保险公司采用设立专业的投资部门或者成立保险资产管理公司的方式缺乏规模经济效应。对中型、大型保险公司来说，通过组建专业的投资部门或者成立保险资产管理公司能够发挥规模经济效益，也更有利于减少沟通成本。

　　从保监会的政策和保险资金运用的发展来看，目前保险资金的运用受托主体逐渐放开，保险资金的受托主体不仅仅是传统的保险资产管理公司，基金公司、信托公司以及海外的资产管理机构也都可以参与到国内保险资金的运用中来，有利于这些机构发挥自身的投资优势和能力，提高保险资金的投资收益水平。具体来看，基金公司由于其成立时间较早、发展历程较长，在人才队伍建设和投资能力上更加完善，尤其是在权益类投资领域有较强的优势。信托公司在最近几年中迅速发展，但是由于其风险偏好较为激进，与保险资金的特性并不十分吻合，对于信托投资的情况和配置也因各保险公司的情况而有所不同。不过总体来说信托公司由于其投资范围更广、业务模式更灵活，还是受到保险公司的青睐。对于境外资产管理机构而言，由于保险资金目前对境外投资都比较谨慎，整体的发展还处于起步阶段，而且目前主要以不动产投资为主，因此委托境外资产管理机构进行管理的保险资金规模并不大。不过未来随着我国"一带一路"战略的发展和境外投资机会增多，保险资金也会通过更多的境外专业投资机构进行海外投资，分散风险，提高投资收益率。另外，随着我国资本市场不断发展，越来越多的私募基金公司、私募股权投资公司、风险投资公司以及对冲基金相继成立，由于这些公司在激励机制和投资方式上更为灵活，吸引了大量专业人才的加入，也取得了非常不错的投资业绩。从国外大型机构的资产配置情况来看，对于这些另类投资种类的配置力度也在逐渐加大。尤其是保险资金投资期限长、注重长期回报等特点匹配此类投资的特征，相信未来保险资金也会加大在这些领域的配置。

在委外模式下，保险公司应当通过合理的选拔和激励机制，选择优秀的资产管理机构。对于具体是全权委托，还是保险公司负责战略资产配置，应当根据各家保险公司的具体规模和资金端的情况来进行考察和决定，选择更符合自身情况的方式。

从我国目前的情况来看，90% 以上的保险资金还是由保险资产管理公司来负责具体的投资事宜，保险资金也取得了相应的投资收益回报。此外，保险资产管理公司经过十多年的发展，对于保险资金运用的特性有着更加深刻而独到的见解。因此无论是哪种投资决策模式，保险资产管理公司始终应该在保险资金的运用过程中扮演主要角色，这有利于提高保险资金的运用效率和运用水平，更有利于中国保险行业的发展。

（三）完善保险资金投资运作管理

2013 年 2 月，保监会发布《关于保险资产管理公司开展资产管理产品业务试点有关问题的通知》，允许保险资产管理公司发行"一对一"定向产品及"一对多"集合产品。保险资产管理产品，是指保险资产管理公司作为管理人，向投资人发售标准化产品份额，募集资金，由托管机构担任资产托管人，为投资人利益运用产品资产进行投资管理的金融工具。保险资产管理行业长期以来主要扮演着保险资金管理人的角色。该通知的出台意味着保险资产管理公司的业务范畴从传统走向创新，从原来的以保险资金为主走向第三方资产管理，从原来的被动式受托管理转向主动的资产管理。

保险资产管理公司的传统业务是账户管理模式，在此模式下的保险资产管理公司的产品化程度不高。因此，需要通过产品的创新，为客户提供收益较高、风险可控的投资收益和优质的客户服务。引导保险资产管理公司从"账户管理"向"账户管理＋产品管理"转型，提升产品创设能力，积极进行保险资产管理产品和公募产品的创设和发行。从"账户管理"向"账户管理＋产品管理"转变，不仅有助于打造保险资产管理公司在产品创新方面的核心竞争力，而且有助于保险资产管理公司拓宽收入来源，增加利润增长点。通过产品管理的模式，有助于鼓励保险资产管理公司进行产品创新，突出自身的投资能力优势，同时也有助于保险资金委托方更好地进行选择和配置，从而提高保险资金的投资收益水平。

随着我国经济社会高速发展，居民收入水平不断提高，社会财富不断累积，资产管理行业得到了较快发展。金融各行业之间的博弈与竞争正在加剧。在大资管时代，保险资产管理行业要面对市场化挑战，产品化运作将是重要的一步。

二、提高保险资产管理公司竞争力水平若干问题探讨

保险资产管理公司的核心竞争力之一是服务好保险主业，这是公司发展的根本。在此基础上，企业应当通过扩展业务范围、提升投资水平等手段提高自身竞争力，进而促进整个行业的发展壮大。

（一）扩展保险资产管理公司业务范围

随着保监会政策的进一步放开，越来越多的资产管理机构已经参与到保险资金的管理业务中来。作为保险资金运用最主要的管理主体——保险资产管理公司受制于长期较为鲜明的内部管理机构的特色以及比较僵化的管理体制和机构，已经在发展中表现出一定的劣势。

在大资管时代，综合经营的特点愈发突出，保险资产管理公司如果仅仅把目光集中在保险资金上，就难以在竞争中胜出。保险资产管理公

司扩展业务范围，不仅仅给保险资产管理公司带来更多的收入，更重要的是保险资产管理公司得以在竞争中培育和提升自身能力。具体来讲，保险资产管理公司一方面要拓宽资金端的来源，不仅仅服务于保险资金，更要面向企业年金、社保基金甚至个人。另一方面，从产品端来看，在大资管竞争格局下，保险资产管理公司需要学习和借鉴来自其他资产管理行业的创新案例。因此未来保险资产管理公司需要大力进行产品创新，通过开设公募、私募子公司等方式，运用包括直接贷款、并购和夹层基金等手段，投向"新国十条"提出的重大基础设施、棚户区改造、城镇化建设等关系国计民生和国家重点工程，航天、军工、关键装备制造、核电等战略性产业以及小微企业，并且逐步实现间接投资模式向直接投资模式的转变，直接参与养老、健康、医疗、安保等产业的投资和管理运营，向实体经济进一步倾斜。

（二）提升保险资产管理公司投资水平

保险资产管理公司作为保险资金运用的主体，其投资水平对于保险资金的收益情况起着非常重要的作用。从保险业本身的角度来看，如果不能做到承保和投资双轮驱动，保险行业就无法健康和快速地发展。

根据"新国十条"的相关内容，保险资金需要更多地配合国家战略建设，对接实体经济，但是在这一过程中保险资金也要注意自己的资金特性，需要根据负债端的情况进行合理的投资。随着保监会各项配套政策的出台和落实，保险资金可投资范围将进一步加大。在这一过程中，保险资产管理公司应该把握住机遇，提高自身能力建设，提升自己的投资水平。不仅要在传统的权益类、固定收益类领域取得良好的回报，更要在新的领域打造自己的投资能力，提升保险资金的收益水平。

提升保险资产管理公司的投资水平，一方面需要加强对人才的培养和引进，提升保险资产管理行业从业人员的水平和能力。另一方面，也需要理顺保险资产管理公司和母公司的关系，加强保险资产管理公司的公司治理水平，同时通过合理的员工激励机制、投资管理机制以及企业文化建设等多管齐下，真正提升保险资产管理公司的投资水平。

三、提高保险资金运用服务主体服务水平若干问题探讨

（一）服务主体在保险资金运用中的作用

保险资金运用的服务主体有两类三种，这些服务主体在保险资金运用的过程中发挥着不同的作用，以保障保险资金运用的高效、合法、合规（见表7-6）。

表7-6　　　　　　　　保险资金运用服务主体

托管人	托管银行
中介机构	会计师事务所
	律师事务所

资料来源：中国保险资产管理业协会。

1. 托管人在保险资金运用中的作用

保险资产托管是指符合资质的商业银行作为托管银行为保险（集团）公司和保险资产管理公司的投资资产提供账户管理、资金清算、会计核算、信息披露、投资监督以及绩效评估等为主要内容的金融服务，托管银行作为独立的第三方，确保保险公司投资资产的安全完整和合法合规，从而保障保险资金委托人和广大保险投保人的合法权益。

2005年，工商银行、农业银行、中国银行、建设银行、交通银行陆续获得保险资金直接入市的托管行资格，五家大型商业银行成为首批获得保险资产托管资质的银行。保监会数据显示，截至2013年末，全行业托管5.52万亿元，占总投资资产的71.87%，有114家保险机构实行了托管，占保险公司总数的74.51%。经过了多年运行，实行托管的公司或相关资产，由于资产保管和资金运作相分离，其资金运用透明度明显提高，违法违规行为大幅减少。

2. 会计师事务所在保险资金运用中的作用

《保险资金运用管理暂行方法》施行以来，要求对保险资金的运用

实施内外审计相结合的监督，对保险集团（控股）公司、保险公司的风险管理和控制起到规范和指导的作用。在保险集团（控股）公司、保险公司的年度审计报告中，都会单独披露保险资金运用管理的合规情况和风险状况，这也顺应了保险资金运用成为保险公司稳定发展的关键性因素的发展趋势。除了对保险集团（控股）公司、保险公司提供外部审计业务，会计师事务所越来越多地参与到保险资金运用的评估和风险管控中，这也对保险行业的发展起到保驾护航的作用。

（1）会计师事务所提供的外部审计业务

保监会在 1999 年 12 月出台了《关于保险公司委托会计师事务所开展审计业务有关问题的通知》，其中规定了对保险相关业务进行审计的会计师事务所的资质。2008 年保监会对保险资产管理公司的财务报告做了进一步规范，根据《关于保险资产管理公司年度财务报告有关问题的通知》，除了"一对一"签订委托合同方式以外，以发行债权/股权投资计划、发行"创新投资"试点产品或其他方式受托管理保险资金的报表应分别对每一产品或计划进行单独审计，并同时报送审计报告。

中注协注册会计师行业管理信息系统显示，截至 2014 年底，全国共有会计师事务所 8295 家，获准从事 H 股企业审计业务的内地大型会计师事务所有 11 家。目前 A 股上市保险公司的审计业务主要由国际"四大"会计师事务所中的两家——普华永道中天会计师事务所和安永华明会计师事务所承担（见表 7 - 7）。

表 7 - 7 A 股上市保险公司会计师事务所变更情况

A 股上市保险公司	现任会计师事务所	前任会计师事务所	变更时间
中国人寿保险股份有限公司	安永华明会计师事务所	普华永道中天会计师事务所	2013 年
中国平安保险（集团）股份有限公司	普华永道中天会计师事务所	安永华明会计师事务所	2013 年

续表

A股上市保险公司	现任会计师事务所	前任会计师事务所	变更时间
中国太平洋保险（集团）股份有限公司	普华永道中天会计师事务所	安永华明会计师事务所	2014 年
新华人寿保险股份有限公司	安永华明会计师事务所	普华永道中天会计师事务所	2014 年

资料来源：公开市场资料、中国保险资产管理业协会。

（2）会计师事务所在保险资金运用中所提供的咨询业务

在保险资金运用的过程中，有几组指标评估办法是保险公司必须关注和建立的，比如风险评估和监控、资金流动性考核评估、资产负债匹配评估等。此外，还要健全投资风险预警体系，包括总体及各个投资领域、品种和工具的风险预警，使投资活动都纳入风险管控制度框架内，使公司经营审慎和稳健。近年来，会计师事务所对保险公司提供的咨询服务中均涉及上述相关指标的建设和监控。一些传统的咨询服务比如保险资金投资项目咨询服务，包括对项目的结构设计、财务处理、税务处理提供咨询意见，该类服务能理顺项目结构以及评估对财务税务的影响，降低保险资金运用的风险。

尽职调查服务是会计师事务所对金融企业提供最多的咨询服务，对保险资金运用来说，保险公司大多聘请会计师事务所对所投资的项目在财务、税务等方面进行尽职调查，以帮助项目组对项目有全面分析和了解。其他项目类的咨询服务还包括风险评估咨询服务，比如对于保险资金投资的债权计划系列产品，重点调研对应公司的实际经营财务状况以对项目的信用风险进行评估，该类服务有利于保险公司了解已投资资金的风险。

除了以项目为导向的咨询项目，会计师事务所还提供了对于保险资金运用流程建设的咨询服务，比如全球投资业绩标准（"GIPS"标准）实施的咨询项目、ISAE 3402—服务类组织控制鉴证服务等。可以说，会计师事务所在保险资金运用的主体建设过程中的参与性与重要性不断在提升，在提供常规风险管控的职责之外，也通过引进西方的前沿风险管理理念和经验完善保险资金运用过程中的各项指标的建立和监控。

3. 律师事务所在保险资金运用中的作用

就保险资金运用而言，外部律师已经通过各种渠道参与其中。虽然目前尚未有权威部门就律师服务业在保险资金运用服务领域的数据进行统计和分析，但是其工作对保险资金运用的重要性与必要性不言而喻，主要体现在以下两个方面：

一是对交易结构法律风险的评价。专业律师、公司法律人员与公司合规人员各有侧重，专业律师应当配合公司法律人员重点关注运用保险资金投资时产品/项目交易结构的法律风险。在早期产品/项目中，仅涉及融资主体、担保主体、资产管理机构及投资人，交易结构扁平化、简洁明晰。而如今，交易结构日趋复杂化，尤其通过嵌套将多种结构设计叠加时，使得整个交易结构中基础资产更难辨别、结构的穿透性也变得更差，法律风险越发难以识别，其隐蔽性更强。专业律师不仅要运用其对法律全面的理解从复杂的交易结构中辨析出真正的法律风险，更需要运用其与司法实践贴近的天然优势评判这些法律风险在审判实践中的处置后果，进而帮助公司设计出法律风险可控且具有可持续性的交易结构。

二是对基础资产和/或相关交易方进行法律尽职调查。保险资金运用模式多样化发展趋势明显，模式从一般债权类逐渐向特定资产收益权、"明股实债"等类别转变，交易结构嵌套层数增加、基础资产真假难辨、权责关系渐趋模糊，都使得资管公司主动管理难度增大，而保险资金投资首要原则即是保障保险资金的安全性，因此尽职调查成为保障产品/项目安全性的重要工具，同时也是资产受托管理人履行谨慎勤勉义务的重要工作。

（二）保险资金运用服务主体建设和发展

1. 托管人主体建设和发展

伴随着金融行业管制的放松，保险资金投资的范围也在日益扩大。

保险资金的托管可为商业银行带来稳定可观的托管中间业务收入；保险业巨额的资金沉淀，能有效缓解银行的存贷比压力，并通过贷款、同业拆借和金融市场投资带来利差收入。与此同时，由于保险资产托管具有较高的综合收益，客观上促进国内托管业的服务竞争。

2014年10月，保监会、银监会联合发布《关于规范保险资产托管业务的通知》，明确禁止保险资产托管机构将保险资产托管业务与保险产品销售业务挂钩等八种行为。同期发布的《托管机构合规运作评价计分标准》明确托管机构合规运作评价计分标准采取百分制评分。中国保监会根据托管机构合规运作扣分事项，汇总确定其最终得分。该通知的公布，有利于规范行业监督，提高和保障保险托管资金运用的安全和透明度。同时对托管银行在服务质量、业务创新、风险控制等方面提出了新的要求。

目前商业银行提供的托管服务主要包括资产保管、账户开立、清算交割、交易监督、会计核算、资产估值、报表编制、托管报告以及保存记录等。随着保险金融机构客户多元化与需求多样化，除上述基本服务以外，托管银行应该提供相应的增值服务，扩展托管业务的内容，满足保险资金运用的需求。

以工商银行为例，目前工行除基本服务外，还提供定制各类绩效考评报告、投资咨询、个性化的报表服务、定制市场资讯信息等多种服务，满足保险资金运用的要求。建设银行—保险托管创新一直走在行业前列，例如推进金融衍生品——股指期货投资托管、办理保险公司券商特殊交易模式托管业务。同时建设银行也是业内首家为保险公司提供券商特殊机构客户结算模式托管服务的银行。除了国有银行外，股份制银行对于保险资金托管业务也十分重视。以兴业银行为例，兴业银行在2009年末获得保险资金托管资格，在托管业务上进行创新，保险资金托管业务迅速发展，目前保险资金托管规模在同类股份制银行中列居第一位，在所有银行中列居第五位。

随着保险资金运用水平的不断提高和保险资金运用范围的不断拓

展，保险资金托管银行也需要及时跟上保险资产管理公司发展的步伐，完善各类服务和创新业务，主动为保险资产管理公司提供各类增值服务，为保险资金的安全合理运用打下良好的基础，从而有效提升保险资产管理公司的资金运用水平。

2. 会计师事务所主体建设和发展

尽管从 2012 年开始保监会强制要求保险公司实行审计轮换制，但是就普华和安永的 A 股保险公司审计项目数来说并没有任何变化。这主要是由于审计需要审计师对客户运营及财务状况有全面的了解，而诸如保险资金运用等都需要极其专业的金融、财会知识，"四大"会计师事务所在这些方面有更多的历史经验和专业人员，这也是保险公司和事务所在不断地选择和被选择的市场经济体制下的优化选择。

对保险资金的运用来说，会计师事务所的参与十分重要。首先，会计师事务所的参与能够有效确保保险资金运用的合法合规，避免保险资金运用过程中出现各类损害保险公司和人民群众利益的事件发生，确保保险资产管理公司对保险资金的运用。其次，在具体的保险资金投资过程中，会计师事务所的参与有助于保险资产管理公司识别具体的投资风险，减少或者避免保险资金在投资过程中发生损失。此外，由于会计师事务所尤其是"四大"会计师事务所有着丰富的海外经验积累，这些经验有助于保险资金在海外投资过程中减少各类投资风险，帮助保险资金"走出去"。未来，会计师事务所与保险资产管理公司间更加紧密地合作，有助于提升保险资金运用水平，保障保险资金运用的合法合规。

3. 律师事务所主体建设和发展

保险资金运用领域的法律服务对于绝大多数律师事务所而言是一块正待开发的领域，保险资金投资运作近年来的迅猛发展与律师事务所目前可以为保险资金运用提供的法律服务形成鲜明的反差。主要原因有以下两个方面：一是保险资金运用从兴起到蓬勃开展整个过程极短，市场来不及做出与之匹配的反应；二是保险资产管理公司相对而言属于小众范畴。

随着保险资金运用的逐步开放与成熟，市场关注程度也与日俱增，律师事务所这种被动的业务开拓局面将得到根本改变，将有越来越多的法律专业人员参与其中。毫无疑问的是，律师在保险资金运用领域的作用是巨大的和不可替代的。

尽管律师在保险资金运用过程中所起的作用显而易见，但仍然存在明显的不足。一是保险资金运用专业性要求极高，复合型人才稀缺。一些保险资金运用模式复杂，内容上横跨信托、证券、银行、合伙企业等领域，而每一个领域都要求律师有较高的专业水平和项目实操经验，并不是任意一个律师通过司法考试就能胜任的。按照目前的教育体系、律师执业环境，很难培育对这些领域均有较为深入研究、较为丰富的实际经验，同时熟悉监管政策的律师。涉及专业领域之多可以说是保险资金运用的一大特色。在保险资金运用层面，律师的作用不仅仅在于对法律法规的熟练掌握，还在于对风险的敏感度、防范风险的方案设计灵活度、谈判方面的反应度等的综合掌握，因而对律师的要求也不仅仅是懂法律、用法律，还要有金融行业相关知识的储备，这对于律师而言是全新的挑战。

二是主办律师专业能力不匹配、业务团队不稳定。律师事务所以采取合伙制形式居多，合伙人对其团队组建和维持负有重要责任。因而，合伙人迫于生活和竞争压力，其最重要的工作便是开拓案源，不停地接受新项目，同时为降低成本，团队中经办律师往往是一二级的新人律师，在这种情形下，最高端的业务往往是由最初级的律师操持和主办的，加之运用保险资金投资规模庞大，一旦合伙人疏于管理和把控，其后果相当严重。

三是部分主办律师缺乏诉讼经验。诉讼是律师的基本能力，是保险资金运用等非诉讼业务的前提，在未经历过诉讼案件的情况下，想要做好保险资金运用的法律风险把控，为客户防范法律风险，只是纸上谈兵。所以律师只有将自身的风险防范意识提高，将自身的风险敏感度加强，才能更好地从事保险资金运用等非诉讼业务。

总而言之，保险资金运用为现代律师服务业提供了新的机遇和巨大的展示舞台。从律师事务所在保险资金运用过程中的作用和未来发展来看，只有律师事务所重视这些问题，提高自身对保险资金运用的认识水平，并积极与保险资产管理公司进行多方面深层次的合作，共同探讨双方的需求和解决方案，才能更好地提升保险资金运用的水平。随着未来我国保险行业的快速发展，无论是保险资金运用过程中的合法合规性的检视，还是保险资金在具体投资过程中的风险识别，律师事务所在保险资金运用中将会起到更加重要的作用。

第八章

新常态下保险资金运用的风险管理

风险管理是保险资金运用的核心环节，关系到保险公司的持续健康发展。新常态下，随着我国保险资金运用的市场化改革不断深化，资金运用面临的风险日趋复杂，不同类别风险相互转化的渠道增加，相关性显著上升，风险管理形势更加严峻，管理难度进一步加大，对保险资产管理机构的风险管理能力提出了新的要求。

第一节　我国保险资金运用风险管理的实践

20世纪90年代以来，我国保险资金运用的风险管理经历了从无到有、从简单到复杂的演变过程，初步探索并建立了一套符合我国保险资产管理业发展要求的风险管理体系。在中国保监会的大力推动下，我国保险资产管理机构相继实施了偿付能力监管、保险资金运用比例监管、全面风险管理、资产负债管理等一系列风险管理方法和制度。

一、我国保险资金运用风险管理的历史沿革

1984年以前，保费属于国家财政收入，全部保费存入银行，严格来说，这一时期还不存在保险资金运用的概念。1984年11月，国务院批转中国人民保险公司《关于加快发展我国保险事业的报告》中指出，"总公司、分公司收入的保险费，扣除赔款、赔款准备金、费用开支和各自应缴纳的税金后，余下的归他们自己运用"。1985年国务院颁布《保险企业管理暂行条例》明确了保险企业可以在规定内运用保险准备金，这是我国保险体制改革的一次重大突破。1988年，我国经济出现过热现象，国家开始实施紧缩政策，保险资金运用政策也随之收紧，包括严格执行信贷计划、严肃利率政策，把资金转投到流动性资金贷款方面，坚持中国人民银行"十不贷"和"重点倾斜"的政策要求，采用

担保和银行承兑汇票抵押等风险控制手段。在这一时期，保险资金运用风险管理增加了对信用风险的管理，但总体上仍然是按照有关政策要求进行。1991 年后，我国市场经济体制改革取得实质性突破，经济形势开始好转，保险资金运用也随之再度活跃起来。中国平安保险公司、中国太平洋保险公司先后加入到保险资金运用的行列，保险投资规模不断扩大。1995 年 10 月我国颁布《保险法》后，开始依法对前期保险资金运用中出现的问题进行清理整顿。保险资金运用范围被限定为银行存款、买卖政府债券、金融债券和国务院规定的其他资金运用形式，同时规定保险资金不得用于设立证券经营机构和向企业投资。保险资金运用风险得到有效控制，风险管理变得有法可依。

1998 年 11 月，国务院批准设立中国保险监督管理委员会，专司保险监管职能，标志着我国保险资金运用正式进入规范发展阶段。2003 年，中国保监会设立资金运用监管部，负责保险资金运用渠道和风险监管工作，资金运用监管日益加强，监管体系轮廓逐步形成。2003 年中国保监会发布《保险公司偿付能力额度及监管指标体系管理规定》，为偿付能力监管打下了坚实的基础，在此基础上，对保险资金运用风险管理的要求逐步明确和细化，探索并建立了第一代偿付能力监管制度体系（简称"偿一代"）。2010 年，为了规范保险资金运用行为，防范保险资金运用风险，保监会制定和发布了《保险资金运用管理暂行办法》。2012 年，保监会发布了《保险资产配置管理暂行办法》，旨在加强保险公司资产配置管理，防范保险资产错配风险，规范保险资金的资产配置。2013 年，为推动保险行业加强资产负债匹配管理，保监会正式成立保险资产负债匹配监管委员会，启动保险资产负债匹配监管工作。2014 年，保监会出台了《关于加强和改进保险资金运用比例监管的通知》，系统梳理了原有的比例监管政策，并在整合和资产分类的基础上，形成了多层次比例监管框架。2015 年，保监会正式发布第二代偿付能力监管制度体系（简称"偿二代"）的监管规则，这标志着我国保险业偿付能力监管掀开了新的历史篇章。

二、偿付能力监管

（一）第一代偿付能力监管制度体系

我国偿付能力监管始于1995年的《保险法》，第一次提出了偿付能力概念，并规定保险公司应当具有与其业务规模相适应的最低偿付能力。在此之前，中国人民银行对保险行业的监管以市场行为监管为主，很少涉及对偿付能力的监管。1998年，保监会成立后，高度重视偿付能力监管，不断推动偿付能力监管工作。2002年，《保险法》修订，推动我国保险业的监管由市场行为监管和偿付能力监管并重过渡到以偿付能力为核心的监管模式。2003年后，我国偿付能力监管进入全面建设阶段，逐步形成了符合我国保险业发展实际的第一代偿付能力监管体系。2008年中国保监会制定并发布了《保险公司偿付能力管理规定》，标志着第一代偿付能力监管体系的搭建基本完成。

在制度建设方面，2003年，保监会借鉴欧盟偿付能力Ⅰ和美国风险资本制度，结合我国保险业尚处于发展初级阶段的客观实际，发布实施《保险公司偿付能力额度及监管指标管理规定》，使我国偿付能力监管进入实质运行阶段。随后，陆续制定了一系列制度标准，内容涵盖风险管理、内部控制、资本要求、监管审核、监管措施、集团监管、压力测试、破产救济等方面，建立了包括保险公司内部风险管理、偿付能力报告、分析检查、监管干预和保险保障基金在内的偿付能力监管制度体系。

在机制建设方面，保监会不断摸索、总结，逐步形成了一套行之有效的监管机制。这些机制主要包括：建立了贯穿保监会、保监局、保险公司的工作机制，明确了各方在偿付能力监管中的职责；建立了以风险为基础的动态监管机制，对公司风险进行动态监测、评估；建立了偿付能力分类监管机制，对偿付能力不足公司、充足一类、充足二类公司采取不同的监管措施；制定了《保险公司偿付能力恶化应急预案》，明确了偿付能力恶化突发事件的处理机制；制定了保险保障基金制度，建立了偿付能力事后化解机制。

在贯彻落实方面，中国保监会采用疏堵并举的措施，不断强化偿付能力监管的约束力和执行力。一方面，对于偿付能力不足的公司，针对其风险和问题，及时采取停止新业务、停批分支机构、责令增资等有效措施；另一方面，积极引导公司通过改制上市、发行次级债等多种方式补充资本，有效缓解了行业发展中所面临的资本不足问题。

在外部环境方面，保险机构和从业人员对偿付能力监管的认识不断深化。2003 年以前，保险机构和从业人员，包括保险监管干部，对偿付能力都很陌生，随着近些年偿付能力监管不断强化，保险机构逐步建立了"资本"概念，偿付能力管理意识不断加强，越来越多的公司主动管理偿付能力，将偿付能力作为经营管理的一个重要指标。行业从业人员对偿付能力的认识也不断深化，偿付能力理论研究和公司管理方面的优秀人员不断涌现，为行业偿付能力监管的开展和深化创造了良好的环境。

第一代偿付能力监管体系提高了我国保险业的风险防范能力，经受住了国际金融危机的考验，为维护保险业稳定发挥了重要作用，促进了行业健康快速发展。

（二）第二代偿付能力监管制度体系

国际金融危机后，我国保险业进入了一个新的发展阶段，行业面临的外部环境和保险市场状况发生了很大的变化，对偿付能力监管提出了新的要求。在"偿一代"的基础上，2012 年 3 月，中国保监会发布《中国第二代偿付能力监管制度体系建设规划》，决定建设第二代偿付能力监管制度体系（"中国风险导向偿付能力体系"），并明确了"偿二代"建设的时间表和路线图。建设"偿二代"是保监会经过认真研究和慎重考虑后做出的一项重大战略决策，对深化保险业市场化改革、增强保险业风险防范能力和提高我国保险监管的国际影响力都具有重要意义。2013 年 5 月，中国保监会发布了《中国第二代偿付能力监管制度体系整体框架》，确立了定量资本要求、定性监管要求和市场约束机制等偿付能力监管三支柱框架体系。2014 年 4 月，中国保监会公布了《保险公司偿付能力监管规则第 1—8 号（征求意见稿）》，包含了"偿二代"第一支柱的实际资本、最低资本和财产保险公司的保险风险、市场风险、信用风险最低资本五项规则，以及第二支柱的分类监管、风险管理要求与评估、流动性风险三项规则。此后的数月时间里，中国保监会就各项监管规则，多次向保险公司征求意见并开展多轮定量测试。2015 年 2 月，保监会正式印发"偿二代"17 项监管规则以及过渡期内试运行的方案，保险业自 2015 年起进入"偿二代"实施过渡期。

1. "偿二代"的建设路径

在深入研究欧美模式基础上，保监会确立了"既不简单模仿美国，也不照搬欧盟，而是要建设一套符合我国保险业实际的制度体系"的建设思路，确定了未来中国"偿二代"与美国 RBC、欧盟偿付能力 Ⅱ 三足鼎立的战略目标。按照这一建设思路和战略目标，"偿二代"启动以来，保监会科学、系统、稳妥地推进"偿二代"建设有关工作。

遵循有序、稳妥的工作步骤。保监会按照科学规划、全面总结、顶层设计和制定标准的工作步骤，有序推进"偿二代"建设工作。特别是 2013 年 5 月制定发布了《中国第二代偿付能力监管体系整体框架》，明确了"偿二代"顶层设计和施工蓝图。

建立开放、合作的工作机制。保监会高度重视"偿二代"建设工作，成立了项俊波主席担任组长、陈文辉副主席担任副组长、相关部门参与的"偿二代"领导小组，形成了保监会内部通力协作的工作机制。保监会坚持开门搞建设，通过公开遴选项目牵头人、在外网开设专栏、座谈、培训和公开征求意见等方式，与各方良性互动。

坚持系统、科学的工作方法。为确保"偿二代"这项庞大工程建设的科学性，保监会采用模块化建设方法，将"偿二代"建设划分为若干模块，成立项目组，齐头并进、立体联动推进建设工作，大幅提升了效率。"偿二代"各项监管标准至少经过样本测试、方案测试、参数测试和校准测试四轮定量测试，确保了其科学性。

形成积极、有利的工作影响。保监会通过网络、媒体、简报和会议等方式，构建了全方位、多层次的立体宣传体系，营造了良好的建设环境。特别是在"走出去"方面，保监会开展了一系列国际宣传工作。例如，2013年，保监会举办了"偿付能力监管改革与合作国际研讨会"；2014年，瑞士再保险集团在苏黎世举办了"中国偿二代国际论坛"，有力地扩大了"偿二代"国际影响力。

在三年时间里，通过开门搞建设、全行业充分参与，保险公司风险管理能力持续提高，形成了"边建设、边提高"的良好效果；通过国际交流，"偿二代"受到国际广泛关注，有力提升了我国保险监管的国际影响力；通过历史数据测算和多轮定量测试，厘清了行业风险底线；通过全行业积极参与，发现、锻炼和培养了一批高素质专业人才。

2. "偿二代"的制度框架

与"偿一代"侧重定量监管和规模导向的特征相比，"偿二代"采用国际通行的定量监管要求、定性监管要求和市场约束机制的三支柱框架（如图8-1所示）。

第一支柱定量监管要求，主要防范能够用资本量化的保险风险、市场风险、信用风险三大类可量化风险，通过科学地识别和量化上述风险，要求保险公司具备与其风险相适应的资本。具体内容包括：一是最低资本要求，即三大类量化风险的最低资本、控制风险最低资本和附加资本。二是实际资本评估标准，即保险公司资产和负债的评估标准。三是资本分级，即根据资本吸收损失能力的不同，对保险公司的实际资本进行分级，明确各类资本的标准和特点。四是动态偿付能力测试，即保险公司在基本情景和各种不利情景下，对未来一段时间内的偿付能力状况进行预测和评价。五是监管措施，即监管机构对不满足定量资本要求的保险公司，区分不同情形，采取监管干预措施。

第二支柱定性监管要求，即在第一支柱基础上，防范难以量化的操作风险、战略风险、声誉风险和流动性风险。具体内容包括：一是风险综合评级，即监管部门综合第一支柱对量化风险的定量评价和第二支柱

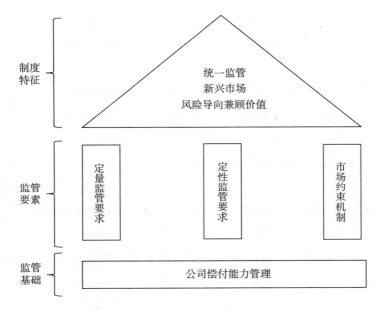

制度特征：统一监管 新兴市场 风险导向兼顾价值

监管要素：定量监管要求 定性监管要求 市场约束机制

监管基础：公司偿付能力管理

资料来源：《中国第二代偿付能力监管制度体系整体框架》。

图 8 – 1 "偿二代"的整体框架

对难以量化风险的定性评价，对保险公司总体的偿付能力风险水平进行全面评价。二是保险公司风险管理要求与评估，即监管部门对保险公司的风险管理提出具体要求，并对其进行监管评估，进而根据评估结果计量公司的控制风险最低资本。三是监管检查和分析，即对保险公司偿付能力状况进行现场检查和非现场分析。四是监管措施，即监管机构对不满足定性监管要求的公司，区分不同情形，采取监管干预措施。

第三支柱市场约束机制，即在第一支柱和第二支柱基础上，通过公开信息披露、提高透明度等手段，发挥市场的监督约束作用，防范依靠常规监管工具难以防范的风险。具体内容包括：一是加强保险公司偿付能力信息的公开披露，充分利用市场力量，对保险公司进行监督和约束。二是监管部门与市场相关方建立持续、双向的沟通机制，加强对保险公司的约束。三是规范和引导评级机构，使其在偿付能力风险防范中发挥更大作用。

3. "偿二代"的主要特征

与"偿一代"相比，"偿二代"具有风险导向、行业实际和国际可比三个显著特征。

第一，风险导向。"偿一代"对保险公司面临的风险没有进行系统分类，监管标准与风险关联度低，反映风险不全面，不利于保险公司风险防范和监管部门的有效监管。在"偿二代"建设过程中，保监会深入研究了欧盟偿付能力Ⅱ和美国 RBC 的风险分类标准，立足我国保险市场实际，在"偿二代"中首次建立了中国保险业的风险分层模型。"偿二代"将保险公司面临的风险分为难以监管风险和可监管风险，可监管风险又分为固有风险、控制风险和系统风险。在此基础上，对每类风险又做了多层细分，建立了中国保险业系统、科学的风险分层模型，这是建设以风险为导向的偿付能力监管制度的基础和前提。

与"偿一代"的规模导向不同，"偿二代"以风险为导向，突出体现在以下方面：一是风险覆盖更加全面。"偿二代"采用的三支柱框架，比较完整地覆盖了保险公司面临的风险，构建了一套全面的风险识别、计量和防范体系。二是风险计量更加科学。对于可量化风险，"偿二代"采用先进的随机方法对其进行度量；对于难以量化的风险，"偿二代"通过风险综合评级（分类监管），建立了保监会相关部门相互协作、分类评价的机制，确保评估更加全面科学。三是风险反应更加敏感。"偿二代"能及时反映保险公司经营行为、业务结构和投资结构等调整所带来的风险变化。对于公司非理性竞争、高风险投资等行为，将导致其资本要求提高，引导和促使公司经营更加理性，行业竞争更加有序。四是风险管理得到强化。"偿二代"将保险公司风险管理能力与资本要求相挂钩，风险管理水平高的公司，资本要求就下降；反之，资本要求就提高。而且，"偿二代"将偿付能力监管指标由"偿一代"下单一的偿付能力充足率扩展为核心偿付能力充足率、综合偿付能力充足率和风险综合评级三个有机联系的指标体系，保险公司风险管理能力将直接影响这三个指标，引导和促使公司持续提升风险管理水平。

第二，行业实际。一是充分体现我国新兴市场的实际。针对新兴市场金融体系不健全、有效性不高的实际，"偿二代"下的资产负债评估既没有采用欧盟偿付能力Ⅱ的市场一致评估原则，也没有采用美国RBC的法定价值法，而是立足中国实际，采用了以会计报表账面价值为基础并适当调整的方法。针对新兴市场底子薄、资本相对短缺的实际，"偿二代"在守住风险底线的前提下，通过科学准确地计量风险，释放冗余资本，提高资本使用效率。针对新兴市场技术水平相对薄弱的实际，"偿二代"将大量模型计量工作前置到建设过程，量化资本标准主要采用综合因子法，可操作性强，实施成本低。针对新兴市场发展速度快、风险变化快的实际，"偿二代"预留必要的接口，能根据市场变化情况，在不影响规则框架的情况下，完善监管要求，具有较强的适应性和动态性。二是充分体现我国保险业实际。"偿二代"各项参数和因子，是基于我国保险业近20年的大数据实际测算得到的结果，客观反映了我国保险业的风险状况。在大金融、大资管背景下，"偿二代"还考虑了保险业与银行业、证券业资本监管规则的协调。

第三，国际可比。"偿二代"在监管理念、监管框架和监管标准等方面，符合国际资本监管的改革方向，与国际主流的偿付能力监管模式完全可比。"偿二代"以风险为导向的监管理念，与欧盟偿付能力Ⅱ、美国RBC、巴塞尔资本协议完全一致；"偿二代"采用国际通行的三支柱框架，符合国际资本监管的改革趋势；"偿二代"在监管标准制定中，采用先进的随机方法对风险进行测算，并实行资本分级，打开了资本工具创新的"天花板"，丰富了保险公司资本补充渠道，这都符合国际发展潮流。

4. "偿二代"的主要内容

"偿二代"全部主干技术标准共17项监管规则：第一支柱9项，第二支柱3项，第三支柱3项，偿付能力报告和保险集团各1项。这些规则相互关联、密切配合，形成一套有机联系的监管标准。

第一支柱定量监管要求共 9 项监管规则，具体内容包括：1 号实际资本规则规范保险公司认可资产、认可负债和实际资本的评估原则，明确资本分级的标准；2 号最低资本规则规范保险公司最低资本的构成和计量原则；3 号寿险合同负债评估规则规范人身保险公司和再保险公司偿付能力监管目的的寿险合同准备金的评估标准；4 号保险风险最低资本（非寿险业务）、5 号保险风险最低资本（寿险业务）和 6 号保险风险最低资本（再保险公司）规则分别规范保险公司寿险业务、非寿险业务和再保险公司的最低资本的计量；7 号市场风险最低资本规则规范保险公司市场风险最低资本的计量；8 号信用风险最低资本规则规范保险公司信用风险最低资本的计量；9 号压力测试规则建立了保险公司偿付能力压力测试制度，明确了压力测试的方法和要求。

第二支柱定性监管要求共 3 项监管规则，具体内容包括：10 号风险综合评级（分类监管）规则通过对保险公司总体的偿付能力风险进行全面评价，建立定量监管与定性监管相结合的监管机制，提高监管的有效性；11 号偿付能力风险管理要求与评估规则建立了保险公司偿付能力风险管理能力的监管评估制度，并将风险管理水平与资本要求相挂钩，风险管理能力强的公司，可降低资本要求，反之，则提高资本要求，促使保险公司持续提高风险管理能力；12 号流动性风险规则建立了财产保险公司和人身保险公司统一的流动性风险监管要求、流动性风险监管指标和现金流压力测试制度，构建了完整的流动性风险防范网。

第三支柱市场约束机制共 3 项监管规则，具体内容包括：13 号偿付能力信息公开披露规则建立了偿付能力信息公开披露制度，要求保险公司每季度披露有关偿付能力信息，提升偿付能力信息的透明度，增强市场约束力；14 号偿付能力信息交流规则建立健全了监管部门与保险消费者、投资者、信用评级机构、媒体等市场相关方之间的交流机制，以充分发挥市场相关方对保险公司的监督约束作用；15 号保险公司信用评级规则规范了保险公司的信用评级制度，以更好地发挥评级机构在风险防范中的作用。

除上述规则外，16 号偿付能力报告和 17 号保险集团两项监管规则涉及三个支柱的所有内容。16 号偿付能力报告规则将现行以年报为核心的报告体系，改为以季报为核心的报告体系，有利于保监会对行业风险早发现、早预警、早处置。17 号保险集团监管规则拓展了集团监管的内涵，将保险（控股）集团以及各种类型的隐性或混合保险集团都纳入到监管范围，对保险集团的定量监管要求、定性监管要求和市场约束机制进行了规范，迈出了保险集团偿付能力监管的实质性步伐。

5."偿二代"的影响

第一，推动保险业转型升级和提质增效。"偿二代"全面科学计量保险公司的产品、销售、投资、再保险等各种经营活动的风险，强化了偿付能力监管对公司经营的刚性约束，增强了风险防控对公司管理的重要性，督促保险公司在追求规模、速度和收益等发展指标的同时，必须平衡考虑风险和资本成本，推动公司转变粗放的发展方式，促进行业提质增效和可持续发展。

第二，引导公司持续提升风险管理能力。"偿二代"建立了风险管理的经济激励机制，通过定期评估保险公司的风险管理能力，将风险管理能力与资本要求相挂钩，督促保险公司不断提高风险管理能力，进而提升保险业核心竞争力。

第三，增强保险业对资本的吸引力。"偿二代"采用我国实际数据，运用随机模型等科学方法，测算摸清了保险行业的风险底数，释放了"偿一代"下过于保守的资本冗余，有利于提升保险公司的资本使用效率，增强行业对社会资本的吸引力。"偿二代"对境外再保险业务的风险提出了资本要求，促使外资再保险公司积极增资或者在境内开设机构，增强了我国对国际资本和国际再保险业务的汇集能力，极大地推动了我国再保险市场的发展。

第四，提升我国保险业的国际影响力。"偿二代"是我国金融监管领域自主研制的监管规则，是结合我国保险市场实际量身打造的标准，符合我国保险业的发展利益，有利于扩大我国在国际保险规则制定中的话语权，有利于支持我国保险机构走出去、在国际竞争中获得更大的行业发展空间，提升我国保险业的国际影响力。

三、保险资金运用比例监管

为了防范投资风险，1995 年颁布的《保险法》对保险资金运用的安全性原则加以明确，并通过限制资金的投资渠道和单一项目的投资比例进行监管。从此，比例监管成为保险资金运用的重要监管方式。随着我国保险业的发展，保险资产的规模不断扩大，保险资金的投资需求也不断增加。此外，存贷款基准利率呈下降趋势，导致保险资金的投资收益逐步减少，保险资金未来支付缺口的潜在风险逐步扩大，保险机构存在优化保险资产配置、改善投资收益的内在需求。为此，监管机构不断放松对保险资金运用的监管，具体表现为两个方面：一是不断拓宽保险资金的运用渠道。保险公司的资金运用，由仅限于银行存款、政府债券和金融债券，不断拓展到更多债券投资品种（企业债券、可转换公司债券、银行次级债券等）、证券投资基金、股权投资以及不动产投资等多种投资渠道。二是不断提高各项投资的监管比例，尤其是具有较大风险的金融产品的投资比例，以提升保险资金的投资收益。

通过不断完善保险资金运用的监管，比例监管政策在约束投资行为、防范投资风险方面发挥了积极作用，促进了保险业的稳健发展，但该比例监管政策仍从各方面对保险资金运用的效率产生负面影响。首先，监管比例缺乏系统性整合，容易造成监管导向不明确。监管机构在各投资品种的管理办法中规定了相应的监管比例，加之某些监管比例的更新，使监管比例呈现出分散、繁多、无序的现象，容易混淆市场对监管导向的认识。其次，列举式的监管比例不适应市场形势。新增投资品种需制定新的投资比例，随着投资品种的丰富，监管比例将日趋复杂。同时，比例监管政策的制定往往滞后于市场发展。最后，部分监管比例可操作性不强，与市场实际脱节。部分比例限制涉及交易对手方，信息获取难度大、成本高、作用弱。正因如此，中国保监会对比例监管政策进行了系统地调整和改革，以加强和改进保险资金运用比例监管，进一步推进保险资金运用体制的市场化改革。

通过改革，中国保监会建立了以保险资产分类为基础，多层次比例监管为手段，差异化监管为补充，动态调整机制为保障的比例监管体系。具体来讲，首先，根据监管规定，保险公司需将投资资产划分为流动性资产、固定收益类资产、权益类资产、不动产类资产和其他金融资产五大类。其中，流动性资产是指具有流动性强、易于转换等特征的资产；固定收益类资产是指具有明确存续到期时间、按照预定的利率和形式偿付利息和本金等特征的资产；权益类资产是指对在交易所公开上市交易或未在交易所公开上市的企业股权或其他剩余收益权；不动产类资产是指购买或投资的土地、建筑物及其他依附于土地上的定着物等；其他金融资产是指未归入上述大类的其他可投资资产（见表8-1）。

表8-1 我国保险公司投资资产分类

投资资产	境内品种	境外品种
流动性资产	现金、货币市场基金、银行活期存款、银行通知存款、货币市场类保险资产管理产品和剩余期限不超过1年的政府债券、准政府债券、逆回购协议等。	银行活期存款、货币市场基金、隔夜拆出和剩余期限不超过1年的商业票据、银行票据、大额可转让存单、逆回购协议、短期政府债券、政府支持性债券、国际金融组织债券、公司债券、可转换债券等。
固定收益类资产	银行定期存款、银行协议存款、债券型基金、固定收益类保险资产管理产品、金融企业（公司）债券、非金融企业（公司）债券和剩余期限在1年以上的政府债券、准政府债券等。	银行定期存款、具有银行保本承诺的结构性存款、固定收益类证券投资基金和剩余期限在1年以上的政府债券、政府支持性债券、国际金融组织债券、公司债券、可转换债券等。

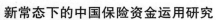

续表

投资资产	境内品种	境外品种
权益类资产	1. 上市权益类资产品种主要包括股票、股票型基金、混合型基金、权益类保险资产管理产品等； 2. 未上市权益类资产品种主要包括未上市企业股权、股权投资基金等相关金融产品。	1. 上市权益类资产品种主要包括普通股、优先股、全球存托凭证、美国存托凭证和权益类证券投资基金等； 2. 未上市权益类资产品种主要包括未上市企业股权、股权投资基金等相关金融产品。
不动产类资产	不动产、基础设施投资计划、不动产投资计划、不动产类保险资产管理产品及其他不动产相关金融产品等。	商业不动产、办公不动产和房地产信托投资基金（REITs）等。
其他金融资产	商业银行理财产品、银行业金融机构信贷资产支持证券、信托公司集合资金信托计划、证券公司专项资产管理计划、保险资产管理公司项目资产支持计划、其他保险资产管理产品等。	不具有银行保本承诺的结构性存款等。

资料来源：《关于加强和改进保险资金运用比例监管的通知》。

其次，保监会系统整合原有比例监管政策，将原来按照各投资品种进行比例限制的监管形式，转变为包含大类资产监管比例和集中度风险监管比例的多元监管形式。其中，大类资产监管比例指为防范系统性风险，保险公司配置大类资产不得超过保险资金运用上限比例。集中度风险监管比例指为防范集中度风险，保险公司投资单一资产和单一交易对手不得超过保险资金运用集中度上限比例。新的监管形式通过大类资产监管比例守住不发生系统性风险的底线，同时取消具体品种投资总量的比例限制，有助于提升保险机构的投资自主性，提高保险资金运用的市场化水平。

再次，除上述监管比例外，新增风险监测比例及内控比例管理，建立"三位一体"的比例监管体系，并实现分层监管与差异化监管。风险监测比例指为防范资产的流动性、高波动性等风险，针对流动性状况、融资规模和类别资产等制定监测比例。风险监测主要用于风险预警，保险公司若达到或超出监测比例，需向保监会报告。内控比例管理指保险公司应严格控制各项监管比例，并制定各类风险预警监测比例及流动性风险管理方案，以增强全面风险管理能力。

最后，中国保监会根据保险资金运用的实际情况，对保险资产的分类、定义、品种以及相关比例等进行动态调整，监管政策可以视市场发展情况灵活调整，满足市场合理需求，使防范保险资金投资风险的有效性得以保证。

表 8 – 2　　　　　　　我国保险资金运用比例监管体系

监管内容	监管对象	比例监管要求	处置措施
大类资产监管比例	权益类资产	投资权益类资产的账面余额，合计不高于本公司上季末总资产的30%；重大股权投资的账面余额，不高于本公司上季末净资产等。①	保险公司若突破比例，中国保监会责令限期改正。
	不动产类资产	投资不动产类资产的账面余额，合计不高于本公司上季末总资产的30%；②购置自用性不动产的账面余额，不高于本公司上季末净资产的50%等。	
	其他金融资产	投资其他金融资产的账面余额，合计不高于本公司上季末总资产的25%。	
	境外资产	境外投资余额合计不高于本公司上季末总资产的15%。	
集中度风险监管比例	投资单一资产	投资单一固定收益类、权益类、不动产类等资产的账面余额，均不高于本公司上季末总资产的5%。③	
	投资单一法人主体	投资单一法人主体的余额，合计不高于本公司上季末总资产的20%。④	

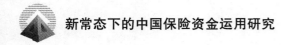
续表

监管内容	监管对象	比例监管要求	处置措施
风险监测比例	流动性监测	投资流动性资产与剩余期限在1年以上的政府债券、准政府债券的账面余额合计占本公司上季末总资产的比例低于5%；财产保险公司投资上述资产的账面余额合计占本公司上季末总资产的比例低于7%等。	若达到或超出监测比例，保险公司应履行相关报告或披露义务。
	融资杠杆监测	同业拆借、债券回购等融入资金余额合计占本公司上季末总资产的比例高于20%。	
	类别资产监测	投资境内的具有国内信用评级机构评定的AA级（含）以下长期信用评级的债券，账面余额合计占本公司上季末总资产的比例高于10%等。	
内控比例管理	严格控制大类资产投资比例、高风险（类）资产投资比例等监管比例；制定流动性风险、信用风险、市场风险等风险预警监测比例和流动性风险管理方案等。		经董事会或董事会授权机构审定后，向保监会报告。

注：①账面余额不包括保险公司以自有资金投资的保险类企业股权；②账面余额不包括保险公司购置的自用性不动产；③单一资产投资是指投资大类资产中的单一具体投资品种。投资品种分期发行，投资单一资产的账面余额为各分期投资余额合计；④单一法人主体是指保险公司进行投资而与其形成直接债权或直接股权关系的具有法人资格的单一融资主体。

资料来源：《关于加强和改进保险资金运用比例监管的通知》。

四、资产负债管理

资产负债管理（Asset - Liability Management，ALM）是现代金融机构重要的经营管理实践活动之一，属于风险管理的范畴，其核心是在进行经营决策时，强调资产和负债的相互协调。北美精算师协会（SOA）对资产负债管理的定义为："在给定金融机构的风险容忍度和其他约束条件下，资产负债管理是为实现金融机构的财务目标，对资产和负债有关策略进行制定、实施、监测、修改的持续过程。"资产负债管理的最终目标是使金融机构的投资能够满足未来现金流需求和资本要求。原则上，各类金融机构都可以实行资产负债管理，本书主要探讨保险公司资产负债管理的相关内容。

（一）资产负债管理的产生和发展

20 世纪 50 年代初，英国保诚寿险公司总精算师 Frank Mitchell Redington 在其 1952 年发表的寿险估值原理评论中，较早提出了固定收益免疫理论，其主要思想是指保险公司通过建立合适的资产和负债结构，使得无论利率如何变动，都能保证公司的资产净值至少等于负债净值。免疫思想是保险业资产负债管理的理论起源。此后，保险资产、负债的精算估值及久期缺口分析等理论的应用，丰富和完善了保险资产负债管理的理论与工具。随着计算机技术的发展和广泛应用，随机规划和动态财务分析等动态管理理论逐步应用于保险资产负债管理领域，进一步推动了保险资产负债管理理论的发展。

在实践中，直到 20 世纪 70 年代，资产负债管理才真正得到保险业的关注，这是由于当时的国际经济金融环境发生了深刻的变化。随着保险资金运用渠道不断拓宽，投资资产的类型多样化，保险公司面临的风险从最初的利率风险，扩大到信用风险、市场风险、流动性风险、法律风险、国别风险等，资产与负债的错配风险给国际保险业发展带来了极大的挑战。20 世纪 70 年代后，美国和日本先后出现了较为严重的保险公司破产事件，正是由于历史上的教训，保险资产负债管理从 20 世纪 90 年代开始普遍受到重视，到 21 世纪初已建立起了一套完整的框架和模型，以及相应的管理标准。

（二）资产负债管理在我国保险业的实践

我国保险业的发展与金融市场的变化为资产负债管理在实践中的应用提供了条件。首先，《企业会计准则解释第 2 号》的施行，使得市场利率成为保险准备金计量的依据，在利率市场化进程逐步推进的背景下，市场利率的波动将影响准备金的计提额度。其次，金融市场竞争程度的加剧，使负债产品日趋多样化，出现以财富管理为主要特征的负债产品，这类产品对利率具有较强的敏感性。最后，保险资金运用的渠道逐步拓宽，保险资产配置日趋多元化。在实践中，不同类型保险公司资产负债管理的侧重有所差异。一般寿险公司长期负债较多，且根据精算技术对到期期限的估计较为准确，因此寿险公司较为关注利率风险。市场利率发生波动时，资产价值的变化与负债价值的变化不同步，可能造成资产价值少于负债价值的情况，从而对保险公司偿付能力造成不良影响；而财产保险公司的负债期限较短且波动较大，相比利率风险更为关注资产的流动性。虽然各有侧重，但应对利率风险仍是保险资产负债管理的核心。

目前，我国保险公司资产负债管理的实践主要关注两方面的内容：一是在治理结构方面，通过构建资产负债管理的组织架构和运行机制，保证风险管理部门与产品开发销售、精算等部门有效协调，实现资产负债管理在各部门间的统筹兼顾，改变当前大多数公司保险产品开发定价同资金运用脱节的现状。以组织架构为基础，制定并执行资产负债管理决策流程是决定管理效果的关键。决策流程包括制定资产负债管理政策、制订并执行资产负债管理战略计划、监督各部门资产负债管理执行情况等环节。二是在管理方法方面，加强资产负债管理技术与工具运用管理。国外保险资产负债管理技术的探索起步较早，并广泛运用于资产负债匹配风险的评估与管理中，主要包括利率免疫、随机模拟、久期缺口和凸性管理、风险价值方法等。相比之下，我国的保险公司资产负债管理还未形成完整的管理框架，在技术方法的选择及运用方面存在较大差异。目前，各保险公司主要使用利率免疫（久期匹配）、现金流匹配、成本收益匹配等方法进行管理。

为确保保险公司有效进行资产负债管理，中国保监会明确了保险资金运用的安全性原则，要求保险公司根据保险资金的性质进行资产负债管理，同时要求董事会设立资产负债管理委员会，并规范高级管理层等部门的相应职责，通过完善组织架构及治理结构建立保险资产负债管理的运行机制。此外，保监会在资产负债错配风险评估和管理方面进行了规范。

第二节 新常态下保险资金运用面临的主要风险及其管理

新常态下，保险资金运用不仅面临量化风险和难以量化风险等微观金融风险，而且需要防范系统性金融风险，这就要求保险资产管理机构构建一个全面覆盖微观金融风险和系统性金融风险的风险管理框架，以实现对各类风险的有效管理。

一、保险资金运用风险管理基础

（一）保险资金运用风险分类

保险资金运用直接决定保险公司的投资资产，投资资产是认可资产的最重要类别之一，对保险公司的偿付能力产生关键性影响。从风险的分类看，保险资金运用面临的风险是保险公司偿付能力风险管理的主要对象，因而可以从偿付能力风险的类型认识保险资金运用风险。在我国第二代偿付能力监管规则中，保险公司偿付能力风险由固有风险和控制风险组成。固有风险是指在现有的正常的保险行业物质技术条件和生产组织方式下，保险公司在经营和管理活动中必然存在的客观的偿付能力相关风险。控制风险是指因保险公司内部管理和控制不完善或无效，导致固有风险未被及时识别和控制的偿付能力相关风险。在保险资金运用过程中，由于固有风险具有客观性、普遍性、内生性等特征，其成为风险管理的重点，而控制风险来自保险公司内部管理和控制的缺陷，带有隐蔽性，往往在风险事件发生后才能够被识别，是保险资金运用风险管理的难点。根据最低资本是否可量化，固有风险又分为能够量化为最低资本的风险（简称量化风险）和难以量化为最低资本的风险（简称难以量化风险）。量化风险包括市场风险和信用风险；难以量化风险包括操作风险、战略风险、声誉风险和流动性风险。

1. 量化风险

从风险管理理论与实践的发展历程看，通过开发和使用风险度量模型或技术，科学地识别和量化各类风险是金融风险管理发展的趋势和方向。经过多年的探索，金融风险度量研究取得了重大进展，对保险风险、市场风险、信用风险等的定量分析和监测已经相对成熟。在此基础上，保险业监管机构能够要求保险公司具备与其风险相适应的资本，"偿二代"的第一支柱定量资本要求就是用于防范能够量化的风险。在第一支柱中，量化风险具备三个特征：一是这些风险长期稳定地存在于保险公司的经营过程中；二是这些风险的大小可以通过现有的技术手段来定量识别；三是这些风险的计量方法和结果是可靠的。

2. 难以量化风险

尽管风险管理方法和技术取得了长足的进步，但由于风险自身的性质及行业现实的约束，部分风险还不具备定量管理的条件。除能够量化的风险外，保险公司还面临许多非常重要的风险，但这些风险无法计量或难以计量最低资本，即不能精确地计算资本要求用于吸收这些风险造成的损失。特别对我国这样一个新兴保险市场来说，采用定量监管方式来量化这些风险存在较大困难。因此，不易量化的操作风险、战略风险、声誉风险等被纳入难以量化风险的范畴。对于难以量化风险，定性评估是合理且可行的管理方法。在"偿二代"中，难以量化的固有风险纳入风险综合评级进行评估。

（二）保险资金运用的风险管理框架

保险资金运用的风险管理是指保险公司和保险资产管理公司为维护保险公司的财务稳健和保障保险公司的偿付能力，对保险资金运用过程中的风险进行识别、评估、管理和控制。在操作中，保险资金运用形成的投资资产是风险的载体，也是经济损失的最终表现形式。因此，可以从大类资产的角度，理解保险资金运用风险管理的框架。根据《保险法》及有关规定，我国保险公司投资资产划分为流动性资产、固定收益类资产、权益类资产、不动产类资产和其他金融资产五大类资产。通过考察大类资产与风险的映射关系，有助于更加清晰地识别、度量和控制保险资产管理部门在运用保险资金过程中面临的各类风险（如图 8 – 2 所示）。

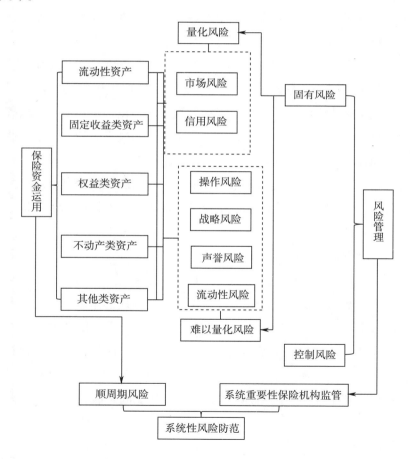

资料来源：中国保险资产管理业协会。

图 8 – 2　保险资金运用的风险管理框架

二、量化风险管理

（一）市场风险管理

市场风险是指由于利率、权益价格、房地产价格、汇率等的不利变动而遭受非预期损失的风险。保险资金运用的市场风险包括利率风险、权益价格风险、房地产价格风险、境外资产价格风险①和汇率风险。本质上，市场风险管理的对象是要素价格。长期以来，我国政府对金融业实行严格的价格管制，计划经济思维对金融业发展的影响始终存在，导致了金融结构扭曲，金融资源无法达到最优配置。为此，2013 年 11 月，党的十八届三中全会提出，"使市场在资源配置中起决定性作用"，并对各项金融改革的推进进度，特别是利率市场化、资本项目开放等重大领域有了更为明确的表述，充分显示了改革的决心。新常态下，我国金融市场化改革进入全面推进阶段，改革的首要任务就是实现要素价格的市场化，逐步完善价格形成机制。因此，新常态下保险资金运用的市场风险管理要紧跟市场化改革的步伐，迎接市场价格波动带来的机遇与挑战。

1. 利率风险管理

利率是资金的价格，利率风险是指由于无风险利率的不利变动导致保险公司遭受非预期损失的风险。从保险资金运用的角度看，面临利率风险的投资资产有：（1）债券类资产，包括政府债、准政府债、金融债、企业债、公司债等，不含可转债；（2）资产证券化产品，包括证券公司专项资产管理计划、信贷资产支持证券等；（3）利率类金融衍生品，包括利率互换、国债期货等；（4）其他固定收益类产品。新常

---

① 境外资产价格风险是指由于境外资产价格不利变动导致保险公司遭受非预期损失的风险。面临境外资产价格风险的投资资产主要为境外固定收益类投资资产和境外权益类投资资产。如果境外资产以外币计价，则境外资产价格风险管理是汇率风险管理与利率风险管理、权益价格风险管理、房地产价格风险管理的综合应用。如果境外资产以人民币计价，则境外资产价格风险管理与人民币资产价格风险管理的原理、方法和程序基本相同。所以，不单独对其进行研究。

态下，保险资金运用的利率风险来自中长期波动性的上升和无风险利率的持续下行。一方面，我国利率市场化改革进入攻坚阶段，市场化改革带来的利率波动性上升将导致固定收益类资产价格的频繁波动，增大保险资金运用风险管理的难度；另一方面，无风险利率下行将给保险资金运用带来较大的风险挑战。长期来看，在市场利率下行时，保险公司面临较大的再投资风险，容易形成利差损风险隐患。

（1）利率市场化改革

利率市场化是把利率决定权交给市场，由市场资金供求状况决定市场利率。利率市场化改革是一项艰巨的、复杂的、系统性工程，实现利率市场化是中国金融体制改革的关键环节。1993 年至今，我国利率市场化改革采取双轨制推进的方式，一方面逐步放松商业银行存贷款利率的管制，实现了"贷款利率管下限、存款利率管上限"的阶段性改革目标；另一方面，建立和完善以 Shibor（上海银行间同业拆借利率）为代表的市场基准利率体系。二十多年来，利率市场化改革在健全市场利率定价自律机制、提高金融机构自主定价能力、扩大金融机构负债产品市场化定价范围方面取得突出的成就（如图 8-3 所示）。

从国际经验来看，成功的改革案例需要经历 16 年左右的时间。1996 年至今，我国利率市场化改革已经进行了 19 年。随着 2013 年银行贷款利率管制的全面放开、贷款基础利率报价机制及同业存单市场建立，我国利率市场化改革进入攻坚阶段。目前，我国正在积极构建金融安全网，存款保险制度建立工作已取得重大进展，于 2015 年正式推出。存款保险制度的正式实施是为完善金融机构退出机制奠定基础，在此基础上，2015 年 10 月对商业银行等不再设置存款利率浮动上限，标志着我国利率市场化改革又向前迈出了重要一步。从中长期来看，利率市场化完成后，利率波动区间将进一步扩大，波动性显著上升（如图 8-4 所示）。

新常态下，保险资金运用的利率风险管理需要做好以下工作：一是加强资产负债管理。国际经验表明，利率市场化完成初期，利率水平上

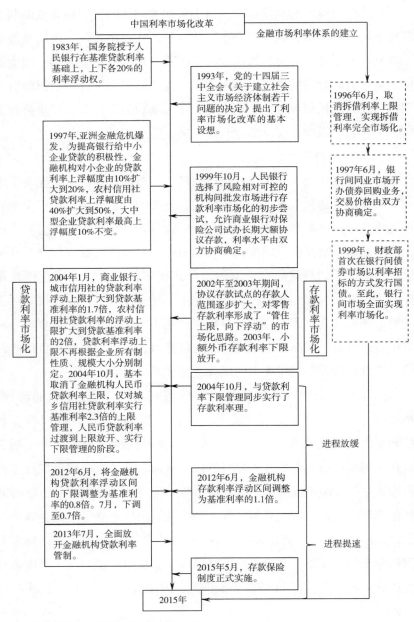

资料来源：中国保险资产管理业协会。

图 8 - 3　我国利率市场化改革的历程

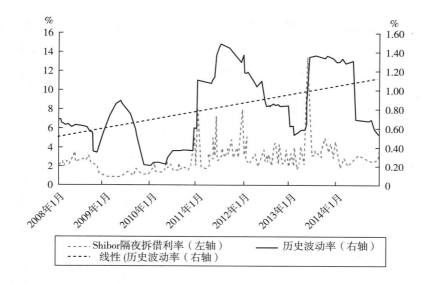

注：使用历史波动率估计利率波动性。

资料来源：Wind 资讯金融数据库。

图 8 - 4　我国市场利率波动性变化情况

行是普遍现象，保险资金运用资产端的收益率随之上升，同时增加负债端的成本，对保险机构的资产负债管理能力提出更高的要求。在监管方面，中国保监会要健全匹配机制，加大推广匹配理念力度，从制度层面推动保险机构加强内部资产负债管理建设，实现资产负债管理由"软"约束向"硬"约束转变。二是加快产品创新。产品创新是保险公司应对市场利率波动性的现实选择。以美国为例，20 世纪 70 年代利率市场化以来，美国寿险市场先后推出可调整寿险、变额寿险、变额万能寿险等多种新型寿险产品，将部分利率风险转移给客户。新常态下，我国的保险资产管理机构也应通过推出利率敏感型保险产品，提升产品吸引力，分散风险，增强市场竞争力。

（2）无风险利率下行趋势

经济升级转型时期，我国市场利率呈现下行趋势是大概率事件。首先，无风险利率下行是降低企业融资成本的需要。在社会融资成本高的情况下，完成经济结构调整是非常困难的，而中性适度的货币金融环境是经济结构调整的必要条件。2013 年以来，我国商业银行贷款加权平均利率超过 6%，民间融资成本接近 20%，均高于李克强总理所说的 5% 左右的企业平均利润率（如图 8－5 所示），加之市场需求没有明显改善，企业经营普遍遇到困难，减轻企业债务负担成为当务之急。

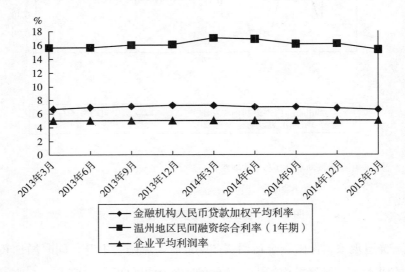

注：由于统计所有企业的平均利润率困难较大，本书引用李克强总理所说的 5% 左右的企业平均利润率。

资料来源：Wind 资讯。

图 8－5　我国企业平均利润率与融资成本比较

其次，降低无风险利率是保持经济增长速度的需要。近年来，受到"三期叠加"的影响，我国经济进入新常态，经济增长速度放缓，未来要保证经济的稳定增长，需要更多的宏观调控政策来对冲"三期叠加"产生的不利影响，其中放松货币政策是重要措施之一。事实上，党的十八大以来，中国人民银行对加大宏观经济的调控力度，进行了一系列货币政策工具操作（如表 8－3 所示），在半年时间里三次降息，使得金融机构贷款利率有所下降，社会融资成本高问题得到一定程度的缓解。可以预见，为应对未来经济形势变化，无风险利率水平将与经济增长速度变动方向相一致。当前我国经济正处于探底阶段，无风险利率下行趋势在短期不会改变，直到实体经济有所好转，经济结构调整的目标最终实现（如图 8 - 6 所示）。

表 8 - 3　　党的十八大以来中国人民银行的部分货币政策工具操作

时间	货币政策工具	具体措施
2014 年 6 月 9 日	存款准备金	对符合审慎经营要求且"三农"和小微企业贷款达到一定比例的商业银行下调人民币存款准备金率 0.5 个百分点等。
2014 年 11 月 22 日	存贷款基准利率	金融机构一年期贷款基准利率下调 0.4 个百分点；一年期存款基准利率下调 0.25 个百分点；金融机构存款利率浮动区间的上限由存款基准利率的 1.1 倍调整为 1.2 倍等。
2015 年 2 月 5 日	存款准备金	下调金融机构人民币存款准备金率 0.5 个百分点等。
2015 年 3 月 1 日	存贷款基准利率	金融机构一年期贷款基准利率下调 0.25 个百分点；一年期存款基准利率下调 0.25 个百分点；金融机构存款利率浮动区间的上限由存款基准利率的 1.2 倍调整为 1.3 倍等。
2015 年 4 月 20 日	存款准备金	下调各类存款类金融机构人民币存款准备金率 1 个百分点等。
2015 年 5 月 10 日	存贷款基准利率	金融机构一年期贷款基准利率下调 0.25 个百分点；一年期存款基准利率下调 0.25 个百分点；金融机构存款利率浮动区间的上限由存款基准利率的 1.3 倍调整为 1.5 倍等。

续表

时间	货币政策工具	具体措施
2015 年 6 月 28 日	存贷款基准利率 存款准备金	有针对性地对金融机构实施定向降准，以进一步支持实体经济发展，促进结构调整。 下调金融机构人民币贷款和存款基准利率，以进一步降低企业融资成本。其中，金融机构一年期贷款基准利率下调 0.25 个百分点至 4.85%；一年期存款基准利率下调 0.25 个百分点至 2%。
2015 年 8 月 26 日	存贷款基准利率	金融机构一年期贷款基准利率下调 0.25 个百分点至 4.6%；一年期存款基准利率下调 0.25 个百分点至 1.75%。同时，放开一年期以上（不含一年期）定期存款的利率浮动上限，活期存款以及一年期以下定期存款的利率浮动上限不变。
2015 年 10 月 24 日	存贷款基准利率	金融机构一年期贷款基准利率下调 0.25 个百分点至 4.35%；一年期存款基准利率下调 0.25 个百分点至 1.5%。同时，对商业银行和农村合作金融机构等不再设置存款利率浮动上限。

资料来源：中国保险资产管理业协会。

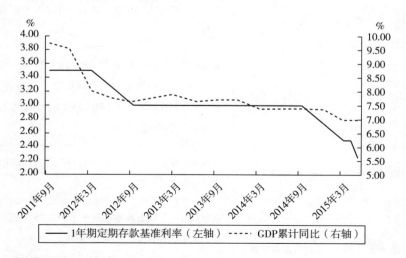

资料来源：Wind 资讯。

图 8-6　我国的无风险利率变化情况

基于无风险利率下行的判断，保险资金运用面临的风险主要表现在两个方面：一是再投资风险。当市场利率持续下行时，企业往往会缩短融资期限，进而导致市场上固定收益类资产的久期下降，长久期固定收益类资产的供给减少，再投资风险相应地上升。截至 2014 年底，债券在保险资金运用余额中占比最高，达到 38.15%，当无风险利率下行时，面临的再投资风险较大。二是可能出现"利差损"问题。为给经济结构调整和转型创造有利条件，我国于 2014 年末进入降息周期，无风险利率下行意味着市场利率会逐步接近寿险业的最低资金成本线，可能造成"利差损"问题。特别是 2013 年普通型人身保险费率改革①后，部分保险公司开始推出预定利率达到 4.025% 的寿险产品，利差损的风险隐患进一步增加。为此，新常态下，保险资金运用的利率风险管理，一方面要加强对宏观经济、投资策略的研究，提高对利率走势的判断和分析能力以及对投资机会的把握能力；另一方面，在充分评估自身资金运用能力的基础上，设计和开发寿险产品，合理设定预定利率。此外，中国保监会要审时度势，控制节奏，在防范利差损的前提下，稳步推进费率形成机制改革。

2. 权益价格风险管理

权益价格风险是指由于权益价格不利变动导致保险公司遭受非预期损失的风险。从保险资金运用的角度看，面临权益价格风险的投资资产包括但不限于：（1）上市普通股票；（2）未上市股权；（3）权益类证券投资基金；（4）可转债；（5）基础设施股权投资计划；（6）符合保监会规定的主体发行的权益类资产管理产品；（7）未上市股权投资计划；（8）权益类信托计划；（9）股指期货；（10）优先股等。截至 2014 年底，在资金运用余额中，股票和证券投资基金的比例为 11.06%，占比相对稳定。此外，未上市股权等权益类资产也占据较高比重。

---

① 普通型人身保险保单责任准备金法定评估利率由 2.5% 调至 3.5%，养老年金及 10 年期以上的普通年金上限放宽至 4.025%。

依据价格形成机制的不同，权益价格风险可以进一步分为上市权益价格风险和未上市权益价格风险。上市公开交易的权益具有相对较好的流动性，能够计量和监测其公允价值，便于识别和度量风险。未上市股权由于在活跃市场没有报价、公允价值不能可靠计量，其风险管理的难度远远高于上市权益价格风险。新常态下，权益价格风险主要来自三个方面：一是我国股票市场的系统风险；二是产业结构调整带来的行业风险；三是基础设施股权投资风险。

（1）上市权益价格风险管理

保险资金可投资的上市权益来自上市普通股、证券投资基金以及资产管理产品的基础资产，上市权益价格风险与我国资本市场改革进程紧密联系。近年来，我国资本市场改革全面深化，多层次资本市场建设取得突出成绩，新股发行体制改革进入最后阶段。总体上看，随着市场基础性制度不断完善，股票价格形成机制日趋成熟，市场有效性稳步提高。目前，我国保险公司主要采用投资组合管理方式，控制股票价格风险。相比于单个股票的价格风险，新常态下，我国股票市场的系统风险更应该得到足够的重视。

2014年下半年至2015年，我国股票市场出现了极端的先上涨后下跌的巨大波动。与此同时，实体经济形势则日益严峻，经济下行压力不断加大，与股票市场表现相背离。本轮牛市行情是多重因素共同作用的结果，面对经济结构转型的不确定性，股票市场的系统风险应当得到关注。新常态下，保险资金一方面要优化股权类资产配置结构，坚持稳健型的投资风格，优先配置经营业绩较好、具有稳定且较高现金股利支付的蓝筹股，降低高风险、高估值股票或板块的投资比例；另一方面，严格控制上市权益投资规模，选择合适时机，合理控制资金运用余额中股票和证券投资基金的比例，避免成为风险的最后接棒者。

（2）未上市权益价格风险管理

与上市权益价格能够实时地监测和计算不同，未上市权益价格的波动反映在财务报表中，权益价格的变化是企业财务状况的体现，因而未上市权益价格风险管理实质上等价于对股权指向的标的企业进行经营管理。近年来，我国保险资金直接投资股权的行业范围不断扩大，2012年以前行业范围限定在保险类企业、非保险类金融企业和与保险业务相关的养老、医疗、汽车服务企业的股权；2012年以后，又增加了能源企业、资源企业和与保险业务相关的现代农业企业、新型商贸流通企业等的股权。新常态下，直接股权投资的权益价格风险源于经济结构升级转型带来的行业风险，如果标的企业符合国家宏观政策和产业政策，则风险相对较低；反之，风险较高。未来，随着保险资金运用的市场化改革不断深化，行业范围将逐步放宽，行业风险会进一步凸显。

权益价格风险管理的关键在于股权投资人才队伍和投资管理制度的建设。目前，我国保险资产管理行业的很多机构在人才、制度及运作机制上仍处于基础建设阶段。相比于传统的固定收益类资产投资，保险资金在股权投资方面的探索较晚，投资管理经验不足问题比较突出。相对股权投资能力不足的情况，行业的投资冲动非常明显，一定程度上存在着股权投资能力不足和投资冲动之间的矛盾。新常态下，保险资产管理机构只有控制投资冲动，苦练内功，打造专业化股权投资团队，努力提高自身的股权投资能力，同时借鉴私募股权投资基金的成熟运作模式，加快完善投资管理制度和流程，才有可能在股权投资领域的激烈市场竞争中占据有利地位。

新常态下，随着我国城镇化进程的加快，"一带一路"战略的实施，基础设施项目存在巨大投资空间。数据显示，注册的股权计划有11个，投资规模超过450亿元。基础设施的权益价格风险来自最低保证回报难以保障。目前，我国的基础设施项目公司普遍存在治理结构、关联交易、核心资产划分等问题，影响项目公司运营的质量和效率，出现会计报表亏损，从而导致权益资产的损失。为防范权益价格风险，中国保监会要与相关部门做好沟通和协调工作，落实股权投资权益担保机制，监督项目公司认真履行合同义务，激发保险资金投资基础设施的热情。

3. 房地产价格风险管理

长期以来，房地产是我国经济的支柱产业。从 2010 年开始，保险资金正式开闸投资不动产，投资性房地产成为保险资金运用的重要渠道之一。2014 年末，保险机构投资性不动产规模约 780 亿元，总体规模不大，但较 2013 年增长速度较快。从风险管理的角度来看，房地产价格风险是指由于投资性房地产价格不利变动导致保险公司遭受非预期损失的风险。面临房地产价格风险的投资资产包括：以物权形式持有的投资性房地产、以项目公司形式持有的投资性房地产股权等。

2010 年以来，经过多轮政策调控，各地房地产价格普遍单边上涨的市场格局已经不复存在，市场预期正在发生变化，市场需求逐步回归理性。新常态下，我国房地产业将进入调整阶段，在一定时期内经历去库存、去杠杆过程，实现整体市场供需的再平衡，迎来一个更加健康的房地产市场。总体上看，一定时期内房地产在我国经济中的支柱地位不会动摇，在稳增长政策的支持下，房地产价格将保持相对平稳，但市场分化将加剧，区域、地段、定位等因素的差异性进一步凸显，并将决定价格变动方向。因此，房地产价格风险主要来自市场分化产生的价格波动（如图 8-7 所示）。

正因如此，"一刀切"式的管理方法不能适应新常态下的房地产价格风险管理，需要针对不同区域、地段、定位等因素综合评估风险。事实上，在"偿二代"中，要求保险公司根据房地产所处位置设定特征系数，位置分为：直辖市、省会城市、计划单列市；境内其他地区；境外。这一做法有助于防范市场分化带来的价格风险，但除此之外，同一城市的不同地段，高、中、低端的项目定位等因素都会对价格产生实质性影响，意味着现行的房地产价格风险管理方法还存在改进的空间。为此，保险资产管理机构应建立房地产市场风险监测机制，在现有监管标准的基础上，根据价格影响因素，细化风险等级，提高风险度量的准确性。

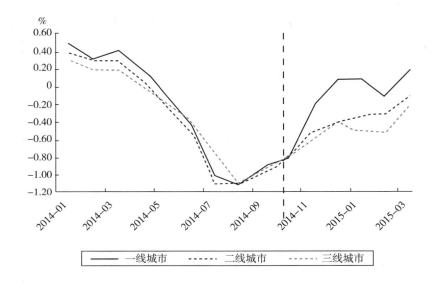

资料来源：国家统计局，70 个大中城市新建住宅价格指数（当月环比）。

图 8 - 7　2014 年以来我国房地产市场分化情况

4. 汇率风险管理

2012 年以来，我国的保险机构境外投资步伐明显加快，投资规模持续增加，通过对保险资产全球化和多元化配置，在国际金融市场上的活跃度与影响力日渐提升。截至 2014 年 12 月末，保险资金境外投资余额为 239.55 亿美元（折合人民币 1465.8 亿元），占保险业总资产的1.44%。从风险管理的角度来看，汇率风险是保险资金境外投资面临的主要风险之一。保险资金运用的汇率风险是指由于汇率波动引起外币资产（含外汇衍生品）价值变动，导致保险公司遭受非预期损失的风险。

外币投资资产包括：（1）外币流动性管理工具；（2）外币固定收益类投资资产；（3）外币权益类投资资产；（4）外汇衍生品；（5）外币房地产；（6）外币其他资产等。

新常态下，我国将按照主动性、可控性和渐进性原则，进一步完善汇率市场化形成机制，让市场供求在汇率形成中发挥更大作用，增强汇率双向浮动弹性，保持人民币汇率在合理均衡水平上的基本稳定。在制度改革方面，我国政府将稳步实现人民币资本项目可兑换，扩大人民币国际使用。可以预见，外汇管理体制改革将对保险资金运用的汇率风险管理产生重大影响。具体来说，汇率风险主要来自资本项目可兑换后的外部冲击和人民币国际化形成的升值预期。

（1）人民币可兑换改革

人民币汇率形成机制与我国金融体系开放程度密不可分，做好新常态下汇率风险管理的前提是充分认清我国金融开放所处的历史阶段。自1996年我国宣布实现经常项目可兑换以来，已经在对外贸易、直接投资等多个方面为实现资本项目可兑换打下基础。整体上看，中国的金融开放是有条件、有顺序、有节制的，资本项目的开放必须与利率市场化、外汇体制改革统筹考虑，讲究推进各项改革之间的协调与配合。国际货币基金组织（International Monetary Fund，IMF）的研究报告发现，转轨国家和发展中国家从宣布经常项目可兑换到实现资本项目可兑换平均相距7年的时间。我国从1996年宣布经常项目可兑换至今已经过去了19年，在此期间，我国政府付出了巨大的努力，取得了积极的进展，具备了进一步推进的条件（如图8-8所示）。

党的十八大以来，我国通过设立自由贸易试验区等重大改革举措，加快了金融开放的步伐。从国际经验来看，资本项目可兑换完成后，短期投机性资本可能对我国金融体系稳定产生冲击，造成汇率大幅波动，增大汇率风险管理的难度。在操作层面，目前我国保险公司管理汇率风险的主要方式是通过外汇远期合约对外汇资产进行套期保值操作，以达到对冲风险的目的。新常态下，保险资金运用的汇率风险管理在沿用传统管理方式的同时，要实现工具多样化、操作复杂化、程序规范化。

（2）人民币国际化进程

从2005年启动汇率形成机制改革到2013年底，在长达9年时间里，人民币出现单边升值走势，对美元汇率累计升值超过30%（如图8-9所示）。2014年以来，随着我国经济增长放缓、出口增速大幅下降、美国QE退出，支撑人民币持续升值的因素逐渐消失或弱化，单边

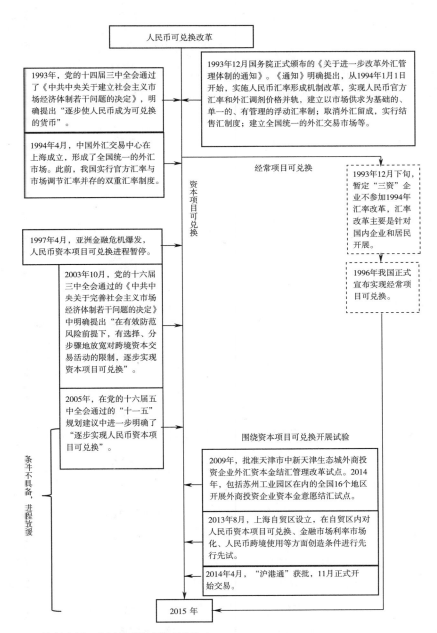

资料来源：中国保险资产管理业协会。

图 8-8 我国人民币可兑换改革历程

升值预期被打破，人民币双向浮动成为"新常态"。尽管如此，保险资金运用的汇率风险仍然不容忽视，随着人民币国际化进程的推进，可能重新形成人民币升值预期，人民币升值使得以外币计价的资产价值下降，投资资产发生汇兑损失。

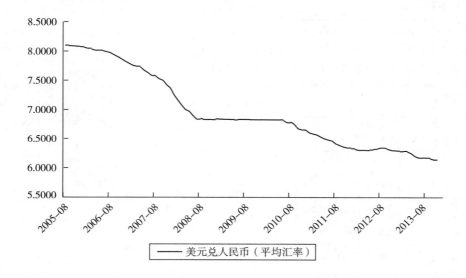

资料来源：Wind 资讯。

图 8 - 9　汇率形成机制改革以来我国人民币汇率变化

国际金融危机后，我国政府深刻意识到货币国际化的重要性，大力推动人民币的国际使用（如表 8 - 4 所示），人民币在国际货币体系中的地位日益提高。环球银行金融电信协会（SWIFT）的数据显示，2014年 11 月，人民币已经取代加拿大元和澳元成为全球第五大支付结算货币。此外，人民币还是全球第九大外汇交易货币和第七大储备货币，超过欧元成为全球第二大贸易投资货币。目前，我国与 170 多个国家实施了跨境人民币支付；与 28 个国家签订总额 3 万亿元的"双边本币互换协议"；人民币已被全球 30 多个国家列入本国储备货币。新常态下，人民币国际化进程必将不断加快，长期来看，人民币汇率尚未达到均衡水平，依然存在一定的升值空间。国际经验表明，货币国际化可能形成升值预期，不利于保险资金的境外投资。为此，我国保险资产管理机构要坚持稳健性原则，有效对冲人民币升值风险，实现外币投资资产的保值增值。

表 8 – 4　　　　　　　2014 年人民币国际化取得的进展

时间	事件	意义
2014 年 7 月	中国与巴西、俄罗斯、印度和南非共同发起成立金砖国家开发银行	推动人民币在区域和全球范围内的流通
2014 年 10 月	英国发行规模为 30 亿元的人民币主权债券	首只西方国家发行的人民币主权债券
2014 年 10 月	中国人民银行与欧洲央行签署规模为 3500 亿元人民币/450 亿欧元的中欧双边本币互换协议	为双边贸易、投资提供融资便利
2014 年 10 月	中国与俄罗斯签署规模 1500 亿元/8150 亿卢布的本币互换协议	为双边贸易、投资提供融资便利
2014 年 10 月	中国与 21 个国家共同决定成立亚洲基础设施投资银行	为亚洲基础设施建设提供融资
2014 年 11 月	"沪港通"正式开通	进一步开放内地资本市场
2014 年 12 月	中国设立 400 亿美元的"丝路基金"	为"一带一路"战略提供金融支持

资料来源：公开市场资料。

（二）信用风险管理

信用风险是指由于交易对手不能履行或不能按时履行其合同义务，或者交易对手信用状况的不利变动，导致保险公司遭受非预期损失的风险。保险公司面临的信用风险包括利差风险和交易对手违约风险。其中，利差风险是指利差（资产的收益率超过无风险利率的部分）的不利变动而导致保险公司遭受非预期损失的风险。交易对手违约风险是指交易对手不能履行或不能按时履行其合同义务，导致保险公司遭受非预期损失的风险。

从保险资金运用的角度来看，可量化信用风险的资产主要为固定收益类投资资产，具体包括：（1）存放在金融机构的定期存款、协议存款、结构性存款；（2）债券类资产；（3）资产证券化产品；（4）固定收益类金融产品①等。从规模来看，固定收益类投资资产是保险资金运用的主要形式。2014年底，银行存款在资金运用余额中占比为27.12%，债券占比为38.15%，此外，固定收益类金融产品是另类投资的主要标的，约占另类投资的一半。因此，信用风险管理是保险资金运用风险管理的重中之重。

2008年底，为应对国际金融危机，我国在非常时期采取一系列扩大内需的刺激措施，随着强刺激政策逐步退出，"后遗症"开始显现，具体表现为政府债务水平大幅上升和传统行业产能过剩问题进一步恶化。新常态下，我国经济进入前期刺激政策消化期，化解政府债务风险和解决产能严重过剩矛盾成为现阶段的主要任务。从风险管理的角度看，在一定时期内，保险资金运用的信用风险主要来自地方融资平台和产能过剩行业，这类融资主体的信用状况需要重点监测。

（1）地方融资平台风险

国际金融危机后，在"四万亿投资计划"的刺激下，我国地方政府债务水平大幅上升。2008年初至2013年6月，全国地方政府性债务从不足5万亿元大幅增加到近18万亿元，年均增长率达到20%以上，远高于同期GDP增速。截至2013年6月底，负有偿还责任的地方政府债务约为11万亿元，负有担保责任和可能承担一定救助责任的或有债务有7万亿元，总共约18万亿元。在我国，大部分地方政府负有偿还责任的债务是由地方融资平台形成的，地方融资平台风险可以通过基础设施债权投资计划传导至保险机构。2013年注册制改革后，基础设施债权投资计划的规模和数量大幅增加，一年的发行规模超过过去7年的

---

① 固定收益类金融产品包括商业银行理财产品、信托计划、基础设施债权投资计划、资产管理产品、不动产债权投资计划、项目资产支持计划等。

总和（如图 8 - 10 所示）。截至 2014 年 5 月，在已备案和注册的基础设施投资计划中，涉及地方融资平台的有 3259.59 亿元，占总规模的 51.61%。

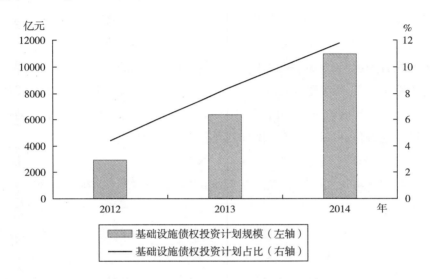

资料来源：中国保险资产管理业协会。

图 8 - 10　基础设施投资计划规模及占比变化情况

总体上看，大多数涉及地方融资平台的基础设施投资计划采取了相应的担保措施，信用风险基本可控。另外，为化解财政金融风险，2015 年 3 月，我国财政部下达了 1 万亿元地方政府债券置换存量债务额度，允许地方把一部分到期高成本债务转换成利率较低的地方政府债券，减轻了地方政府的利息负担。但需要特别注意的是，新常态下，产业结构调整和房地产市场分化可能对部分地方政府的财政收入产生不利影响，降低其偿债能力。一方面，产业结构单一、把周期性行业作为主导产业的地区受宏观经济周期的影响较大，比如以钢铁、煤炭、有色金属、化工、水泥、工程机械、装备制造等周期性行业为支柱产业的地区，财政收入增速大幅下降。2014 年全国公共财政收入增速最低的三个省是辽宁、黑龙江、吉林，分别为 - 4.6%、1.85%、4.01%，均受到产业结构调整的较大冲击。另一方面，对土地出让收入依赖大的地区，房地产行业的发展对地方政府土地出让收入影响很大。正如之前分析，未来房地产市场分化将成为"新常态"，一线城市与二、三线城市的土地出让收入波动性不同。土地出让收入占比较高的地区，其财政收入的波动性被放大，由此带来的风险值得高度关注。新常态下，地方融资平台的信用风险管理应与我国的财税体制改革保持同步，保险资产管理机构要密切跟踪预算管理制度以及消费税、资源税、房产税等税收制度改革进展，并相应地改进和完善信用风险评估、监测、处置的程序。重点防范区域性地方债务风险，切实做到差异化、精细化管理。

（2）产能过剩行业风险

我国经济长期受到产能过剩问题的困扰。据统计，在全部 39 个行业中有 21 个行业产能利用率低于75%，属于中度产能过剩。其中钢铁、水泥、电解铝、平板玻璃、船舶等行业的产能过剩问题尤为严重。2013年以来，我国政府将淘汰落后产能作为重要工作。数据显示，2014 年全国共淘汰落后炼钢产能 3110 万吨、水泥 8100 万吨、平板玻璃 3760万重量箱。2011 年至 2014 年，累计淘汰落后炼钢产能 7700 万吨、水泥6 亿吨、平板玻璃 1.5 亿重量箱。尽管如此，目前产能过剩行业的经营情况依然不容乐观，去产能过程仍将持续。近期，我国金融市场上相继发生中诚信托事件、超日债实质性违约事件等信用违约案例，其融资主体正是来自煤矿业、光伏业等产能过剩行业。为此，新常态下，产能过剩行业风险应成为信用风险管理的重点。在资金投向方面，支持保险资金向节能环保、新一代信息技术、生物、高端装备制造、新能源、新材料、新能源汽车战略性新兴产业倾斜。在投资资产类型上，应着力于信托计划等固定收益类金融产品的信用风险管理。

三、难以量化风险管理

（一）操作风险管理

操作风险是指由于不完善的内部操作流程、人员、系统或外部事件而导致直接或间接损失的风险，包括法律及监管合规风险（不包括战略风险和声誉风险）。保险资金运用的操作风险管理是资金运用业务线相关的操作风险。新常态下，操作风险管理的重点为投资交易中的内幕交易、利益输送等行为。从资金运用的角度看，另类投资相关的操作风险不容忽视。一方面，随着资金运用市场化改革持续推进，投资渠道不断拓宽，另类投资获得了足够的发展空间。由于另类投资往往具有相对较高的投资回报，运作更加灵活，得到了保险机构的普遍青睐，成为资金运用的新领域（如图8－11所示）。另一方面，相比于公开市场投资品种，另类投资期限长，流动性低，交易对手情况复杂，透明度不高，运作不规范，存在较大的操作风险隐患。

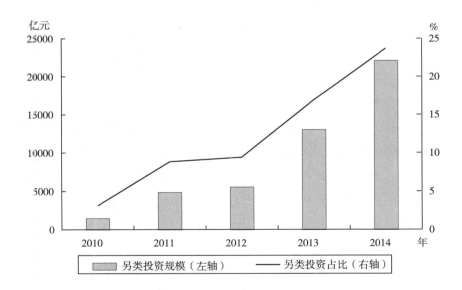

资料来源：中国保险资产管理业协会。

图8－11 保险资金另类投资的规模及占比变化情况

新常态下，保险资金运用的操作风险管理需要做好三个方面的工作：一是完善资金运用业务线的内部控制程序和流程。在借鉴国际经验的基础上，建立健全透明、规范、责权明确的内部控制标准与制度，进一步完善资金运用的内部审计，加强对另类投资中的内幕交易、利益输送等行为进行排查。二是监管部门要加快研究信息披露监管制度，规范信息披露行为，发挥社会各方的监督作用。三是及时发现和解决保险资产管理机构在交易信息系统方面存在的问题，包括系统设计缺陷、软件/硬件故障或缺陷、信息安全和数据质量等方面的问题。

（二）战略风险管理

战略风险是由于战略制定和实施的流程无效或经营环境的变化，导致公司战略与市场环境、公司能力不匹配的风险。保险资产管理机构根据公司经营战略，综合考虑保险资金来源、期限、收益要求、流动性要求、风险容忍度和偿付能力等因素，制定投资资产配置策略。基于资产配置策略，结合公司的风险管理能力和市场情况，确定投资范围、投资品种、投资限制等内容。如果所制定的公司经营战略存在科学性、合理性、可行性等问题，或是在执行过程中偏离既定战略，则投资资产可能发生重大损失，即保险资金运用面临战略风险。

新常态下，导致保险资金运用战略风险的外部因素更加复杂，市场环境、科技进步、法律法规、监管政策、合作伙伴等都可能对战略制定者的决策产生影响。实践表明，防范战略风险的有效措施是要求风险管理人员、资金运用管理人员参加公司经营战略的制定过程。此外，要加大对宏观经济和资产管理行业研究的投入力度，力争把握行业发展的趋势和方向，提升战略制定水平。

（三）声誉风险管理

声誉风险是由于保险公司的经营管理或外部事件等原因导致利益相关方对保险公司负面评价，从而造成损失的风险。声誉风险与其他风险关联度较强，保险风险、市场风险、信用风险、操作风险、战略风险、流动性风险等都可能引发声誉风险。2014年，为维护保险行业形象和市场稳定，提升行业声誉风险管理水平，中国保监会制定了《保险公司声誉风险管理指引》，对声誉风险管理的组织架构、声誉风险防范、声誉事件处置、行业协作、声誉风险监管等方面提出了明确的要求。如果能够落实指引中的各项规定，保险公司的声誉风险管理将会取得理想的成效。

新常态下，声誉风险管理的重点在于应对来自互联网的负面评价。未来，互联网等新兴媒介的快速发展，给金融机构的声誉风险管理带来了极大的挑战。互联网在减少信息不对称、加快信息传播速度的同时，也带来了信息质量和真实性的严重下降，进而增加了声誉事件处置的难度。为此，保险资产管理机构要适应互联网发展给声誉传播带来的新变化，加快从"被动管理"向"主动管理"转变，学习和掌握网络环境下产品营销、品牌建设的方法，充分运用各类信息平台，加大正面宣传力度，消除声誉事件的不利影响。

（四）流动性风险管理

流动性风险是保险公司无法及时获得充足资金或无法及时以合理成本获得充足资金，以支付到期债务或履行其他支付义务的风险。流动性风险可以分为融资流动性风险和市场流动性风险。融资流动性风险是指保险公司在不影响日常经营或财务状况的情况下，无法及时有效满足资金需求的风险。市场流动性风险是指由于市场深度不足或市场动荡，保险公司无法以合理的市场价格出售资产以获得资金的风险。流动性风险与其他风险关联性较强，信用风险、市场风险、保险风险、操作风险等风险可能导致保险资产管理机构的流动性不足，因此，流动性风险通常被视为一种综合性风险。流动性风险管理是在做好流动性安排的基础上，同时有效管理其他各类风险。

随着"大资管"时代的到来，金融业竞争日趋激烈，由于我国金融产品高度同质化，收益率竞争成为扩大市场份额的主要手段之一，直接导致部分保险产品出现短期化和高回报倾向，容易引发资产负债的期限错配问题。另外，近年来资金运用渠道不断放宽，多种流动性低的另类资产被纳入投资范围。当另类投资业务快速发展时，投资资产面临的市场流动性风险显著上升。因此，新常态下，保险资金运用的流动性风险主要来自资产负债的期限错配风险和投资资产的市场流动性风险。

1. 期限错配风险管理

长期性、稳定性是保险资金具有的独特优势，然而在激烈市场竞争环境下，近年来部分保险机构，尤其是寿险公司，大力发展短期限、高收益的万能险产品等理财型保险业务。这些高现金价值产品，期限多为1—2年，结算利率达到5%以上，手续费率在3%左右，预定利率加上销售费用，资金成本超过6%。在资产端，由于债券等传统金融工具的久期较短，为匹配资金成本与投资收益，保险资金往往投向收益率高、期限长的未上市股权、基础设施投资计划、投资性房地产、信托计划等另类资产。数据显示，另类资产的平均久期在7年以上，"短钱长用"现象突出。

新常态下，寿险费率市场化改革将增强市场活力，提高保险公司的自主性和灵活性。但与此同时，保险公司为增加保费收入，具有开发和销售高收益保险产品的内在冲动，防范由期限错配产生的流动性风险是保险资金运用风险管理的重要任务。当前流动性风险管理的着力点是制度建设，一方面，保险资产管理机构应建立健全流动性风险管理治理结构、管理策略、政策和程序，建立全方位的流动性风险识别、计量、监测、控制体系；另一方面，完善压力测试制度，认真组织开展压力测试。定期监测当前和未来一段时间内的流动性风险，同时考虑基本情景和极端不利情景下的流动性风险。

2. 市场流动性风险管理

在相当长的时间里，保险资金集中运用于银行存款以及债券、股票、基金等高流动性金融工具，投资资产的市场流动性风险对资金运用的影响较小。2014年以来，各家保险资产管理机构积极布局另类投资业务，增加另类资产配置，随之而来的市场流动性风险也应受到足够的重视。一方面，由于没有统一的公开交易市场或信息发布平台，另类资产缺乏转让渠道；另一方面，另类资产本身非标准化，透明度低，风险评估难度大，给资产定价带来极大的限制。另类资产规模及占比的扩大将降低保险资产管理机构所持有流动性管理工具的最大数量，同时拉长投资资产组合的平均久期，在一定程度上挤压了流动性风险管理的空间。

新常态下，市场流动性风险应引起保险资产管理机构的重视，在发展另类投资业务的同时，注意保证流动性管理工具的数量和质量，正确处理业务发展与风险管理的关系，明确保险产品的保障功能定位，切勿盲目追求业务规模。在行业层面上，加快培育和建设另类资产交易市场或信息平台，盘活存量资产，为另类投资业务发展提供更大空间。

四、系统性风险防范

2008 年全面爆发的国际金融危机使人们深刻意识到防范系统性风险的重要性和紧迫性，仅仅依靠微观审慎监管不足以维护金融体系的稳定，加强宏观审慎监管是当务之急。在新一轮国际金融监管改革中，防范系统性风险成为监管制度改革的重要目标。后危机时代，我国金融管理部门高度重视系统性风险防范工作，自 2013 年以来，中国保监会多次强调"保险监管要牢牢守住不发生系统性和区域性金融风险的底线"。新常态下，实体经济下行压力增大，风险可能集中暴露，潜在的系统性风险值得关注。研究表明，保险资金运用的系统性风险防范通常从时间和空间两个维度出发，即顺周期风险管理和系统重要性保险机构监管。

（一）顺周期风险管理

从投资资产构成看，保险资金运用的顺周期性主要来自投资性房地产（见图 8 - 12）。部分保险公司采用公允价值法对房地产价值进行评估。当房地产价格上涨时，评估增值将增加保险公司的盈利水平和偿付能力。相反，如果房地产价格下跌时，则会使得保险公司的财务状况恶化。由于房地产属于周期性行业，房地产价格变化与经济周期具有显著的正相关关系，从而产生顺周期风险。为防范房地产投资风险，2014 年中国保监会对保险公司的投资性房地产的评估增值进行清理和规范，有效地化解了顺周期风险。新常态下，保险资产管理机构的投资决策要着眼于经济周期带来的趋势性变化，提高资产配置策略的前瞻性和预见性。在监管方面，中国保监会加快建立和完善逆周期监管机制，实施逆周期监管政策，优化投资资产组合配置，弱化保险资金运用的顺周期效应。

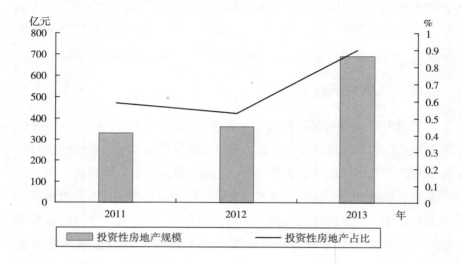

资料来源：中国保险资产管理业协会。

图 8 – 12　保险资金运用余额中投资性房地产规模及占比变化

（二）系统重要性保险机构监管

本次国际金融危机中，美国国际集团（AIG）等大型金融机构陷入经营困境而产生的风险溢出和传染，对全球金融体系造成严重的破坏。由于大型金融机构具有系统重要性，最终获得了政府的救助。为解决"大而不倒"问题，系统重要性金融机构监管被纳入国际金融监管改革内容。2013 年，全球金融标准制定与执行的核心机构——金融稳定理事会（FSB）公布了首批 9 家"全球系统重要性保险机构"（G – SII）名单，中国平安保险集团是发展中国家及新兴保险市场中唯一入选的保险机构。中国保险机构作为发展中国家的唯一代表入选 G – SII 是我国保险业积极参与国际金融治理、维护全球金融稳定的重大举措，体现了国际社会对我国经济金融改革与发展成就的充分肯定，也是对我国保险业在国际保险市场上影响和地位的认可。与此同时，近年来中国保监会正在积极推进我国系统重要性保险机构的认定工作，并在"偿二代"中对国内系统重要性保险集团、全球系统重要性保险机构提出附加资本要求。

目前，保险资金运用影响保险机构系统重要性的方式主要有两种：一是保险资金运用的规模在很大程度上决定保险机构的资产规模；二是通过同业拆借、债券回购等业务，提高保险机构的系统关联性。新常态下，中国保监会一方面将在对 G – SII 监管措施深入分析研究的基础上，全面加强对全球系统重要性保险机构的监管工作，继续积极参与国际金融监管组织后续关于 G – SII 监管机制的设计和标准措施的制定，大力推进国际保险监管改革与合作，为提升中国保险业的国际竞争力创造条件；另一方面，加快制定和推出国内系统重要性保险机构的认定标准，并对入选机构的保险资金运用规模、投资范围提出更高的监管要求。

中国金融四十人论坛
CHINA FINANCE 40 FORUM

第九章

新常态下保险资金运用监管与自律

随着我国保险业的发展和改革创新，可运用保险资金规模不断扩大，保险资金的投资渠道也正逐步放开、走向多元化。健全保险资金运用监管体系、完善保险资金运用监管制度，是保障保险资金有效运用的前提。本章以新常态下的保险资金运用监管为切入点，通过对国内外保险资金运用监管机制和行业自律组织的全面梳理，探讨新常态下我国保险资金运用监管的改革思路与行业自律组织的建设与发展方向。

第一节　保险资金运用的监管现状

保险资金运用作为保险公司经营活动的重要内容，一直受到监管重视。近年来，随着各项监管政策和改革措施的相继出台，资金运用监管工作交出了亮丽的成绩单，大大提振了行业信心。本节回顾梳理了我国保险资金运用监管的法律法规，对监管工作取得的成果及其存在的问题进行剖析，分析新常态下我国保险资金运用监管现状。

一、我国保险资金运用监管的相关法律法规

目前，我国保险资金运用的监管主体是中国保监会，其实施监管的主要依据是《保险法》和《保险资金运用管理暂行办法》，以及相关规定和规范性文件。

从 1985 年至 2011 年长达 26 年的时间里，保险资金投资范围相对狭窄。我国对保险资金运用监管的相关规定最早见于 1985 年国务院颁布的《保险企业管理暂行条例》，该条例包括保险企业设立、中国人民保险公司性质及业务、偿付能力和保险准备金以及再保险等方面的规定。1995 年《保险法》颁布后，对保险资金运用的范围和形式等都做了严格规定，只限于投资银行存款、政府债券、金融债券和国务院规定的其他资金运用形式。1999 年，保监会发布《保险公司投资证券投资

基金管理暂行办法》，允许保险资金投资证券投资基金。2004年，保监会联合证监会发布《保险机构投资者股票投资管理暂行办法》，允许保险资金直接投资股票市场。2009年新修订的《保险法》在保险资金运用渠道中又增加了投资不动产的内容。

2012年多项保险资金运用新政出台，使得投资范围迅速放开。自2012年以来，保监会为顺应宏观经济发展形势，深化保险资金运用体制改革，在完善风险防控机制的基础上，进一步拓宽保险资金运用范围，陆续修订和发布了多项投资新规则，包括《保险资金委托投资管理暂行办法》、《关于保险资金投资股权和不动产有关问题的通知》、《保险资产配置管理暂行办法》、《保险资金境外投资管理暂行办法实施细则》、《关于保险资金投资有关金融产品的通知》、《基础设施债权投资计划管理暂行规定》、《关于保险资产管理公司有关事项的通知》、《保险资金参与金融衍生产品交易暂行办法》、《保险资金参与股指期货交易规定》、《资产支持计划业务管理暂行办法》、《关于设立保险私募基金有关事项的通知》等政策文件，共同构成比较完整的保险资金运用政策法规体系，极大地促进了保险资金运用的规范发展。

自2014年以来，保险资金运用监管体系不断改进。2014年2月，保监会发布《关于加强和改进保险资金运用比例监管的通知》，根据资产风险收益特征，将保险资金各种运用形式整合为流动性资产、固定收益类资产、权益类资产、不动产类资产和其他金融资产五个大类资产，针对五类资产制定运用上限比例和集中度监管比例，不再对各大类资产包含的具体品种设限。同年8月，《国务院关于加快发展现代保险服务业的若干意见》（以下简称"新国十条"）的出台，从国家层面再次放宽保险资金的投资限制。

2015年2月，中国第二代偿付能力监管制度体系全部主干技术标准共17项监管规则已正式发布，有效提高保险业资本使用效率，防范金融风险。"偿二代"从过去以规模为导向升级到以风险为导向的模式，充分体现了保监会"放开前端、管住后端"的监管思路。与"偿一代"不同，"偿二代"以风险为核心的管理框架要求保险资金投资管理必须更加关注资产负债管理、战略资产配置、投资品种选择、投资风险管理等各个环节，将对保险公司管理、保险资金投资等带来重大影响。

表 9 – 1　　　1985 年以来颁布的保险资金运用监管相关法律法规

时间	法律法规	说明
1985 年	《保险企业管理暂行条例》	—
1995 年	《保险法》	规定保险资金仅限于投资银行存款、政府债券、金融债券和国务院规定的其他资金运用形式
2002 年	《保险法》第一次修订	—
2004 年	《保险机构投资者股票投资管理暂行办法》	保险资金可直接投资股票市场
2006 年	《保险资产管理公司管理暂行规定》	保险资金获准以特定方式进入基础设施领域
2009 年	《保险法》第二次修订	在保险资金运用渠道中增加了投资不动产的内容
2010 年	《保险资金运用管理暂行办法》	明确了保险资金运用的原则、目的、运作模式、风险管控和监督管理
2012 年	《保险资金投资债券暂行办法》	明确债权投资各项条件和细则
	《保险资金委托投资管理暂行办法》	允许保险资金委托给在符合保监会规定的保险资产管理公司、证券公司、证券资产管理公司、基金管理公司及其子公司等，开展定向、专项资产管理业务
	《关于保险资金投资股权和不动产有关问题的通知》	对于《保险资金投资股权暂行办法》、《保险资金投资不动产暂行办法》进行补充说明；增加投资股权的范围

续表

时间	法律法规	说明
2012 年	《保险资产配置管理暂行办法》	对保险公司独立账户做了清晰的定义，为保险资产管理公司开展以财富增值为目的的资产管理业务奠定政策基础
	《保险资金境外投资管理暂行办法实施细则》	对于保险公司投资海外的具体事项做了规定，对于投资范围和标的的要求并不严格，给予保险资金运用更多的空间
	《关于保险资金投资有关金融产品的通知》	保险资金可以投资境内依法发行的银行理财产品、信托公司集合资金信托计划、证券公司专项资产管理计划、基础设施投资计划、不动产投资计划和项目资产支持计划等金融产品
	《基础设施债权投资计划管理暂行规定》	明确投资基础设施债权计划的各项细则，有助于保险资产管理公司实现投融资中介的功能
	《关于保险资产管理公司有关事项的通知》	—
	《保险资金参与金融衍生产品交易暂行办法》	保险机构可以自行参与衍生品交易，也可以委托保险资产管理公司等，在授权范围内参与衍生品交易
	《保险资金参与股指期货交易规定》	明确保险资金参与股指期货交易的各项细则，保险资金获得对冲工具，系统风险管理能力增强

时间	法律法规	说明
2014 年	《关于加强和改进保险资金运用比例监管的通知》	将保险资金各种运用形式整合为流动性资产、固定收益类资产、权益类资产、不动产类资产和其他金融资产五个大类资产，并进行大类资产比例监管
2014 年	《国务院关于加快发展现代保险服务业的若干意见》（国发〔2014〕29 号）	允许保险机构设立夹层基金、并购基金、不动产基金等私募基金，稳步推进保险公司设立基金管理公司试点
2014 年	《关于保险资金投资创业板上市公司股票等有关问题的通知》等	在创业板股票、蓝筹股、优先股、创投基金等保险资金投资领域进一步放开限制
2014 年	《保险资金运用管理暂行办法》修订版	放宽投资比例限制
2015 年	"偿二代"主干技术标准共 17 项监管规则	进入"偿二代"过渡期
2015 年	《资产支持计划业务管理暂行办法》	加强资产支持计划业务管理，支持资产证券化业务发展
2015 年	《关于设立保险私募基金有关事项的通知》	规范保险资金设立私募基金
2015 年	《保险法》第三次修订	进一步落实了第二代偿付能力监管体系，加大对保险违法行为打击力度，增强对保险消费者的保护等

资料来源：中国保险资产管理业协会，华宝证券研究所。

二、我国保险资金运用监管的主要成果

近年来，我国保险资金运用监管工作始终坚持抓改革、促创新，着力防范、化解风险，推进监管现代化建设，推进保险资金运用机制改革，行业整体实力显著增强，监管工作取得显著成效，主要表现在以下几个方面。

（一）多层次的监管法律法规体系初步建立

目前，我国保险资金运用的多层次监管法律法规体系已初步建立，共分为三个层面：第一个层次是由全国人民代表大会制定的法律，比如《保险法》，是规范保险资金运用的基础，也是保险监管机构对保险资金运用监管的基本法律依据。第二个层次是由国务院制定的行政法规中有关保险资金运用的规定。第三个层次是由保监会等监管部门制定的各项部门规章以及规范性文件。

近年来，监管部门根据中国经济发展与资本市场改革的实际情况，陆续出台了保险资金运用的各项规章和规范性文件，法规文件的研究制定更加注重细节：在制度设计上系统规范了保险资金投资运用的比例、方式和监管的手段、指标，在创业板股票、蓝筹股、优先股、创投基金等领域进一步放开限制，提高保险资金运用市场化程度，为保险投资市场提供公平、公开的竞争环境，支持和促进保险业的规范发展。

（二）"偿二代"监管体系框架基本建成

保监会于 2012 年 4 月开始启动"偿二代"建设工作，计划用 3—5 年的时间建设一套既与国际接轨，又符合国情的偿付能力监管体系。2015 年 2 月，保监会正式发布"偿二代"主干技术标准共 17 项监管规则，"偿二代"方式运作进入过渡期。目前"偿二代"监管体系框架和格局已经基本建成，为保险资金运用监管新思路的实施提供了良好的契机。

"偿二代"将对保险资金运用产生深远影响：一是保险资金投资业绩评估方式将由传统的简单收益考核转变为风险调整后收益的全面考

核，将直接影响保险资金的投资策略；二是对保险资金投资不同资产类别的最低资本因子要求不同，意味着保险资金投资不同领域所需"成本"不同，在一定程度上将影响保险资金的大类资产配置；三是对风险类型进一步细分，要求投资管理人有更全面、细致、量化的风险管理能力，在考核投资业绩时更关注资本回报率和风险调整后的收益，保险资金运用的"风险管理"特征更加显著。

（三）积极推进保险资金运用市场化改革

近年来，保监会按照市场化改革取向，把"简政放权、放管结合""放开前端、管住后端"作为改革总体思路，稳步推进保险资金运用改革工作。具体措施包括：一是稳步拓展保险资金投资渠道。陆续放开股权、不动产投资等范围，放开保险资金投资创业板、优先股、创业投资基金、资产支持计划、保险私募股权投资基金等，基本实现与实体经济的全面对接。二是推进比例监管政策改革。建立以大类资产分类为基础，多层次的比例监管新体系，大幅度减少了比例限制，提升了资产配置自由度。三是推进保险资管产品注册制改革。将基础设施投资计划等资管产品发行方式由备案制改为注册制，发行效率显著提升。四是创新监管理念和方式，切实转变监管方式，将监管重心放在事中事后监管上，牢牢守住风险底线。

作为保险资金运用市场化改革的成果之一，2014 年 9 月中国保险资产管理业协会成立，协会承担的主要职责之一就是推动市场化改革，承担保险资产管理产品发行注册工作，建立保险资产管理信息交流渠道，探索保险资产管理产品实现流动性的有效路径，推动、引领、规范市场创新。

（四）保险资金配置多元化格局基本形成

随着 2012 年下半年保险投资新政的密集出台，保险资金投资渠道大幅扩宽，可投资金融产品的范围也不断扩大。截至 2014 年底，基础设施债权投资计划、不动产投资计划、项目资产支持计划、非上市股权投资、银行理财产品、集合资金信托计划、券商专项资产管理计划、股指期货、金融衍生品、创业板股票、蓝筹股、优先股、创投基金等均纳入保险资金运用范围，大幅增加了投资运作空间，使得保险资金配置多元化格局基本形成。

投资渠道的进一步放宽，赋予了保险机构更大的投资自主权，丰富了资产配置的策略组合，改变了保险机构的传统盈利模式。随着保险投资新政执行力度的不断加大，以非标资产为代表的另类投资占比显著增加，进一步提高了保险资金投资收益率。2014年，保险资金实现投资收益5358.8亿元，同比增长46.5%，投资收益率达到6.3%，综合收益率9.2%，同比分别提高1.3个和5.1个百分点，均创5年最好水平。

（五）保险行业稳健发展，风险防范成效显著

2014年，全国保费收入首次突破2万亿元大关，总资产首次突破10万亿元，保险行业世界排名从2012年的第6位上升至2014年的第3位，2015年4月保险资金运用余额突破10万亿元。与此同时，行业稳健发展，市场秩序有所好转，风险得到有效防范，没有发生重大风险事故。

2014年以来，保监会先后出台了10多项资金运用监管新政，将投资权和风险责任还给市场主体，保险资金运用的规范性、专业性和灵活性大大提高，监管机构重点关注高现金价值业务的资产负债匹配管理和一些公司的另类投资风险，做好重点公司现金流排查监测，切实防范可能出现的流动性风险，强化内部控制。

（六）保险资金国际监管规则制定的话语权显著提升

近年来，中国保监会与各国保险监管机构的合作逐步加强。中国保监会在北京召开了首次保险监管国际联席会议，来自加拿大、开曼群岛、法国、德国、中国香港、意大利、日本、荷兰、韩国、英国、美国共十一个国家和地区的保险监督官出席会议；此外，中国保监会成功当选亚洲保险监督官论坛轮值主席，与美国、泰国、马恩岛等国家和地区签署保险监管合作谅解备忘录。

通过积极的国际交流与合作，我国保险资金国际监管规则制定的话语权不断提升。我国与跨国保险集团母国监管机构间的交流合作得到进一步加强，通过会议洽谈，促进跨国监管协作的有效开展，防范风险跨境传递，强化国际保险监管合作，维护金融稳定。

三、目前我国保险资金运用监管中存在的不足

保险资金运用监管对于促进保险资金运用市场发展、规范活动、防范风险、维护平等竞争环境等起到了积极有效的作用，然而，在日益复杂的市场环境下，我国保险资金运用监管仍然存在一些不足。目前保险资金运用监管仍以行政许可、渠道控制和比例约束等静态手段为主，不能根据宏观经济、金融形势、外部环境的变化有效调整监管政策，及时采取监管措施，动态监管存在不足。投资内控机制仍需加强，保险公司内控机制不完善，致使保险公司投资决策、执行、考核监控三者之间没有完全实现相互制约、相互协调，不利于做好保险资金的保值增值。在未来保险资金运用监管中需要继续完善监管制度、提升监管水平、完成监管目标，不断提升保险资金运用的作用。

第二节　新常态下保险资金运用监管的政策建议

经济全球化、金融自由化和金融创新的全面发展，带来了国际金融业的跨越式发展。本节主要对国际保险资金运用监管体制、国内金融同业资金监管模式以及跨国、跨行业监管合作经验进行总结和比较，针对我国保险资金运用监管中实际存在的问题，提出具有可操作性的政策建议，以促进我国保险资产管理行业的健康可持续发展。

一、保险资金运用监管的国际经验

（一）国际保险资金运用监管趋势

1. 培育和建立以偿付能力为主导的保险资金监管理念

偿付能力是衡量保险公司财务状况时必须考虑的基本指标，是保险人可以偿还债务的能力。保险资金运用的根本目标是保证资金的保值增值，通过资金运用提高保险公司的偿付能力。目前保险业发达国家均启动或执行了以偿付能力建设为基础的风险管理体系，通过审慎监管保证风险可控。

美国于 2008 年启动偿付能力现代化工程，该工程重点关注资本要求、公司治理和风险管理、集团监管、法定会计和财务报告，以及再保险。目标是建立一个能适应国内国际市场变化的偿付能力监管框架，促进美国保险市场更健康和更富竞争力地发展。

英国对保险资金投资监管较为宽松，但是对偿付能力作出严格评价。目前英国倡导并执行欧盟偿付能力 II 项目。该项目采取整体型的风险管理框架，制定风险导向型的监管制度，对保险公司偿付能力进行全方位的动态监管。包括对保险公司的定量要求、定性要求和市场约束。

日本偿付能力框架于 1996 年建立，框架在充分考虑资产和负债面临风险的基础上，根据保险公司的规模和承担的风险总量来设定资本要求。保险公司的实际资本额度应与其经营的业务相匹配。

2. 制定与保险业发展特性相匹配的资金投资比例监管政策

从国际上看，主要发达国家的保险资金运用比例监管政策主要分两类：一类是以偿付能力作为监管手段，通过制定对认可资产和负债等方面的量化标准间接约束保险资金运用活动。主要代表为英国、日本等。另一类是根据资产收益和风险特征，对大类资产、单个产品制定监管比例，防范集中度风险。同时以偿付能力监管、资产负债匹配监管作为辅助手段。主要代表为美国、德国、韩国等（见表 9 - 2）。

表 9 - 2　　　　　　　不同国家保险投资政策差异（2014 年）

国家	监管机构	资金运用法案	投资比例的限制
美国	联邦政府与州政府双层监管。联邦监管机构为美国保险监督官协会（NAIC）	《保险公司投资示范法（规定投资上限版）》和《保险公司投资示范法（标准版）》	◇ 对寿险和财险采取不同比例限制。 ◇ 采取大类监管方式，把保险资金可投资资产分为信用工具、股权、抵押贷款和不动产、外国投资资产等类别。 ◇ 对不同资产类别分别设定投资限制。如寿险账户股权投资不超过认可资产 20%，财险账户股权投资不超过认可资产 25% 等。
英国	审慎监管局（PRA）	《英国偿付能力Ⅱ法案》	◇ 依据欧盟偿付能力Ⅱ监管标准制定英国监管标准。 ◇ 监管针对保险机构的偿付能力。 ◇ 投资项目、投资范围由保险机构自行决定。
日本	日本金融厅（FSA）	《日本保险业法》	◇ 自 2012 年取消保险资金投资限制。 ◇ 投资范围由保险机构自行决定。
韩国	韩国金融监督院（FSS）	《韩国保险业法》	◇ 一般账户和独立账户投资限制不同。 ◇ 重点监管集中投资风险，如一般账户中对一家机构债券或股票投资不超过总资产 7% 等。

资料来源：中国保险资产管理业协会。

虽然上述各国保险资金运用的监管实践均具有各自特点，但仍存在一些共同之处：一是上述国家的保险监管法律体系较为完善，都建立了详细而完备的法律法规，构成各国保险监管的基本框架。这些国家的保险监管法律体系都是在长期的保险监管实践基础上建立起来的，体现了保险市场的监管需求，针对性和实际操作性非常强。二是各国都能根据本国实际，确定不同的监管重心。其中，英国侧重偿付能力监管和打击保险欺诈，美国侧重保险监管国际合作，日本侧重运用市场化原则进行监管。这有助于各国在相同方面加强国际合作，在侧重点方面进行深入研究和解决问题。

3. 对我国的借鉴之处

通过对国际主流国家保险资金运用监管体制的对比分析，其经验对于我国的借鉴意义主要有以下几点：

一是偿付能力监管已成为保险监管的核心内容，并需要进一步探讨监管的深度和强度。鉴于保险资金运用日趋复杂，应该重视偿付能力的动态监管。二是保险资金运用的监管要有健全的法律制度作为保障，并需要充分发挥行业自律和社会监督的重要作用。通过合理设计保障体系，做好政府监管、行业自律、社会监督多层次保障框架，以弥补监管成本过高和政府失灵所造成的监管效率不足等缺陷。三是细化保险资金运用规则。例如，区别详细的区别保险资金的不同来源；对于不同资产类别设定了明确而详细的标准和尺度，使得保险资金运用真正落实到操作层面。

（二）保险资金运用监管合作的国际经验

1. 国际监管合作机制概述

经济全球化、金融全球化和金融业综合经营使各国更加紧密地进行跨国监管合作。目前，国际保险监督官协会（IAIS）是保险监管跨国监管合作的有效平台。

IAIS 于 1994 年在瑞士成立，是保险监管领域最具影响力的国际组织，是国际保险监管规则的制定者。IAIS 旨在通过促进全球保险行业制定有效、统一的监管规则以维护行业公平、安全和稳定。IAIS 制定了全面的保险监管制度，包括指导文件、监管原则和风险控制体系，以促进保险和金融市场稳定。例如，IAIS 计划在 2016 年制定以风险为基础的全球保险业资本标准。目前，有超过 150 个国家和地区加入 IAIS，通过与本国保险监管对接，以建立和完善更为国际化的保险监管体制。

2. 对我国的借鉴之处

在全球化背景下，各国金融服务业国际化程度越来越高，保险资产管理行业也不例外。为实现市场的相互开放、提升本国市场的国际化水平，各国必须求同存异，加强国际间的监管合作。现阶段我国保险资金运用监管制度的国际化协调改进应着重从以下几方面开展：

一是协商为先。在进行国际监管合作之前应与相关国家的监管机构就合作形式达成一致意见，包括监管机制、监管内容与监管形式等。二是关注对保险集团的监管。保险集团作为行业重要性参与者，其健康程度和风险水平对行业发展非常重要。因此需要制定相应的监管标准以保证其健康稳定。三是探索相互认可机制，以充分协调和反映各国保险资产管理行业发展状况，提高合作效率，保障市场开放程度。四是重视差异。监管体系要合理反映各国法律法规、市场发展程度、监管机制等方面的差异。五是建立信息共享机制，提升信息有效性和使用效率、效果。

二、国内金融同业的投资监管经验

（一）银监会、证监会的监管经验

1993 年，国务院发布的《关于金融体制改革的决定》中明确要求中国人民银行转换职能，根据业务类型对金融机构实行分业监管。1998 年，证监会和保监会相继成立，主要负责证券、期货市场和保险行业的监管；2003 年，银监会正式成立，将银行业的监管职能从中国人民银行分离出来。至此，"一行三会"的分业监管模式正式确立。

银监会对银行资金尤其是理财资金运用监管一直较为严格。1995 年颁布的《中国人民银行法》和《商业银行法》是监管的主要法律基础。银行理财资金从业务开办时起一直采用资金池模式管理，银行将不同品种的理财资金放进一个资金池中，利用其中一部分资金投向长期项目，实现期限错配以获取超额收益，虽然收益率相对较高，但容易引发流动性风险问题。2014 年 7 月银监会发布的《关于完善银行理财业务组织管理体系有关事项的通知》（银监发〔2014〕35 号）中明确提出"本行理财产品之间不得相互交易，不得相互调节收益"，要求对每只银行理财产品单独建账，单独核算，对银行理财一直以来利用期限错配获取超额收益的现象做出了明确限制，一定程度上影响了理财产品收益率，但提高了投资者资金的安全性，进一步促进了理财资金运用管理的规范。

证监会对证券市场资金运用监管较为灵活，市场化程度较高。证监会将维护市场公平与市场秩序作为监管目标，进行监管时特别强调信息的充分披露，简化行政审批流程，注重业务创新。例如，中国证券业协会于 2015 年 3 月下发的《账户管理业务规则（征求意见稿）》，拟允许符合条件的券商和证券投资咨询机构从事账户管理业务，即代理客户执行账户投资或交易管理，一方面通过提供专业的"代客理财"服务，促进经纪业务新增客户和资金入场；另一方面，通过将收费模式由单纯的佣金费扩展至管理费和业绩提成，培育投资咨询业务成为新的收入增长点。

表 9 – 3　　　　　银监会、证监会、保监会对资金监管的比较

监管机构	银监会	证监会	保监会
监管目标	注重审慎监管；关注银行系统的安全和稳健经营；保护存款人的利益	维护证券市场的公平与秩序；保护股东的利益	保障保险业的稳健经营；保护被保险人的利益；关注各保险公司的偿付能力
主要政策法规	《中国人民银行法》、《商业银行法》、《银行业监督管理法》、《关于完善银行理财业务组织管理体系有关事项的通知》等	《证券法》、《证券公司监督管理条例》、《证券公司客户资产管理业务管理办法》、《账户管理业务规则（征求意见稿）》等	《保险法》、《保险资金委托投资管理暂行办法》、《关于保险资金投资有关金融产品的通知》等

监管机构	银监会	证监会	保监会
监管对象	银行理财资金等	股东募集资金；证券机构受托资金等	保险资金
监管手段	现场检查、定期报告和资本充足率、流动性资产质量、盈利能力、内部控制等	现场检查、非现场检查；定期信息披露机制、净资本等	偿付能力监管、定期报告、内部控制、现场检查、非现场检查等
资金运用范围	债券和利率类投资标的为主（2014 年债券类配置比例为 26.87%，利率类为 29.88%）；银行理财资金并不能直接投资股市	股票、基金、债券、利率类等投资资产；股东募投项目	银行存款、国债、金融债、企业（公司债）、基金、股票、直接或间接投资国家基础建设项目、不动产、股指期货、金融衍生产品、海外投资、投资境内依法发行的商业银行理财产品、银行业金融机构信贷资产支持证券、信托公司集合资金信托计划、证券公司专项资产管理计划、保险资产管理公司基础设施投资计划、不动产投资计划和项目资产支持计划等金融产品；创业板股票、蓝筹股、优先股、创投基金等保险资金投资领域
对保险监管借鉴之处	注重审慎监管；监管更细致严格；理财业务应回归资产管理业务的本质	市场化程度更高；注重业务创新；信息披露机制更完备；行政审批简化；建立事中事后监管机制	

资料来源：华宝证券研究所，中国保险资产管理业协会。

（二）保险资金运用的跨行业监管协调经验

1. 跨行业监管协调现状

我国证券业监管、保险业监管和银行业监管职能分别由证监会、保监会、银监会承担，分业监管具有监管机构职责更专一、范围更集中、各司其职等优点，在加大监管力度上发挥了重要作用。但是，随着我国金融机构跨行业、跨市场合作创新层出不穷，金融行业边界逐渐模糊，逐步向综合经营模式发展，现行分业监管模式由于缺乏"一行三会"之间的协调，容易产生监管职能重复、监管力量分散、监管真空等问题，给监管带来新的挑战。

2000 年 9 月，中国人民银行与证监会、保监会建立监管联席会议制度。2004 年 6 月，银监会、证监会和保监会三方签订了《在金融监管方面分工合作的备忘录》，建立了银监会、证监会、保监会共同参加的监管联席会议机制和经常联系机制。但是，无论是三家监管部门的"联席会议制度"，还是一些地方的"3＋1"或"3＋2"联席会议制度，其主要功能更多是着眼于沟通和交流信息，为金融监管机构之间的信息共享提供了便利，并没有建立相应完善的决策机制。

2. 跨行业监管协调存在的主要问题

一方面，"一行三会"在法律上是独立的平级主体，不存在上下级关系，且彼此独立行动，因此没有形成有效的信息共享机制，需要进一步提升信息沟通机制；另一方面，随着金融业创新步伐的加快，金融机构的业务交叉渗透和相互融合，使得存在部分重复监管或监管真空。

同时，目前有关金融监管协调内容的法律、法规都比较宽泛，只是规定了一些原则性的内容，并无具体的职权行使、交流、合作等方面的细化规定，这就使得金融监管机构之间难以在法律法规框架内开展协调工作。

3. 跨行业监管协调的发展方向

在经济全球化、金融自由化以及金融业自身发展的趋势下，银行、证券、保险的综合经营趋势日益明显，这要求建立不同金融监管机构之间的协调机制，加大联合监管力度。

一是探索金融监管改革，明确监管改革方向，以此确定跨行业监管协调的方向和机制。二是建立高效的监管协作机制，明确职责分工，从机构监管转向功能监管，防止监管漏洞和重复监管。三是全面推进监管的信息化机制，通过信息共享机制、协作机制等提升跨行业监管的效率和效果。

三、我国保险资金运用现代化监管的政策建议

经济社会的全面进步和保险业的快速发展，对新时期保险监管工作提出了更高要求，进一步加快推进保险监管现代化建设势在必行。习近平总书记强调，"在国际规则制定中发出更多中国声音、注入更多中国元素，维护和拓展我国发展利益"，这是我们建设现代保险监管体系的重要指导思想。我们将从战略全局的高度出发，坚持机构监管与功能监管相统一，宏观审慎与微观审慎相统一，风险监管与流程监管相统一，原则监管与规则监管相统一，积极构建与中国保险业发展阶段相符合、与国际保险监管发展趋势相适应，具有强大国际话语权的现代保险监管体系。

（一）以偿付能力监管为核心，健全全面风险防范体系

重点抓好"偿二代"的贯彻实施，在实践中不断发展完善，加大国际推广力度，抢占国际保险监管标准的高地。一是巩固和深化偿付能力监管在保险监管中的核心地位。将偿付能力的相关要求内嵌到各项监管制度之中，进一步细化以公司偿付能力为核心的公司治理、内部控制、资产管理、负债管理、匹配管理和资本管理要求。二是加强执行力建设，增强偿付能力监管的约束力。建立完善偿付能力分级分类监控体系，以及监管措施的触发机制，针对偿付能力处在不同区间的保险公司，制定并实施明确、统一的监管措施。畅通市场退出渠道，形成偿付能力监管的硬约束。三是深度参与国际偿付能力监管规

则制定。推动国际监管规则更多体现新兴市场特征，积极反映新兴市场的共同诉求，努力争取新兴市场利益。坚持开放透明的原则，建立偿付能力监管交流合作的长效机制，完善新兴市场之间偿付能力监管协作机制，维护新兴保险市场稳定。逐步推进对新兴保险市场的偿付能力监管等效评估，提升监管效率，增强市场吸引力，实现新兴市场互利共赢。

（二）以公司治理监管为基础，促进保险市场稳健审慎运行

一是强化公司治理和内控监管。通过细化监管规则，提高公司治理的有效性。强化董事会有效履行全面风险管理的职责，避免公司治理失控风险；强化对公司股东的监督，完善保险集团各子公司防火墙制度。二是加强透明度监管。按照可用性、及时性、可靠性、一致性原则，对保险公司信息披露提出严格和明确要求。加强对保险公司信息披露的监测和评价。提高信息披露监管的公开、公正、公平。三是实施有效的保险集团监管。针对集团内部跨领域、跨机构的风险传递，对事前风险预防、事中风险识别和事后风险控制的各环节，制定相应监管措施。同时，加强与其他监管机构的合作与配合，形成监管合力。

（三）以市场行为监管为抓手，促进保险市场规范健康发展

一是明确市场行为监管的边界。保证市场机制作用的发挥，对于需要监管的，严格按照制度进行管理；对于不应该监管的，完全交还市场主体。二是提高市场行为监管的规划性和系统性。从保险市场的客观实际出发，制定市场行为监管中长期规划，保持政策的稳定性、连续性和系统性。在坚持偿付能力监管核心的前提下，强化市场行为监管在微观审慎监管中的基础性地位，建立市场行为监管与偿付能力监管、公司治理监管等制度的联动机制与触发机制。三是强化保险消费者权益保护。健全消费者权益保护机制，进一步完善投诉处理和纠纷调处机制，扩大"诉调对接""仲调对接"机制覆盖面。强化保险公司主体责任，建立保险公司消保工作年度报告制度。完善信息披露监管机制，建立信息披

露"黑名单"制度。建立保险消费风险发布平台，及时发布信息，引导消费者合理预期。四是健全市场准入退出机制。统筹规划机构准入和市场体系培育，保持规模、质量和结构的综合平衡，有效把握总体规模和准入节奏。完善市场退出制度安排，明确市场退出的界限与标准、程序、责任追究及后续安排。

（四）以信息化建设为支撑，丰富和改进监管手段

一是建立统一高效的标准化工作流程。以监管信息流建设推动监管方式和手段的根本性变革，再造监管流程，实现对各类监管资源的集约化管理。二是完善非现场监管工具。借鉴发达国家监管经验，建设符合我国保险业实际的监管信息系统、财务能力和偿付能力跟踪系统，加强对保险公司风险的监测和管理，推进非现场监管的全面信息化。三是建设统一的行业信息共享平台。进一步完善公司化、专业化运营的保险行业信息平台，不断充实完善平台的功能作用。四是打造监管信息化平台。坚持应用系统建设平台化和信息资源共享化，构建集中、统一、高效、安全的监管信息化应用体系，重点推进监管信息系统与保险业信息共享平台的数据对接。

（五）以完善监管机制为保障，不断提升保险监管效能

一是构建科学的监管制度体系。通过查缺补漏，填补法律体系空缺，更好地服务保险市场和保险监管。通过整合完善，提高法规制度的适应性和针对性。二是完善内部横向协作机制。理顺和整合现场检查工作机制，逐步取消基于机构监管的分割式现场检查机制，建立健全多层次的数据共享和发布机制。三是建立监管效能评价机制。加大行政执法监督工作力度，建立健全行政执法监督检查机制和监管绩效考评机制，探索建立行政执法评价标准，研究制定可量化比较的监管绩效考评指标体系，对各部门和派出机构进行全方位的动态考评。

第三节　新常态下保险资产管理业
自律组织的建设

　　新常态下，为了更好维护市场秩序，保证公平竞争环境，保障行业健康发展，需要各相关组织共同承担起维护市场秩序的职责，在部门监管、行业自律和公司内控三方面做好工作。部门监管是在中观层面，通过制定相关政策对潜在的风险进行防范；公司内控是防止风险、搞好行业秩序的基础。但仅依靠部门监管和公司内控是不够的，有些问题不属于政策干预范畴、公司又无法或难以解决，就需要通过行业自律组织发挥自律、协调、服务、助手的作用，带动行业整体发展。

一、行业自律组织概述

（一）行业自律组织的定义与特征

　　行业自律，是一种行业自我管理、自我规范、自我约束的方式。行业自律组织一个非营利性的"社团组织"，它的形成主要基于维护行业的良好市场环境，推动行业的整体健康发展。这种"社团性"，主要体现在它的互益性、自动性、非政府性、非营利性和严格性。一是互益性。行业自律组织的成立目标是为行业谋求长远经济利益，以发展行业经济为职责，为行业每一会员主体争取共同利益。二是自动性。为避免行业恶性竞争，会员主体自发、自动地组织起来，制定行业章程或公约以规范行业市场行为，并自觉遵守此章程或公约。三是非政府性。行业自律组织是民间自发组织机构，而不是以政府或个人形式表现出来的，主体会员之间具有平等的法律地位。四是非营利性。行业自律组织自身不以营利作为组织建设的目标。五是严格性。行业自律组织本身要求较为严格，对会员主体约束也较为严格，会员主体不仅需要遵守国家相关法律法规，同样需要遵守行业规章制度。

（二）行业自律组织主要作用

行业自律组织的建立是一种控制社会和市场的有效方式，也是一种约束企业行为和规范企业管理的有效形式，它可以起到促进企业发展、解决市场失灵、鼓励技术创新等作用，并且能够与市场调节和政府调控共同发挥作用，带动经济社会良性发展。

1. 促进企业发展

行业自律组织可以建立一道"合理的"经济壁垒，促进企业之间有效合作与竞争，提高企业经营效益。研究表明，很多日本企业通过其行业协会促成了企业之间以自律方式进行相互合作，这奠定了日本企业成功的基石，也是其重要的企业战略发展原则。

2. 解决市场失灵问题

成立行业自律组织有助于分担行业风险。企业仅依靠政府和监管信息，很可能造成信息发布不及时等信息不对称问题，单个企业在面临行业风险时的风险管理能力相对较弱，采用政府监管与行业自律相结合的方式可以有效解决信息不对称造成的市场失灵问题。

3. 鼓励技术创新

行业自律组织的建立有助于推动市场化改革，鼓励技术创新。由于自律组织有灵活的组织结构、快速的反应机制、市场化的运行方式，可以更好地鼓励技术创新，促进技术发展。

二、主要发达国家保险资金运用自律组织的实践经验

目前中国保险行业仍处于高速成长期，发达国家的很多经验值得我国借鉴学习。本节介绍美国、英国、日本保险行业自律组织的分类、职能等基本情况，为规划我国保险资产管理业自律组织未来发展提供重要参考。

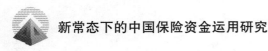

（一）主要发达国家保险资金运用自律组织情况

1. 美国

根据中国保险学会统计，美国现在至少有 511 家独立的保险业自律组织（行业协会），其中 143 家是国家级自律组织，其余 368 家则是州级自律组织，但值得注意的是其中有部分自律组织是营利性组织。

美国保险行业的协会主要分为以下三大种类：（1）行业公会。主要宗旨是代表整个行业进行政策游说，影响政府相关法律法规的制定，维护行业、企业和消费者的合法权益。（2）咨询服务类。主要宗旨是向监管机构及会员单位提供专业的数据信息、研究咨询或技术服务。（3）教育培训类。主要宗旨是通过对会员单位的专业教育培训，丰富其教育理念，增强其技术能力。咨询服务类协会和教育培训类协会通常都采用会员制或公司制。

美国保险行业各类协会的职能包括：（1）进行行业政策游说。围绕监管条例或立法建议与监管机构、立法机构和政策制定者展开沟通。作为政策制定过程的组成部分，监管机构和立法机构通常会就如何解决新问题征询行业协会意见。它们承担的一项主要职能是让成员公司清楚怎样做才符合政府的要求。（2）提供行业信息。收集和发布关于行业状况及前景的统计数据，以及为会员提供专业化的信息服务。比如，美国财产与责任保险协会旗下现有 80 多个公开出版物，其中包括协会公报、数据统计分析以及立法和监管警示报告，并全资建立了一家保险行业数据公司。（3）搭建会员和信息交流平台。通过研讨会、会员会议、协会刊物、季度通讯等方式加强会员之间以及和协会的交流沟通，为消费者、公众、媒体和其他领导者搭建了可靠的信息平台。（4）提供教育培训服务。会员可以通过其网上课堂及线下教育培训来获取更加专业化的信息知识，也可以通过专业的培训增强自身技能，获得职能认证。（5）自律。根据美国国会制定的法律，美国政府行使监管保险业的最终权力。目前，联邦法律授权各州监管机构进行保险产品监管，但所有投资产品的销售专业人员由美国证券交易委员会监管，协会制定行业标准，为会员公司提供道德标准认证。

2. 日本

日本的保险行业协会是根据财险、寿险和中介等不同业务种类而组成的。这些行业协会具有不同的发展历史、组织结构和活动内容，因此具有不同的特点。与保险资金运用方面息息相关的行业协会主要是寿险行业协会和财险行业协会，相对应的分别是日本生命保险协会和日本损害保险行业协会。因此，主要介绍这两个保险协会的情况。

（1）日本生命保险协会

日本生命保险协会（LIAJ），是日本成立历史较为悠久的保险协会，其起源可以追溯至明治 31 年，也就是 1898 年设立的"日本生命险会社谈话会"。后来经过几次变迁，形成了如今的日本生命保险协会。现今，日本生命保险协会共有超过 40 个会员单位。

LIAJ 的发展宗旨是维护行业建设，推动日本寿险业的健康发展，其职能大致分为：（1）向管理机构传达会员单位的建议和诉求，并与业内相关机构进行斡旋和调解；（2）进行相关的研究和统计，负责收集和编写参考材料，发布出版物等；（3）协会提供行业人员教育和培训服务，组织相关职业技能考试。LIAJ 主要通过以下两大方面来维护行业权益：一是防范道德风险的防范。LIAJ 主要采取加强与警方合作，建立相关数据登记系统，建立数据查询系统等措施防止道德风险，促进寿险业的健康发展。二是保护协会成员的个人信息安全。LIAJ 在授权下可以处理相关会员单位关于个人的投诉，妥善处理个人信息。

（2）日本损害保险协会

日本损害保险协会（GIAJ），是日本的财产保险行业协会，组建于1946 年。日本财产保险协会于 2003 年更改其名称为日本损害保险协会。GIAJ 采用会员制，在日本营业的财产保险公司为其会员单位。

GIAJ 属于财险行业协会，其宗旨是传播财险知识，促进公众对财险行业更深入地了解，帮助财险行业解决实际存在的问题，规范财险的保险资金运用，维持行业稳定，实现行业目标，提升社会福利。GIAJ

的职能主要包括：（1）保护行业及会员单位的合法权益。制定相关行业标准和示范性条款，约束不正当行业行为，进行行业研究，反映行业呼声。加强对从业人员的教育和管理，协调会员间的关系，搭建行业信息交流平台。（2）为会员提供服务与信息支持。协调会员单位与相关行业自律组织、其他社会组织和客户的关系，为客户和会员单位提供信息咨询，提出降低风险的有效措施，并提供与风险有关的服务。（3）传播保险知识，提供社会支持。协会对保险知识方面的宣传高度重视，举办各种宣传活动，积极参与多项社会公益活动，为行业树立了良好的公众形象。

3. 英国

英国保险人协会（ABI）成立于 1985 年，是英国最权威最具影响力的保险行业协会。截至目前，ABI 共有 300 家左右的会员单位，占英国整个保险业市场的近 90%，而英国占有欧洲最大、世界前三大的保险市场。

ABI 最根本的宗旨就是为会员单位服务。ABI 代表会员利益与英国政府及其他国家政府、国际组织等进行沟通，反映会员单位的愿望和呼声；为会员单位提供技术性的帮助和服务，及时向会员单位传递有关统计数据、市场信息和政府对保险业的新法规、规定等；向媒体、各消费者组织等宣传保险的概念和重要性，促进英国保险业的整体发展。

无论是在英国还是在国际上，ABI 作为一个具有前瞻性的自律组织，在保险行业里都发挥其领袖作用，并引导和影响政府监管部门和其他公共事物部门相关政策的制定，以最高的标准来规范行业行为，促进行业整体利益的提升。为完成其宗旨和作用，ABI 制定以下相关职能：（1）基于对保险及金融服务的考虑，运用自身的丰富经验与实践，为公共政策的形成做出主要贡献；（2）积极地参与研究、政策分析与游说，发行相关的行业研究报告和政府文件，使相关的法律和监管体系获得改善；（3）以服务会员为核心来制定最高的行业标准；（4）在影响到行业公共名誉和形象时，为行业提供指导方向和建议；（5）维护行业的良性竞争环境，致力于建立一个有竞争力的保险行业。

（二）主要发达国家保险资金运用自律组织的比较分析

通过对英、美、日等国家保险资金运用自律组织情况的概述，可以从组织形式、主要职能和发挥作用等方面明显看出其各自特点。

美国的保险资金运用自律组织数量众多，全国性及各州的行业协会并存，缺乏大型统一的协会；市场化运营程度高，注重财务运营，甚至有些组织是营利性组织；两级机构并行监管模式使得保险资金运用受到了相对严格地监管，造成了各类组织职能相对单一，政策游说、提供技术服务、制定行业标准等职能分散在不同组织。

英国的自律组织高度集中，英国保险人协会的会员单位占据了超过九成的英国保险市场，该协会的职能涵盖了行业的各方面需求和各个环节，并为行业制定了很高的自律标准；协会在一定程度上起到了引导全行业发展和影响政府制定政策的作用。

日本的保险行业协会类似于行业工会，代表行业的观点和利益，为行业说话，对外塑造行业的良好形象，但并未被赋予任何监管职能。另外，日本各保险协会为防范道德风险做了相当多的工作，与警方高度合作并建立了相当透明的信息系统，向公众宣传保险知识从而提高保险普及率、增加资金总量，这也是日本保险行业协会的一大工作重点。

虽然上述各国的保险资金运用行业协会各具特点，但它们依然存在许多共同点：都承担着与政府监管部门沟通、反映行业呼声、制定行业标准、为会员单位提供各种类型服务等职能，这也是一个成熟保险行业协会应具备的职能。

（三）对我国保险资产管理业协会发展的启示

我国保险资产管理业协会的发展既要借鉴国外经验，也要结合我国国情。在借鉴美国、日本和英国保险行业协会发展经验的基础上，我国保险资产管理业协会可以从注重行业自律、加强与监管部门和会员单位之间的沟通协调、增进服务行业和会员单位利益、建立透明的信息披露机制和信息交换平台等方面着手发展建设。一是应完善自律公约，狠抓监督落实，严惩违约行为，构建信息平台，维护公平公开的市场竞争秩序；二是应高度关注行业政策，及时了解监管动向，掌握监管信息，把握政策取向，做到及时、准确传达给会员单位，最大限度地维护行业利益；三是对于会员单位的需求，应适时向监管机构汇报，形成良好的互动机制，搭建监管机构与会员单位之间有效的沟通平台；四是各项工作应紧密围绕会员单位的利益展开，积极为会员单位服务，切实为会员单位着想，提高行业教育研究水平，改善信息沟通渠道，使行业获得更大的发展空间。

三、我国金融行业自律组织的现状与借鉴

（一）我国金融行业自律组织的现状与比较

改革开放以来，我国不断深化经济体制改革、所有制结构调整，市场经济快速发展，行业协会也迅速发展壮大，并在行业自律方面也发挥了其重要作用。《中国行业协会发展报告 2014》统计显示，截至 2013 年，全国拥有近 7 万个依法登记的行业协会和商会，其中包括全国性的行业协会和商会共有 800 多个，说明了行业协会在推动社会经济发展中取得了显著成效。中国各类金融行业协会的发展在推动行业发展、支持经济建设方面起到了重要作用。据各金融行业协会统计，截至 2014 年末，中国金融机构总资产管理规模已达到约 59.64 万亿元，其中，中国证券基金业协会公布基金管理公司及其子公司、证券公司、期货公司、私募基金管理机构资产管理业务总规模约 20.5 万亿元；中国银行业协会公布银行理财产品资产规模约 15 万亿元；中国信托业协会公布信托资产达到 13.98 万亿元；中国保险行业协会公布保险资产规模达到 10.16 万亿元，同比增长 22.4%。随着我国金融行业资产规模的逐渐扩大，目前我国已建立了包括中国银行业协会、中国信托业协会、中国保险行业协会、中国证券投资基金业协会等在内的多个全国性金融行业协会。表 9-4 列举了我国部分由银监会、证监会、保监会等主管的典型金融行业协会。

表 9 - 4　　　　　我国典型金融业行业协会基本情况

协会名称	成立时间	主管单位	会员数量（家）
中国银行业协会	2000 - 05	银监会、民政部	378
中国财务公司协会	1994	银监会、民政部	199
中国信托业协会	2005 - 05	银监会、民政部	70
中国融资租赁担保业协会	2013 - 01	银监会、民政部	198
中国银行间市场交易商协会	2007 - 09	中国人民银行、民政部	5489
中国证券业协会	1991 - 08	证监会、民政部	753
中国期货业协会	2000 - 12	证监会、民政部	251
中国上市公司协会	2012 - 02	证监会、民政部	1770
中国证券投资基金业协会	2012 - 06	证监会、民政部	686
中国保险行业协会	2001 - 02	保监会、民政部	295
中国保险资产管理业协会	2014 - 09	保监会、民政部	158

注：表中信息截至 2015 年 5 月。

资料来源：各协会网站。

从表 9 - 4 可以看出，我国金融行业的全国性行业协会绝大部分运行模式属于自上而下的依赖模式或者中间模式，由政府发起设立，有明确的政府主管部门，且各协会会长均来自政府机关或者国有大型企业。另外，经保监会同意设立的行业协会数量大大少于经银监会和证监会同意设立的行业协会数量，而在保监会监督下的两个协会之一的保险资产管理业协会是在 2014 年 9 月才筹建的，现仍处于建设初期。对保险资产管理业协会来说，无论是它的运行模式与职能作用，还是它的行业定位和服务目标，都奠定了它对中国保险行业未来发展的重要性。

在职能方面，上述行业协会既有共性又有不同，可以将其归纳为传统行业协会和特色行业协会。传统行业协会的中介性很强，覆盖范围较广，更多是从第三方观察者的角度参与整体行业活动，例如银行业协会、信托业协会、证券业协会和保险行业协会；特色行业协会一般会积极参与到行业活动之中，通过具体业务与会员单位进行频繁互动，例如银行间市场交易商协会和保险资产管理业协会；当然也有一些协会介于传统与特色协会之间。

（二）中国银行间市场交易商协会的成功经验

中国银行间市场交易商协会与中国保险资产管理业协会都属于具有特色性的行业协会，在组织结构、管理方式、体制模式等方面都有着相似之处，都是注重对市场自律行为的监管，对政府行政监管的有效补充，都特别关注产品创新和市场培养，都与资金运用紧密相关。另外，尽管交易商协会成立时间不久，但在组织运作、发挥作用等方面却十分成功，因此，对于正处于成长期的保险资产管理业协会，银行间市场交易商协会运作模式更值得学习与借鉴。

中国银行间市场交易商协会成立于 2007 年，由中国人民银行主管，经国务院同意、民政部批准成立，由建设银行董事长王洪章担任会长。该协会是由银行间债券市场、外汇市场、同业拆借市场、黄金市场和票据市场等在内的银行间市场参与者自愿组成的自律组织。交易商协会拥有会员单位约 5290 家，会员涵盖政策性银行、商业银行、信用社、保险公司、证券公司、信托公司、投资基金、财务公司、信用评级公司、大中型工商企业等各类金融机构和非金融机构。

在中国银行间市场交易商协会成立之前，银行间市场一直缺乏一个具有代表性的自律管理组织，市场的创新与发展受到很大的制约。银行间市场交易商协会的成立，使得中国债券市场发生了翻天覆地的变化，仅用了五年多的时间，银行间债券市场就成为了中国债券市场的"主板"。交易商协会坚持场外市场发展方向，改审批制为注册制，注重债务融资工具的创新，促进了中国银行间债券市场甚至整个金融市场的快速发展，给中国债券市场真正带来了全新的市场化的制度发展和"产品化"的开端，实现了从量变到质变的转变。

近年来，银行间市场交易商协会不断创新注册产品，更加积极参与到产品的增信、评级、承销等各个领域。一是在产品注册方面，协会成立以来的 5 年间，由中国人民银行授权协会注册管理的短期融资券、中期票据和中小企业集合票据三类非金融企业债务融资工具发行总量突破 3 万亿元；二是在债务增信方面，交易商协会参股了中债信用增进投资股份有限公司；三是在债务评级方面，交易商协会成立了中债资信评估有限责任公司，增强了协会对信用风险的评级能力；四是在承销方面，交易商协会发布了《银行间债券市场非金融企业债务融资工具承销协议文本》和《银行间债券市场非金融企业债务融资工具承销团协议文本》，且有债券承销资质的审批权。

产品化、市场化、注册制与开拓创新，是银行间市场交易商协会取得成功的几个关键点。保险资产管理业协会与银行间市场交易商协会在运作模式上有很多相似之处，通过协会这个"大资管"平台，借鉴交易商协会的成功经验，进行市场化改革，加大业务创新指引，将有利于中国保险资产管理行业快速完成向市场化主体的全面转型。

（三）中国证券投资基金业协会的成功经验

中国证券投资基金业协会（以下简称基金业协会）成立于 2012 年，该协会由中国证监会主管，经民政部批准成立，会长洪磊曾就职于证监会基金部。截至 2014 年末，会员单位已有 678 个，范围涵盖基金、银行、保险、信托、QFII、资产管理类私募公司等类型。基金业协会的主要宗旨是：提供行业服务，促进行业交流和创新，提升行业执业素质，提高行业竞争力；发挥行业与政府间桥梁与纽带作用，维护行业合法权益，促进公众对行业的理解，提升行业声誉；履行行业自律管理，促进会员合规经营，维持行业的正当经营秩序；促进会员忠实履行受托义务和社会责任，推动行业持续稳定健康发展。

基金业协会成立时间不长，但资产管理规模高速增长、发展模式稳步提升，特别是在改善会员服务、开展行业培训、完善自律管理架构等方面，取得了较好成绩。一是在会员服务方面，为行业及会员单位提供常规的数据信息服务，例如，每周编译《国际动态简报》，按月发布基金市场数据，按季度向行业通报全球数据，编写《基金管理公司财务分析报告》、《中国证券投资基金业年报》等；二是在教育培训方面，基金业协会还邀请国内外行业专家就行业发展的最新问题进行广泛交流，已成功举办三十多期"专家讲坛"，为会员单位提供了很好的教育培训，还为基金行业发展提供了国际经验；三是在行业宣传方面，基金业协会全面加强与媒体的交流沟通，增进媒体对行业的了解，为相关媒体提供专业培训和业务交流服务，组建基金管理公司媒体工作负责人和联络员组织体系，帮助媒体及时了解行业最新动态；四是在自律管理方面，基金业协会研究境外基金行业自律管理机制，根据我国实际情况和行业发展需要，起草并发布了包括《基金管理公司章程指引》、《中国证券投资基金业协会纪律处分实施办法（试行)》、《基金管理公司风险管理指引（试行)》等多项自律规则。另外，基金业协会还专门研究自律检查管理制度和机制，成立合规与风险管理专业委员会，草拟纪律处分、诚信管理、投诉处理和纠纷调解等方面的规则。基金业协会因违规情形已处罚了多家私募企业及相关负责人。

完善的自律管理组织架构、卓越的会员服务和培训体系、良好的国际交流与创新发展奠定了基金业协会成功的基础，与其相似的保险资产管理业协会在建设中可以借鉴其成功经验，完善自身组织架构，增强会员服务，增进研究与交流平台建设，促进我国资产管理业的整体发展。

四、我国保险资产管理业自律组织的现状与建设

"大资管"时代来临之际，保险资管行业整体处于转型过渡期，既要与其他金融行业进行市场竞争，又要面临保险资管业的内部竞争与发展，保险资产管理业协会的诞生，势必会给保险业和保险资金运用的发展带来积极影响。

（一）保险资产管理业协会的诞生

随着中国保险资产管理行业的迅速发展，资产规模的快速扩大，市场主体的不断增多，保险机构在资产管理方面迫切地需要搭建起属于自己的行业性平台。十二届全国人大一次会议通过的《关于国务院机构改

革和职能转变的方案》中明确提出，要"更好发挥社会力量在管理社会事务中的作用，改革社会组织管理制度"，保险资产管理业协会的成立是大势所趋。中国保险资产管理业协会成立大会暨第一次会员代表大会于2014年9月4日在北京召开。在协会成立大会上，中国保监会主席项俊波表示："保险资产管理行业的市场化、专业化、创新化改革进程将进一步加快，整个行业发展也将面临难得的新机遇。"

中国保险资产管理业协会是由中国保险监督管理委员会主管，经民政部批准成立的，是由保险资产管理行业相关机构自愿结成的全国性、行业性、非营利性社会自律组织，具有社会团体法人资格。协会的宗旨是：发挥市场主体和监管部门之间的桥梁和纽带作用，实施行业自律，促进合规经营，规范市场秩序；提供行业服务，研究行业问题，深化行业交流与合作；制定行业标准，健全行业规范，提升行业服务水平；推动业务创新，加强行业教育，提升行业竞争力；强化沟通协调，营造良好环境，维护行业合法权益，推动保险资产管理业持续稳定健康发展。

（二）中国保险资产管理业协会的职能

中国保险资产管理业协会的主要职能：制定行业标准，维护行业权益；加强行业教育研究，提供行业培训服务；搭建行业沟通平台，促进行业协调发展；协调行业监管，实施行业自律。

1. 制定行业标准，维护行业权益

一是制定一系列的行业统一标准，规范行业行为，打造投资产品注册平台。在保险资产管理的市场化程度不断发展的情形下，保险资产管理机构推出的各种保险资产管理产品都需在协会注册登记。基于市场及监管的要求，新的注册体系应当在原有的基础上不断完善其制度、明确其标准、规范其行为、提高其效率。与此同时，还要注重产品注册发行系统的开发设计，探索产品的创新交易途径和方式，努力推动保险资产管理产品市场化的进程。

二是建立较为完善的信息集散机制，维护行业及会员单位的自身权力和利益。协会应紧密结合政府监管机构，及时了解会员单位需求，确保吸纳信息的高效性和准确性，建立信息集中机制；逐步完善系统、体制和机制的建设，为会员单位及社会公众搭建及时、高效、权威的专业化信息平台；强化信息服务体制，完善信息发布机制，将信息吸取、信息集中、信息发布、产品注册等流程纳入系统化管理；做好信息披露工作，实现行业内信息共享，防止行业内信息不对称等现象危害行业及会员单位的权益，阻碍中国保险资产管理业的健康发展。

2. 加强行业教育研究，提供行业培训服务

一是按期对保险资产管理行业的资产规模、资产质量、投资主体、投资项目、风险状况等信息进行统计分析。另外，及时对国家及监管机构新发布的文件或指令进行政策解读，对相关市场信息进行梳理研究，对国内外保险资产管理行业发展情况进行调研，对行业内相关公司情况进行了解；统计分析市场和行业信息，研究行业问题和发展，提出相关指导和建议，将协会研究成果公布给相关会员单位和监管机构，并进行相关系统性培训。

二是根据监管要求和行业需求，对保险资产管理从业人员提供系列培训服务，增强相关从业人员的行业技能，提高行业整体水平。一方面，通过定期或不定期地举办保险资产管理论坛，为会员单位提供学习、沟通与交流的平台，了解国内外先进的保险投资理念和市场经验；另一方面，结合市场和行业发展的共性问题，不定期开展对保险资产管理行业相关人员的培训工作，不断提高行业从业人员的综合素质，为行业健康有序、持续稳定发展提供人力资源方面的坚实保障。

3. 搭建行业沟通平台，促进行业协调发展

一是在政府、市场、会员单位之间搭起有效沟通平台，起到桥梁与纽带作用，促进行业协调发展。政府和市场在需求与思考角度存在一定程度上的博弈，政府部门和监管部门往往会从防控系统风险、维护行业安全、协调行业持续稳定健康发展的角度去考虑，但市场和会员则会从利益和市场等角度去考虑。因此协会需要有机地把双方连接，在政府部门、监管部门和市场以及会员单位间构筑协调沟通的桥梁和纽带，权衡

利弊，既要让市场在监管范围内运行，又要让监管更好地适应市场，使得监管与市场能共同协调发展，发挥好协会的桥梁与纽带的作用。

二是服务会员单位，营造良好的行业环境。定期或不定期对会员单位提供信息服务、教育与培训服务、咨询服务、举办展览、组织会议等服务与活动，打造会员单位之间的交流平台，促使会员单位之间可以达成信息共享，减少信息不对称等问题的发生；在服务的同时，依法公正协调处理会员单位之间的业务纠纷，维持会员单位正常的业务往来关系，营造良好行业氛围，促进行业整体协调发展。

4. 协调行业监管，实施行业自律

一是通过参与行业政策、法规、发展规划等的制定，将行业真实存在的问题向政府做出反馈，在参政的同时也可以为会员争取最大化的利益；二是受保监会委托，可以进行资格审查、签发证照、产品注册、合规评估等工作；三是制定健全的自律公约，完善自律机制，维持行业秩序，加强行业和会员单位的自律性，增强协会的自身建设，从而提高行业及会员单位整体权益。

中国保险资产管理业协会的成立是推动保险业市场化改革的指导方向和重要成果，是保险资金运用监管方式改革创新的重要体现。一是可与国际市场接轨，确保保险资产管理业国内外的信息沟通渠道畅通，推行保险资产管理产品的发行注册制机制，加速保险资金运用的创新改革，全面推动中国保险资产管理业面向市场化的进程；二是搭建保监会与保险资产投资主体的桥梁和纽带，助推政府职能转变，进一步加快保险资产管理行业的市场化、专业化、创新化改革进程，共同促进保险资产管理行业健康发展。

五、保险资产管理行业自律组织的规划与发展

（一）中国保险资产管理业协会规划

通过借鉴主要发达国家保险行业自律组织和国内优秀行业协会的丰富经验，结合我国保险资产管理业协会自身的发展情况，可以为我国保

险资产管理业协会的未来发展规划提供重要参考。

1. 近期目标

（1）进一步扩大协会在行业中的影响力，加强会员队伍建设，夯实协会基础。

协会可以定位为特色类别的行业协会，紧密围绕保险资产管理产品这个角度，将与保险资产管理产品相关的发行机构、评级机构、增信机构、承销机构、投资机构、托管机构、清算机构等全部纳入准会员范围，扩大协会在整个资产管理行业及相关行业的影响力，为协会的不断发展奠定坚实的市场基础。只有会员队伍的不断壮大才能充分发挥协会的协调发展作用，加强会员单位之间的交流沟通合作，促进整个保险资产管理行业的整体发展。

（2）建立健全协会自身的组织架构和各项规章制度，将协会工作制度化、常规化、规范化。

协会部门的设立应本着服务会员、服务行业的原则，尽可能地从行业与会员的角度构建组织框架，以便于提供更好的服务；协会工作人员应朝着专业化、职业化和年轻化的方向发展，要有一定比例数量来源于保险资产管理行业一线，设立明确的晋升机制；加强协会的组织建设，必须要健全协会内部的规章制度、工作流程、内部监督管理制度等。保险资产管理业协会成立伊始，健全协会的规章制度有助于将协会的各项基础工作落到实处，是对内管理和对外服务的基础。只有改善自身不足，使协会工作制度化、常规化与规范化，才能更好地发挥协会的作用。

（3）牵头成立专业委员会或其他机构，借助其他社会力量，群策群力助推协会发展。

保险资产管理行业是一个极富专业性行业，仅仅依靠协会本身，在一些专业问题上还稍显单薄，这就需要协会借助其他社会力量来助推协会的发展。例如，可成立专业委员会，其意义在于将行业有机结合起来，在政府监管机构、行业企业精英、业外科研机构、教育科研院校、行业流通机构之间构建起桥梁，形成全行业整体产业链，并进一步促进产业链的各环节之间的沟通与合作。专家系统能更好地实现协会更加科学与高效地运作，专业委员会在依据大量可靠的行业信息的基础上，运用专家学者们长期积累的经验，掌握的知识、技能，对由相关职能机关提供的各种方案进行系统性的验证和逻辑性的推理，由此保证了协会解决问题思路的专业性和开放性，解决问题流程的合理性和其结果的高效性。

（4）完善系统信息化建设，搭建保险资产管理行业信息平台。

协会应妥善积极地建立信息披露机制，实现行业信息共享，防止由于信息不对称而造成影响行业健康发展现象的发生。应在逐步完善协会的网站建设以及系统建设的基础上，及时、高效地为会员和公众提供实用、权威的行业专业信息。应进一步深化协会的服务功能，按照会员的要求，联合开发，为会员改革创新与深化发展提供详尽深入、有价值的服务，将协会的产品注册等流程纳入系统化管理。应加强与社会媒体的沟通联系，建设好协会对社会公众宣传的公众化网络，建设好协会的信息发布机制，并正确、及时地引导社会公众舆论导向。

（5）建立常规教育培训机制。

根据监管要求和行业需要，对保险资产管理从业人员进行系列培训。结合行业发展的共性问题，开展保险资产管理业员工培训工作。将协会研究成果，如针对已有产品对应的工作流程、新产品的推广进行行业内系统性培训。通过举办保险资产管理论坛，并组织会员单位互相介绍其先进经营观念、交流工作学习体会，从而促进整个保险资产管理行业的相关从业人员专业素质稳步提高，为整个行业持续健康稳定长期发展提供坚实保障。

（6）进一步落实产品注册制，不断承接政府下放的其他行政职能。

协会可以参与政策法规制定，行使部分行政职能。行业协会虽然没有监管职权，但可以通过参与行业政策、法规、发展规划等的制定，将行业真实存在的问题向政府做出反馈，在参政的同时也可以为会员争取最大化的利益。协会在做好产品注册的同时，受保监会委托，可以进行资格审查、签发证照、产品备案、合规评估等工作，发挥协会在政府和会员之间的桥梁与纽带作用。

2. 远期规划

（1）全方面、多层次为行业发展服务，助推保险资产管理产品类型不断丰富，全面提升协会的专业能力。

保险资产管理产品是协会工作的抓手，不断推动产品创新，并从产品的发行、增信、评级、承销、投资等各个领域为会员提供服务是协会未来发展的大方向。在服务领域上，协会要从产品的全产业链上的各个领域着手，做好相关服务工作，助推行业良性发展。在产品种类上，协会要加大对国内外新兴产品的研究力度，一方面向国外学习先进经验，引入已经成型的优秀产品；另一方面根据我国市场需求不断研发适合我国国情的新产品。

（2）通过多种形式参与到保险资产管理产品的全流程之中，力争将协会打造成资源整合平台。

目前，协会已经开始产品注册工作，这是协会工作的里程碑式的开端。下一步，协会可以效仿交易商协会，适度以股权或者其他形式参与到增信、评级流程之中，这种内化将使得保险资产管理产品更加规范，评审标准更加统一。协会也可以对承销资质、投资者资质实行市场准入制，一方面提高参与者的总体水平，另一方面也为保险资产安全和更好地分散风险奠定基础。更进一步，协会在参与到产品全流程的同时，可以将信息优势、人员优势、产品优势和渠道优势相结合，将协会打造成资源整合的平台。

（3）不断提升服务水平，更好地促进行业全面、快速发展。

行业协会是会员的协会，其重要的作用就是为会员提供全方面的优质服务，所以不断提升服务水平是协会发展的永恒目标之一。这就要求协会将自身发展与行业发展相结合，通过完善自身来促进行业发展。协会要制定完善的规范化的发展标准，实施科学的绩效评估。只有协会做好了服务工作，才能使会员单位更好地拓展行业业务，推动行业全面、快速发展。

（4）维护行业市场秩序，监督会员的合规经营，形成一套完善的行业管理方案，促进行业的健康、稳步发展。

维护行业市场秩序，监督会员的合规经营是协会的基本职能，也是协会的长期任务。协会既要负责制定行业内的自律公约，对行业内部进行自律、协调，也要负责协助政府监管部门对全行业进行监督管理，更要负责反映行业的呼声与意见，与政府监管部门做好沟通。这就要求协会不停地转变自己的位置，履行好各方面的责任，形成一套完善的、精密的管理方案，使得行业在发展的同时符合相关监管部门的政策，同时又影响相关部门制定政策，能更好地促进行业健康、稳步发展。

（5）加强行业自身发展的规划统筹研究，协调行业发展。

行业的发展具有其潜在的规律与成因，因此要了解行业的本质、发展的全过程、因果性及其发展方向等，这些都需要认真总结、分析、推理和判断。在如今大资管的背景下，行业发展的未来规划更需要通过对大量数据和信息的分析来体现，所以应该加强相关政策方向的研究，加强行业情况的研究，加强对相关数据分析的研究，加强对相关创新的研究。在研究的基础上，增强行业发展的统筹规划能力，使全行业的发展更具活力，更具持续性和前瞻性。

（二）保险资产管理行业自律与发展

随着中国经济飞速发展，在市场经济新常态下，保险资产管理行业自律不能仅依靠保险资产管理业协会的发展，还要注重相关企业的道德约束体系建设，联结其他金融行业起到社会共同监督的作用。

保险资产管理行业相关企业道德约束体系的建设离不开行业从业人员的伦理道德教育、增强人员的道德自律性和推进保险资产管理相关企业的文化建设。保险资产管理行业是一个以人为本的行业，所以从业人员自身道德的约束和教育至关重要，企业应对从业人员进行保险资金运用方面的伦理教育，提高员工的职业道德水平，防范金融道德风险，从根本上加强保险资产管理从业人员的道德自律。大力推进保险资产管理企业的文化建设，要建立有正确导向的价值观，制定相关制度进行约束与监督，通过日常企业经营管理把行业自律的文化理念、规章、制度落实到企业经营的各个环节和员工的日常行为之中，加强企业自律建设。

另外，保险资产管理行业也可以联结其他金融行业起到社会共同监督的作用，促进行业自律发展。在当今的社会大环境下，行业运行的公开、公平、公正日益重要，由此发展而来的由独立的社会团体进行社会监督的机制渐趋完善。会计师事务所、审计师事务所、律师事务所等民间监督组织，以及为金融市场发展服务的中介机构，例如，资产评估机构、信用评估机构、证券评级机构、投资咨询机构等，甚至还有很多非营利性的社会团体，在金融监督方面也将发挥越来越重要的作用，并在广泛的业务中不断完善自律机制和监督机制。

六、保险行业监管与自律的协作机制

（一）监管与自律的协作现状与规划

我国建立了中国保险行业协会和保险资产管理业协会两家保险行业自律组织。这两家协会都是由保监会和民政部主管，且各协会会长也均出自政府机关或者国有大型企业。其中，保险行业协会属于总体行业性协会，保险资产管理业协会则是从细分行业的角度切入，与投资主体、投资标的、资金运用联系更加紧密，是主要协作保险资金运用监管的重要载体。

保险资产管理业协会成立以后，不断地总结产品注册工作带来的问题和不足，广泛地听取市场主体的不同意见与建议，针对反映出的时效性不强、透明度不高、产品发行难数据信息不足等问题，明确了"完善制度规则、深化机制改革、加强队伍建设、加快开发系统"的注册制创新改革思路。2014 年 11 月初，保险资产管理业协会启动了产品注册发行系统的开发项目。2015 年 1 月，"保险资产管理产品注册发行系统"正式上线，有效地实现了产品注册工作的高效率、规范化和智能化。其后保险资产管理业协会将继续不断深化注册制改革，促进保险资产管理产品化进程，推动保险资金运用市场化发展，强化协调监管的功能。

保险资产管理业协会的成立标志着保险资产管理监管方式的重大转变，是行业新形势下的关键体制创新，为保险资产管理向市场化的进一步发展转型奠定了坚实的基础。根据协会的成立初衷，协会的一个主要职责就是推动市场化创新改革，负责保险资产管理产品的发行注册，建立健全保险资产管理行业信息交流平台，创新发掘保险资产管理产品流动性的有效运转路径，切实推进、高效引导、全面规范行业市场创新。在监管部门不便管理的事务方面，可由协会和市场去加强管理；在符合市场实际需求、行业风险可控的行业创新方面，可由协会和市场去调查研究；在行业可以自律管理的事务方面，可由协会通过制定自律公约等方式实现。

（二）监管与自律的边界与关系

监管部门与自律协会的界限既息息相关又泾渭分明。具体体现在以下几个方面：第一，在制度规则方面，监管部门设计顶层系统，协会设计制度规则的要素。法律规范是监管的前提和保障，执法是监管的核心，监管机构设立法律规范并严格执法；自律协会则在遵守行业监管以及法律法规的前提之下，对行业自律制度、行为流程及实施机制等要素进行具体设计。第二，在业务内容方面，监管部门负责战略层面，协会负责执行层面。监管部门负责把握行业总体发展战略的制定，从宏观层面指挥引导行业发展；协会在监管部门的行政授权下组织业务交流、开展理论研究、提供技术支持、拓宽投资渠道、激发市场活力、对违反行业自律管理规范的行为予以惩戒等具体业务。第三，在市场创新方面，监管部门负责规避创新过程中的风险，协会负责根据市场需求推动市场创新。监管部门监督行业发展，是对市场创新的动态监测，更多的是约束与规范创新的行为，使创新在正确的轨道上运行；协会是创新的推动者，协会主动了解市场需求，探索市场主体的运作新模式和新途径，提升行业的竞争力。第四，在职能定位方面，监管部门的职能是提供法制和服务，协会的职能是监管与市场的桥梁和纽带。第五，在风险监测方面，监管机构监测宏观，协会监测微观。监管部门的风险监测对象是宏观环境、行业和区域性风险等；协会的风险监测对象是微观的产品、交易对手、资金安全等。

经济新常态下，随着保险行业地位的不断提高，保险资金规模的持续增大，保险资金运用的手段越来越多样化，保险资金运用的监管与自律将发挥更加重要的作用。在借鉴主要发达国家保险监管部门与保险行业自律组织先进经验，并参考国内其他金融监管部门与行业协会运作模式的基础上，一方面我国保险监管部门加大了保险资金运用的政策开放，创新了监管方式，丰富了监管手段；另一方面成立了中国保险资产管理业协会，加强了我国保险资产管理业自律组织的建设，加速了保险资金运用市场化的进程。凭借监管与自律双管齐下、监管部门与行业自律组织密切配合，我国的保险资金运用业务必将飞速发展，迎接更加美好的未来。

参考文献

［1］巴曙松，刘少杰，杨倞. 中国资产管理行业发展报告（2014年）［M］. 北京：中国人民大学出版社，2014.

［2］巴曙松，陈华良，王超. 中国资产管理行业发展报告（2013年）［M］. 北京：中国人民大学出版社，2013.

［3］陈成. 对我国保险资金运用政策发展的思考［N］. 中国保险报，2012 - 05 - 29.

［4］崔浩雄. 浅析保险公司发展养老社区现状及策略［J］. 中国保险，2013（6）.

［5］常健，郭薇. 论行业自律的作用及其实现条件［J］. 理论与现代化，2011（4）：113 - 119.

［6］崔腾娇. 关于保险资金运用渠道"松绑"的思考［J］. 上海保险，2014（9）.

［7］陈文辉. 保险资金运用的市场化改革［J］. 中国金融，2014（4）：13 - 14.

［8］陈文辉. 保险资金运用的回顾与展望［J］. 保险研究，2013（9）.

［9］魏革军. 积极推进中国偿付能力监管体系建设——访中国保险监督管理委员会副主席陈文辉［J］. 中国金融，2012（13）：9 - 12.

［10］陈文辉. 中国偿二代的制度框架和实施路径［J］. 中国金融，2015（5）：9 - 12.

［11］曹元芳. 经济转型期中国金融道德风险研究［D］. 天津：天津财经大学，2008.

［12］段国圣. 保险资产负债匹自己管理的比较、实践与创新［M］. 中国社会科学出版社，2012.

［13］房海滨. 保险公司资产负债管理问题研究［D］. 天津：天津大学，2007.

［14］方华. 保险另类投资："一路小跑"对接实体经济［N］. 金融时报，2015 - 02 - 02.

［15］郭金龙，胡宏兵. 我国保险资金运用现状、问题及策略研究［J］. 保险研究，2009（9）：16 - 27.

［16］国家行政学院经济学部课题组，张占斌. 经济全方位优化升级：新特征与新趋势［J］. 经济研究参考，2015（1）：24 - 42.

［17］郭宪勇，罗桂连. 保险资金运用管理创新的着力点［J］. 中国金融，2013（20）：62 - 64.

［18］工银安盛人寿保险有限公司战略规划部. 跨界联动：保险公司投资医疗机构［M］. 财富管理，2014（9）.

［19］高一田，高帅. 浅析中国私募股权基金的发展瓶颈与治理策略［J］. 特区经济，2010（5）：101 - 102.

［20］李香雨. 中国保险业促进经济增长的路径研究［D］. 长春：吉林大学，2012.

［21］林宏妹. 中国信托业刚性兑付问题探析［J］. 时代金融，2014（15）：148，150.

［22］李鸿敏，庹国柱. 日本保险行业协会的发展模式及其启示［J］. 保险研究，2009（10）：109 - 117.

［23］李楠. 我国集合信托产品的创新研究［D］. 西安：西北大学，2014.

［24］凌秀丽. 产品化是保险资产管理的方向［J］. 中国金融，2013（20）.

［25］卢晓平. 国际保险资产管理呈现六大发展趋势［N］. 上海证券报，2004 - 07 - 27.

[26] 李薛青，郑泽华．试析我国保险业资产负债管理模式的选择及体系构建 [J]．预测，2005 (5)．

[27] 林炫圻．商业保险资金运用投资优化与风险管理研究 [D]．天津：南开大学，2013．

[28] 李逸斯．保险资金运用的法律监管制度研究 [J]．科技创新与应用，2012 (5)：260．

[29] 黎宗剑，刘琪，曾祥．发达国家保险资金运用的经验与启示 [C]．北京：北大赛瑟论坛文集，2014．

[30] 刘子玮，雷生茂．互联网理财产品对我国金融行业的影响 [J]．特区经济，2014 (17)：209 - 211．

[31] 李献忠．2014 年险资运用大点兵 [N]．中国保险报，2015 - 01 - 12．

[32] 缪建民，保险资产负债管理解题 [J]．中国金融，2013 (2)：79 - 81．

[33] 倪晔雯．中国公募基金行业发展对策研究 [D]．厦门：厦门大学，2013．

[34] 欧新煜，赵希男．保险公司投资养老社区的策略选择 [J]．保险研究，2013 (1)．

[35] 欧阳向民．中国保险行业自律研究 [D]．南昌：江西财经大学，2006．

[36] 皮海洲，银行理财资金入市难成主流 [J]．武汉金融，2012 (1C)：72．

[37] 裴腾飞．浅论行业自律组织 [J]．企业导报，2012 (15)：18 - 19．

[38] 乔川川．徐洪才：中国经济新常态下的十大投资机会 [N]．证券日报，2014 - 11 - 24．

[39] 曲扬．保险资金运用的国际比较与启示 [J]．保险研究，2008 (6)：83 - 85．

[40] 屈燕，徐一竞. 搭建开放、多元、包容的资管平台——访中国保险资产管理业协会执行副会长兼秘书长曹德云 [J]. 当代金融家，2014（11）.

[41] 上海社会科学院世界经济研究所宏观经济分析小组. 砥砺前行中的世界经济：新常态、新动力、新趋势——2015 年世界经济分析与展望 [J]. 世界经济研究，2015（1）：3－23，127.

[42] 田辉. 保险资金：社会融资总量调控新支点 [J]. 资本市场，2011（5）：74－79.

[43] 汤杰. 保险资金投资渠道开放对保险资金运用的影响研究 [J]. 全国商情，2010（19）：44.

[44] 文波. 对银行保险业务转型问题的思考 [J]. 金融管理与研究，2012（12）：44－46.

[45] 吴聪颖. 中、美保险资金运用的比较与启示 [J]. 海南金融，2009（12）：65－67，71.

[46] 王欢，杨冬冬等. 国企改革面临四大投资机会 [N]. 证券时报，2015－03－02.

[47] 魏京婷. 项俊波：主动适应新常态引领保险业实现新发展. 中国经济网，http：//finance. ce. cn/rolling/201501/27/t20150127_4437805. shtml.

[48] 王妹. 我国保险资金运用及监管分析——基于国际经验的借鉴 [J]. 经济体制改革，2013（3）：164－168.

[49] 王鑫，应尤佳. 险资做公募：三形式三优势 [N]. 中国基金报，2014－09－01.

[50] 魏瑄. 保险资金投资健康服务产业链研究 [J]. 中国保险，2014（3）.

[51] 王银成. 保险公司投资资产委托管理模式研究 [M]. 北京：首都经济贸易大学出版社，2007.

[52] 汪玉凯. 公共管理与非政府公共组织 [M]. 北京：中共中

央党校出版社，2003.

［53］辛峰. 中国保险资产管理市场化研究［D］. 沈阳：辽宁大学，2013.

［54］邢璟. 中外商业银行投资银行业务比较研究［D］. 长春：吉林大学，2014.

［55］项俊波. 经济新常态下我国现代保险业的发展［J］. 保险研究，2015（2）：3－13.

［56］一帆. 新常态下需善于把握投资方向［N］. 证券日报，2014－12－18.

［57］易纲. 中国改革开放三十年的利率市场化进程［J］. 金融研究，2009（1）：1－14.

［58］杨明生. 保险资金运用必须遵循稳健、安全性原则——访中国保险监督管理委员会副主席杨明生［J］. 中国金融，2010（21）：11－14.

［59］叶靖安. 我国保险资金投资存在的问题及解决对策［J］. 现代经济信息，2014（1）：321－322.

［60］阎庆民，李建华. 中国影子银行监管研究［M］. 北京：中国人民大学出版社，2014.

［61］颜韬. 我国保险资产管理公司的市场化发展［J］. 保险研究，2011（7）：66－69.

［62］张春辉. 券商资管业务创新：历史演进、制约因素与发展对策［J］. 证券市场导报，2013（6）：14－20.

［63］中国保险监督管理委员会. 美国保险行业协会发展现状及启示［J］. 维普资讯，2007（12）：45－47.

［64］中国保险监督管理委员会. 中国保险年鉴，2004—2014.

［65］中国财富管理50人论坛. 中国财富管理市场制度设计研究［M］. 北京：经济管理出版社，2015.

［66］中国人民银行. 中国金融稳定报告2015［M］. 中国金融出

版社, 2015.

[67] 中国证券投资基金业协会. 中国证券投资基金业年报
(2013) [R].

[68] 周洪荣, 李明亮等. "双重" 差异化发展券商资管业务
[N]. 中国证券报, 2012 – 11 – 28.

[69] 祝杰. 我国保险资金运用法律规则的审视与优化 [J]. 当代
法学, 2013 (3): 86 – 93.

[70] 赵静博. 加强金融从业人员伦理道德建设 [J]. 办公室业
务, 2012 (7): 129 – 130.

[71] 章磊. 析保险资产管理模式之选择 [J]. 市场论坛, 2005
(12).

[72] 周琳. 公募基金创新进入全面提速模式 [N]. 经济日报,
2014 – 06 – 17.

[73] 张立宏. 金融行业自律问题浅探 [J]. 广东金融, 1993
(11): 13 – 14.

[74] 张立勇. 发达国家保险资金运用主要做法中国化的思考
[J]. 保险研究, 2012 (8).

[75] 张楠, 许学军. 我国基金子公司展业模式与发展对策探
析——基于态势分析法 [J]. 中国集体经济, 2014 (30): 102 – 103.

[76] 曾庆久, 蔡玉胜. 保险资金运用和监管的国际比较与借鉴
[J]. 经济纵横, 2007 (9): 49 – 51.

[77] 周小川. 人民币资本项目可兑换的前景和路径 [J]. 金融研
究, 2012 (1): 3.

[78] 张雪同. 我国保险业竞争力分析与对策研究 [D]. 北京: 首
都经济贸易大学, 2013.

[79] 周晓燕. 浅析中国式影子银行系统及其发展、影响和政策建
议 [D]. 中国社会科学院, 2013.

[80] 智信资产管理研究院. 中国资产管理行业发展报告 (2014

年）［M］．北京：社会科学文献出版社，2014．

［81］郑智，张胜男．中国资产管理行业发展报告［M］．北京：社会科学文献出版社，2014．

［82］郑智，张胜男．中国资产管理行业发展报告［M］．北京：社会科学文献出版社，2014．

［83］张占斌，周跃辉．关于中国经济新常态若干问题的解析与思考［J］．经济体制改革，2015（1）：34－38．

［84］赵志刚．"一带一路"金融区域化路径［J］．中国金融，2015（5）：39－41．

后　记

　　我国经济发展进入新常态，是党的十八大以来以习近平同志为总书记的党中央在科学分析国内外经济发展形势、准确把握我国基本国情的基础上，针对我国经济发展的阶段性特征所作出的重大战略判断，是我国迈向更高级发展阶段的理论指南。认识新常态、适应新常态、引领新常态，是保险业改革与发展的必经之路，是向现代保险服务业转型的关键举措。

　　近几年来，保险资金运用实施市场化改革并取得了丰硕成果。中国保监会创新监管理念，坚持贯彻"放开前端、管住后端"的监管思路；主动简政放权，推进保险资管产品注册制；积极放开渠道，多元化资产配置格局形成；完善投资方式，推动保险主业健康快速发展；发挥资金优势，服务实体经济的方式和路径更加丰富；等等。面对经济新常态，保险资金运用如何把握时代赋予的发展机遇、如何继续保持发展势头、如何应对发展中的挑战，是需要行业深入扎实研究的课题。为此，我们承担了中国金融四十人论坛课题"新常态下的中国保险资金运用研究"，全面探究新常态下保险资金运用竞争环境、资产配置、创新发展、主体建设、风险管理和监管与自律等一系列问题。经过一年的努力，课题研究顺利完成，并以正式出版的形式向大家呈现课题研究成果。

　　我担任本课题组组长，中国保险资产管理业协会执行副会长兼秘书长曹德云、副秘书长刘传葵任副组长，课题组成员包括冯伟、李真、王一晴、肖星、魏瑄、杨博、尹君、原巍、张泽、赵越等。同时，课题研究还得到了南开大学李志辉教授、上海财经大学李曜教授以及复旦大学罗忠洲副研究员的帮助。每位同志的日常工作任务都很重，在较短的时间内完成这项具有创新性和开拓性的研究课题，实属不易。

课题研究得到了中国金融四十人论坛和行业内外专家的大力支持。2015 年 4 月，中国金融四十人论坛组织了课题中期评审会，泰康人寿董事长兼 CEO 陈东升等参会专家对课题的修改和完善提供了很好的建议，在此对他们表示衷心的感谢。此外，中国金融四十人论坛秘书长王海明先生对课题的申请、写作、讨论和结题都给予了大力支持，在此一并表示感谢。

新常态下中国保险资金运用研究是一项具有发展性、创新性和长期性的系统工程。课题研究是我们思考的一些初步成果，难免存在疏漏和不足，真诚希望各位读者批评指正，并提出宝贵意见，共同推动我国保险资金运用的改革与创新迈向新阶段。

陈文辉
二〇一六年三月